Otto Zierer
Anton Kammerl

München

*Eine Stadt und ihre
Geschichten aus
850 Jahren*

Langen*Müller*

Die Erstausgabe erschien im Jahr 1958 in zwei Bänden
unter dem Titel »Die Abenteuer der vielgeliebten Stadt München«
beim Herbig Verlag.

Bildnachweis

Abbildung 1 aus Schedels »Weltchronik«, 1493; Abbildung 2 aus Otto Zierer, »Die Abenteuer der vielgeliebten Stadt München«, 1958, Band I; Abbildung 3: nach Originalen in der Staatlichen Graphischen Sammlung München reproduziert; Abbildung 4: Blauel/Gnamm, Artothek; Abbildungen 5, 6 aus Archiv des Süddeutschen Verlags; Abbildung 7: Münchner Stadtmuseum; Abbildung 8: Aus dem »Münchener Punsch«; Abbildungen 9, 14, 15, 17 aus »Das alte München«, 1972; Abbildungen 10, 11, 18, 19: Sebastian Winkler Verlag + Bildarchiv München; Abbildung 12: Staatsarchiv München; Abbildung 13: Herbig Verlagsbuchhandlung, München; Abbildung 16: Nordpress-Verlag, Hamburg; Abbildung 20: Klemens Bergmann, München; Abbildung 21 aus Otto Zierer, »Die Abenteuer der vielgeliebten Stadt München«, 1958, Band II; Abbildung 22: Hans Schürer, Archiv Haus der Bayerischen Geschichte; Abbildung 23: Stadtarchiv München, Historisches Bildarchiv; Abbildungen 24, 26: SV-Bilderdienst; Abbildung 25: Roger Fritz

Besuchen Sie uns im Internet unter
www.langen-mueller-verlag.de

Umschlaggestaltung: Wolfgang Heinzel
Umschlagmotiv: akg-images, Berlin
Neutext: Arkaden Verlag GmbH, Gröbenzell
Redaktion: Arkaden-Verlag GmbH, Gröbenzell
Herstellung und Satz: VerlagsService Dr. Helmut Neuberger
& Karl Schaumann GmbH, Heimstetten
Druck und Bindung: GGP Media GmbH, Pößneck
Printed in Germany 2007
ISBN 978-3-7844-3119-2

Inhalt

1317 wird eine neue Stadtmauer errichtet.
1322 ziehen Münchner Zünfte gegen die
Österreicher in den Krieg. 1327 brennt die Stadt.
1347 stirbt Kaiser Ludwig der Bayer und wird trotz
des Papstbannes beerdigt. 1348 kommt die Pest nach
München, und es findet erneut eine Judenverfolgung
statt. Ab 1399 belastet ein
heftiger Streit der bayerischen Herzöge die
Landeshauptstadt – es kommt zum Bürgeraufruhr um
mehr Mitsprache beim Regieren. 1420 wird eine erste
Bier- und Weinverordnung vom
Magistrat eingerichtet. 1468 beginnt der Dombau der
Liebfrauenkirche und wird 1488 beendet. 1530
besucht Kaiser Karl V. München. 1557 holt
Herzog Albrecht V. den Musiker Orlando di Lasso
nach München. Ab 1597 wird München zum geistigen Hort der Gegenreformation.
1614 wird von Herzog Maximilian die ab 1598
geplante Residenz samt Hofgarten fertiggestellt –
München wird nun kurfürstliche Residenz.
1618 beginnt der 30-jährige Krieg. 1632 steht
das schwedische Heer vor den Toren Münchens und
die Stadt ergibt sich. In der Folge der
Besatzung wird München von einer neuen Pestwelle
erfasst. 1638 wird die Mariensäule errichtet. 1651
stirbt der Kurfürst Maximilian, es folgt
Kurfürst Ferdinand Maria; der junge Kurfürst
heiratet im gleichen Jahr die italienische Fürstin von
Savoyen. 1662 wird der langersehnte
Thronfolger Max Emanuel geboren und
in der Au wird die Seidenmanufaktur
gegründet.

Vom barocken Absolutismus …

1663 beginnt der Bau des Barockschlosses Nymphenburg nach dem Vorbild von Versailles. 1674 brennt die Residenz, und wie durch ein Wunder kann der junge Thronfolger aus den Flammen gerettet werden. 1683 zieht Max Emanuel gegen die Türken und bringt 1688, bei seiner Rückkehr von der siegreichen Schlacht, türkische Gefangene in die Stadt. Im Jahr 1700 beginnt Max Emanuel schließlich mit den Planungen für den Bau von Schloss Schleißheim. 1705 besetzen die Österreicher (Kaiserlichen) die Stadt, das Landvolk erhebt sich gegen die Besetzer und wird in der Sendlinger Mordweihnacht blutig niedergeschlagen. 1715 kehrt Max Emanuel endlich zurück nach München. 1724 kommt der Rokoko-Künstler Cuvilliés in die Stadt und gestaltet ab 1729 die Residenz neu. 1726 stirbt Max Emanuel nach langer Regierungszeit. 1742 bis 1745 übernimmt Kaiser Karl VII. Albrecht die Regierung und zerstört damit die Großmachtträume Bayerns. 1743 gründet Johann Michael Poppel das erste Waisenhaus. Am Ende einer kurzen kaiserlichen Regierungszeit erbt der Kurfürst Max III. Joseph 1745 den Schuldenstaat Bayern. Seit 1750 wird das Salvatorfest bei den Paulanern gefeiert.

... zur aufgeklärten Neuzeit

1759 wird die Bayerische Akademie der Wissenschaften gegründet. 1763 besuchen Leopold Mozart und seine Wunderkinder München. 1769 wütet die Hungersnot in der Stadt, doch der Kurfürst hilft den Bewohnern. Ab 1774 tritt Wolfgang Amadeus Mozart mehrmals in München auf und begeistert das Publikum. 1777 stirbt der vielgeliebte Kurfürst Max III. Joseph und wird von Karl Theodor beerbt, der kurz nach Amtsantritt den Starkbieranstich besucht und sich durch die Einführung einer Zensur beim Stadtvolk unbeliebt macht. Ab 1789 wird der Englische Garten angelegt; außerdem wird die Armenspeisung Graf Rumfords eingeführt. 1799 stirbt der verhasste Karl Theodor, was vom Volk bejubelt wird; ihm folgt Max IV. Joseph nach, der noch im gleichen Jahr in München einzieht.

Max IV. Joseph macht sich gleich zu Anfang seiner Regierungszeit beliebt. 1803 kommt Napoleon Bonaparte nach München, woraufhin Bayern 1806 zum Königreich wird. 1809 wird Karl von Fischer zum Hofbaumeister ernannt. 1810 heiratet Prinz Ludwig, aus den Vermählungsfeierlichkeiten entsteht das erste Oktoberfest. 1813 stürzt die Isarbrücke ein – mit tragischen Folgen. 1818 wird die Erste Verfassung Bayerns beschlossen, die die königlichen Rechte einschränkt. 1825 stirbt der liberale Max IV. Joseph.

Die Zeit der Architekten, Maler und Tänzerinnen

Im gleichen Jahr übernimmt Kronprinz Ludwig I., »Förderer der Künste«, die Regierung. 1839 entsteht die erste Eisenbahnlinie von Augsburg nach München, und König Ludwig I. holt die Baumeister Leo von Klenze, Friedrich von Gärtner und Friedrich Kaulbach in die Stadt, die mit Prachtbauten wie dem Siegestor, der Glyptothek, den Pinakotheken und der Staatsgalerie München ein neues Gesicht geben; erste Industrielle wie Joseph Anton von Maffei siedeln sich in München an, das Kaffeehaus Tambosi wird eröffnet und Künstler wie Peter von Cornelius und der Malerpoet Carl Spitzweg finden hier ein künstlerisches Zuhause. 1843 führt die Bierpreiserhöhung der Regierung zu Tumulten unter dem Volk.
1844 erschaffen Ludwig Schwanthaler und Ferdinand von Miller die Bavaria. 1846 lässt sich der König auf eine amouröse Affäre mit der Tänzerin Lola Montez ein und provoziert so eine Regierungskrise, die ihn 1848 den Thron kostet.
Maximilian II. übernimmt nach Ludwigs Sturz die Regierung und bringt Dichter und Gelehrte aus ganz Deutschland in die Stadt, wie die Maler Carl Theodor von Piloty, Arnold Böcklin und Wilhelm Leibl.

Die Cholera, der Ludwig und die Elefanten

1854 wütet die Cholera in München, und der Chemiker Max von Pettenkofer fordert das Abwassersystem. 1864 stirbt Max II. überraschend, der junge Ludwig II. wird König und tritt als Gönner von Richard Wagner auf. 1870 beteiligt sich Ludwig II. am vaterländischen Krieg gegen Frankreich. Der Sieg über die Franzosen im Jahr 1871 beschert München in den folgenden Jahren eine reiche Gründerzeit. Nach dem mysteriösen Selbstmord Ludwigs wird Luitpold Staatsoberhaupt, der »Guteleute«-Prinzregent. Das Jahrhundert endet mit einem kurios-schrecklichen Ereignis: 1888 reißen Elefanten des Zirkus Hagenbeck aus und verursachen eine Massenpanik.

Von der Jahrhundertwende bis zur Machtergreifung

1888 gründet die Schwabinger Boheme das erste Münchner Kabarett, die »Elf Scharfrichter«, und Frank Wedekind die Satire-Zeitschrift »Simplizissimus«. 1906 wird mit dem Bau des Deutschen Museums begonnen. 1911 entsteht die Künstlervereinigung »Blauer Reiter«. München explodiert auf 500 000 Einwohner. 1912 stirbt der Prinzregent Luitpolt. Die Kriegs-euphorie erfasst die Stadt, auch der junge österreichische Student Adolf Hitler tritt 1914 in das Münchner Regiment List ein; im gleichen Jahr kommt es zur Krise beim »Simplizissimus«. 1914 bis 1918 machen sich die Auswirkungen des Ersten Weltkrieges auf die Stadtbevölkerung bemerkbar, Kurt Eisner beginnt seine politische Laufbahn und die Sozialdemokraten bemühen sich um Reformationen. Um 1918, nach Kriegsende, fordert Eisner die

Absetzung des bayerischen Königs, der erste Arbeiter- und Soldatenstaat Bayern wird unter Eisner proklamiert. 1919, nach nur einem Jahr an der Spitze der Räterepublik, wird Kurt Eisner ermordet. König Ludwig III. verzichtet auf die Regierung. Die Räterepublik etabliert sich unter der Federführung des Schriftstellers Erich Mühsam und bricht ebenso schnell wieder zusammen. 1921 tritt Adolf Hitler zum ersten Mal öffentlich in München auf, sein Putschversuch (Marsch auf Berlin) scheitert 1923, und er wird verhaftet. 1925 wird das Deutsche Museum eröffnet, München prosperiert, die Zahl der Einwohner steigt auf 730 000; 1929 wird der Tierpark Hellabrunn wiedereröffnet.

München im Dritten Reich

1932 brennt der 1853 errichtete Glaspalast. 1932 spricht Hitler im Zirkus Krone, ein Jahr später ergreift die NSDAP die Macht und vertreibt die Regierung. München gilt fortan unter den Nazis als Hauptstadt der Bewegung, aber die Münchner Bevölkerung wehrt sich gegen den Hitlergruß, so auch der Kabarettist Weiß Ferdl, woraufhin die Münchner Bevölkerung germanisiert wird. Man erfährt vom ersten Konzentrationslager Dachau, Pater Rupert Mayer predigt Widerstand und Hitler trifft auf Karl Valentin. 1938 wird Österreich an das Reich angeschlossen, das Münchner Abkommen verheißt Friede. Die öffentliche Judenverfolgung hat in der Reichspogromnacht ihren Anfang. 1939 wird der Zweite Weltkrieg mit dem Überfall auf Polen eingeleitet. Eine kleine Gruppe Studenten und Dozenten um die Geschwister Hans und Sophie

Scholl leistet unter dem Decknamen »Weiße Rose« an der Münchner Universität Widerstand und wird noch im gleichen Jahr dafür hingerichtet. Ab 1944 fallen Bomben auf München und zerstören bis Kriegsende große Teile der Stadt.

Die Nachkriegszeit bis heute

1945 befreien die Amerikaner München, die Holocaust-Schrecken werden bewusst und erste Fronleichnamsprozessionen im Frieden werden gehalten. Ab 1948 erlebt München die Währungsreform, den Wiederaufbau und das Wirtschaftswunder. In den Sechzigerjahren droht München ein Verkehrsinfarkt, ab 1965 wird daher die erste U-Bahn gebaut. 1966 bringt der Münchner Oberbürgermeister Hans-Joachim Vogel die XX. Olympischen Spiele in die Landeshauptstadt. 1968 wird der Fernsehturm gebaut, und der Architekt Behnisch entwirft die Olympischen Anlagen. 1972 wirft der Terror seinen Schatten über die Olympischen Spiele. Zwei Jahre später wird in München die Fußballweltmeisterschaft begeistert aufgenommen – durch den Sieg der deutschen Mannschaft beginnt der Mythos der Münchner Vereine FC Bayern München und 1860 München. 1984 wird München von einer sogenannten Hagelwalze verwüstet, und 1992 wird der neue, nach dem verstorbenen Ministerpräsidenten Franz Josef Strauß benannte Flughafen in der Nähe von Erding eröffnet.

München zu Beginn des neuen Jahrtausends 295

Ab dem Jahr 2000 wird die rot/grün-regierte Stadt München zur reichsten und attraktivsten Großstadt Deutschlands, aber auch zur Hauptstadt der Singles. 2003 wird das seit 1982 ausgebaute Museumsviertel durch die Pinakothek der Moderne um ein weiteres Museum ergänzt und zählt nun zu den größten in Europa. Seit vielen Jahren wird München vor allem durch seine Originale, Volksschauspieler, Kabarettisten und Schriftsteller wie Gustl Bayrhammer, Helmut Fischer, Ruth Drexl, Sigi Sommer und Dieter Hildebrandt, weit über die Landesgrenzen hinaus würdig repräsentiert. 2006 besucht auch der erste bayerische Papst, Benedikt XVI., die Stadt; im gleichen Jahr eröffnet der regierende Bürgermeister Christian Ude das neue Jüdische Zentrum in der Innenstadt und schlägt einen Bogen in die bewegende Geschichte Münchens.

Vorwort

München wird im Jahr 2008 850 Jahre alt. Das ist im Vergleich zu Jerusalem, Rom oder Athen kein so erstaunliches Alter für eine Stadt. Erstaunlicher ist schon, wie sich diese Stadt in so kurzer Zeit von einem Klosterberg zu einer der erfolgreichsten Metropolen in Deutschland und Europa entwickelt hat. Dahinter steckt eine bewegende und bewegte Stadtgeschichte. Sie beginnt mit der Gründung an den sumpfigen Ufern der Isar, sie handelt vom Aufstieg der Handwerkerstadt zur Dom- und Residenzstadt, sie erzählt von Herzögen und Fürsten, schließlich auch von Königen. Sie ist gezeichnet von Pest und Kriegen, aber auch von Kunst, Wissenschaft und Kultur. Die Münchner Geschichte ist auf Schritt und Tritt in den herrlichen Gebäuden, in großzügigen Straßen und Plätzen zu erleben. Es ist eine Besonderheit der Stadt, sich dieses vielgerühmte Flair über die Zeiten erhalten zu haben und sich dabei immer einer maßvollen Moderne zu öffnen.

Immer sind es die Münchner selber gewesen, die ihre Stadt geprägt haben, anfangs Mönche und Handwerker, später aber auch Literaten und Ladenbesitzer, Maler und Marktfrauen. Die Münchnerinnen und Münchner haben ein besonderes Verhältnis zu ihrer Stadt. Und die Stadt hat einen besonderen Menschenschlag hervorgebracht. Bayerisch großstädtisch, offen, herzlich und tolerant, bodenständig und dennoch am Puls der Zeit. In kaum einer Stadt gibt es so viele Originale wie in der Bayerischen Landeshauptstadt. Ihre Geschichten, große und kleine, lustige und tragische, werden in diesem Buch erzählt.

Wenn ich durch München radle, genieße ich immer die Kontraste zwischen moderner Großstadt und dörflichen Situationen. Und ich genieße, dass alle Fassaden Geschichten erzählen, wenn man sich nur lange genug umgesehen und -gehört hat. Dazu soll dieses Buch anregen und Ihnen darüber hinaus Lust machen, sich selbst auf Spurensuche – mit dem Rad oder auch zu Fuß – durch München und seine Geschichte zu begeben. Ich wünsche Ihnen beim Lesen, Begegnen und Entdecken viel Spaß!

Ihr Christian Ude

1158 Das Land liegt herrlich wie am ersten Tag. Seidig blau spannt sich ein hoher Spätsommerhimmel über Sümpfe und Wälder. Der Föhn zieht darauf weiße Wolkenstreifen. Am Fuß der Waldhügel, die Schilfdickungen entlang zieht sich das schmale Band der Straße. Schon lang beobachten Bauern des Dorfes Kyesinga (Giesing), wie eine Staubfahne näher kommt. Schwärme von aufgeschreckten kreischenden Sumpfvögeln schwirren über dem Erdinger Moor.

Da draußen kommt etwas Fremdes heran, das den Frieden der Landschaft stört. Es ist die Geschichte, die sich der Bühne nähert.

Eine Schar ritterlicher Dienstmannen reitet den Weg, der von dem Flecken Erding zur großen Salzstraße führt. Die Hufe der Pferde schlagen auf. Leise singt das Metall der Kettenhemden und Schuppenpanzer. Schwerter schwingen am Sattelzeug, und bemalte Schilde schlagen gegen die Schäfte hoher Lanzen. Wimpel flattern, und Schabracken wehen im Rhythmus des Ritts. Gleich hinter den Vorreitern traben vornehme Herren in bestickten Mänteln. Zwei Knappen folgen mit den Wappenbannern: Eines zeigt ein springendes Ross auf rotem Grund, das andere einen drohenden Löwen.

Als die Schlange der Berittenen den Kyesinger Berg hinaufkriecht, stehen die Bauern mit gezogenen Kappen vor den Flechtzäunen oder unter den Fenztoren ihrer kleinen Höfe.

»Der neue Herzog!«, flüstern sie sich zu. Einer, der gut unterrichtet ist, weil er oft bei den Mönchen auf der anderen Isarseite einkehrt, weiß den Namen zu nennen: »Heinrich der Löwe!«

Herr Heinrich aus dem Hause der Welfen, Sohn Heinrichs des Stolzen von Bayern, ist ein Enkel Kaiser Lothars III. Er hat sich mit den Todfeinden seines Geschlechts, den Hohenstaufen, verglichen. Als Zeichen der Versöhnung hat er vor zwei Jahren, anno 1156, das Herzogtum Bayern zurückerhalten, von dem allerdings die Ostmark abgetrennt worden ist. Kaiser Friedrich I., der Rotbart, schätzt Herrn Heinrich wie einen Bruder. Die Gegensätze zwischen beiden aber kann jeder sehen: Der Rotbart ist groß, schlank, offenen Gesichts und freimütig; der Löwe aber misst kaum fünf Fuß, ist schwarzhaarig, blickt finster, und er ist ein gefürchteter, eigensinniger, harter Mann. Auch flüstern sich die Leute zu, Herr Heinrich sei mächtiger als der Kaiser. Er gebietet in den beiden größten deutschen Herzogtümern: Sachsen und Bayern. Seine Grafen sitzen in Holstein und Pommern. In Bozen, Trient und in Lübeck liegen seine reisigen Scharen. Sein Oheim Welf herrscht in Italien über Tuscien und Spoleto. Das ist ein Reich von der Ostsee bis zum Mittelmeer. Wenn er nun an der Isar auftaucht, so besichtigt er wohl sein neues Herzogtum. Die Salzfuhrleute aus Burgund, Sachsen, Franken und Schwaben, die ständig durch Kyesinga ziehen, haben erzählt, der Herzog sei die letzte Zeit in der alten Residenz Regensburg gewesen.

Hinter den Gewappneten folgt ein anderer Zug: Reisige Knechte in Lederwämsern und mit sächsischen Strohhüten auf flachsblondem Haar treiben mit Geschrei und Peitschenknallen ein Rudel prächtiger ungesattelter lombardischer Rösser voran.

»Die Gäule wären zum Einspannen recht!«, denkt der Bauer, der mit seinem Joch magerer Öchslein am Wegrand angehalten hat. Aber der Herzog führt die schönen Lombarden zur Zucht auf seine neuen bayerischen Herrenhöfe.

Der Reiterzug hat inzwischen die Stelle erreicht, an der die Feldstraße auf die große Salzstraße stößt. Zwei alte Handelsstraßen vereinigen sich kurz vor dem Dorf Kyesinga. Eine führt über Ebersberg durch den großen Wald, bei Wasserburg über den Inn, die andere kommt von Aibling und Rosenheim her. Beide beginnen im Salzkammergut, wo bei Reichenhall, Berchtesgaden und Hall die großen Salzbergwerke und Salzsiedereien sind. Salz wird in aller Welt gebraucht, und jahraus, jahrein rollen die zweirädrigen Karren aus Burgund, aus der Rheinpfalz, aus Sachsen, Schwaben und Franken diesen vielbefahrenen Weg entlang.

Auf der Kyesinger Höhe zügelt der Herzog seinen Rappen, die Kavalkade hält an. Schön ist dieser Blick hinunter ins Isartal! Entlang dem wilden Bett des Flusses dehnen sich die Auenwälder. Reiher, Störche und Habichte kreisen über den Altwässern. Wildenten schwimmen im Schilf. Die Isar verästelt sich hier in zahlreiche Arme, Schwemminseln teilen ihren Lauf. Die Herren beobachten einige Buben mit aufgekrempelten Hosen, die draußen im Wasser nach den Fischreusen sehen. Sie bemerken auch, dass das Weiden- und Schilfgestrüpp hoch hinauf grau ist vom Hochwasser. Darum liegen wohl auch die Klosterklause und der behäbige Maierhof über dem Tal.

»Was für eine Siedlung ist das?«, fragt der Löwe seinen neben ihm haltenden Oheim, den Erzabt Norbert von Nordheim, dessen Chorhemd mit Stola über dem kostbaren Tuchrock den hohen geistlichen Rang anzeigt. Doch der Erzabt hebt die Schultern. Auch der Truchsess des Herzogs, Herr Jordan von Blankenburg, weiß es nicht. Da kommt dem Erzabt ein guter Gedanke. »Wozu haben wir den neuen Tegernseer Kaplan im Gefolge?«, ruft er. »Komm her, mein Sohn Herbot! Was weißt du über den Ort dort drüben?«

Kaplan Herbot, ein junger Priester in der schwarzen Kutte der Benediktiner, trabt zu den hohen Herrn. »Ich kenn die Gegend recht wohl«, spricht der Kaplan. »Wenn Euer Gnaden und auch Ihr, Reverendissime, dorthin schauen wollen, so sehen Euer Gnaden einen Weg am Berg und ein kleines Dorf zwischen Lehm- und Kiesgruben. Das ist Haidhausen. Es besteht wohl schon seit Kaiser Karls Tagen; gar mancher Salzfuhrmann, der den Freisingern ausweichen will, nimmt den gachen Steig (*Gasteig*) hinab, setzt über die Furt, wenn die Isar seichtes Wasser führt, und fährt drüben zu dem Dorf Sentilinga, das wohl noch älter als Haidhausen ist. Von Sentilinga führt ein Knüppelpfad nach dem Dorf Suapinga (Schwabing), dessen niederer Holzturm in der Ferne eben noch zu erkennen ist.«

Der Herzog macht eine unwirsche Handbewegung. »Ich hab nach dem Hof da drüben und den kleinen Häusern am anderen Ufer gefragt, Kaplan!«

»Ach das?!«, fährt der Priester gedehnt fort und seine Stimme bekommt einen verächtlichen Ton, »das ist der so genannte Konradshof. Der gehört zum Kloster Schäftlarn. In den Hütten hausen einige Mönche, deshalb wird der Platz auch *zu den Munichen* genannt. Man sagt, die Klause sei gegründet worden, als vor etwa zweihundert Jahren die wilden Ungarnreiter das Land überschwemmt hatten. Mönche von Tegernsee flohen in die Isarwälder und errichteten die winzige hölzerne Kapelle drüben auf der Anhöhe und weihten sie Sankt Peter, weshalb der Buckel auch *Petersbergl* heißt. Später ist der Klosterhof dazugekommen. Fischer und ein paar Hintersassen haben sich angesiedelt. Das ist alles.«

»Ein guter Platz«, brummt der Löwe, »aber mir scheint, es fehlt ihm der rechte Auftrieb.«

»Sagt das nicht, hoher Herr!«, erwidert der Kaplan, »da müsstet Ihr Munichen einmal am Sonntag sehen, wenn die Bauern der umliegenden Siedlungen zur Kapelle gehen. Manchmal kommen an die zweihundert Leute zuhauf, so dass die Peterskapelle sie nicht zu fassen vermag.«

»Das nennst du herbeiströmen?«, spottet der Herzog. »Zweihundert armselige Bauern! Das müsste anders sein. Warum hat man hier keine Brücke über den Fluss gebaut, die Stelle ist beinahe wie eine Furt?«

»Die Brücke ist eine Wegstunde isarabwärts beim Dorf Föhring auf bischöflich-freisingischem Gebiet.«

Ohne darauf weiter einzugehen, wendet der Löwe sein Ross.

Der Ritt geht die Isarhöhe entlang. Über dem steilen Ostufer liegt bald das kleine Dorf Föhring, eine der üblichen, niedrig hingeduckten Ansammlungen von Gehöften aus Fachwerk, Flechtwerk und angeworfenem Lehm, von Hecken oder Flechtzäunen umgeben. Ein winziges Holzkirchlein hebt sein spitzes Rieddach aus dem Grün. Gleich hinter dem Dorf senkt sich die Straße in eine Mulde im Hang, und dann windet sie sich auf dem flacher werdenden Ufer zur Isar hinunter.

Dort unten, wo der Fluss breit und nicht allzu reißend ist, geht der Weg auf dem Fachwerk der Holzpfeiler über Sandbänke und Furten ans andere Ufer. Die Brücke ist fest gefügt und durch ein hölzernes Torwerk gesichert. Zur Rechten und zur Linken der Einfahrt stehen zwei klobige, aus Fichtenstämmen gezimmerte Türme, in deren unteren Stockwerken die bischöflichen Waffenknechte hausen. Eine Schranke versperrt die Straße, auf der sich Karren und Planwagen angesammelt haben. Die Zöllner durchsuchen eben das Fuhrwerk eines Bauern und lassen ihn dann ziehen.

Auf dem linken Ufer liegt ein bischöflicher Hof, und dort ist auch das Münzhaus errichtet, in dem das eingesäckelte Edelmetall verschiedener Währung eingeschmolzen und in neue Münze umgeprägt wird.

Als der Reiterzug des Löwen auftaucht, machen die Kaufleute und Salzkärrner eilig den Weg frei, so dass der Rappe des Herzogs ungehindert bis zur Schranke traben kann. Mit finsterer Miene sieht der Herzog das am Brückentor aufgehängte Freisinger Wappenschild mit dem Korbiniansbären. »Den Bären als Wappenvieh mag ich nicht leiden!«, brummt er, »der Askanier führt es auch im Schild!«

Albrecht der Bär ist Herrn Heinrichs großer Feind, an der Grenze zwischen Sachsen und Brandenburg, und darum begegnet er dem Bärenwappen in seinem neuen Herzogtum Bayern nur mit ungutem Gefühl. Den Freisinger Bischofsstuhl hat zudem ein Mann inne, der ihm nicht wohlgesonnen ist: Otto der Geschichtsschreiber, Sohn des Markgrafen von Österreich und Oheim Kaiser Rotbarts.

Zunächst sind die Bischöflichen etwas erschreckt und verdutzt, als das bewaffnete Gefolge des Herzogs die Föhringer Anhöhe herabdonnert, doch dann besinnen sie sich rasch auf ihre Pflicht und eilen mit Spießen und Streitkolben aus den Wachhäusern. Sie stehen in dichtem Haufen vor der Brückenschrankc.

»Ich will über den Fluss«, sagt Heinrich der Löwe mit leiser Stimme, aber seine schwarzen Augen funkeln. Ein ritterlicher

Dienstmann des Freisinger Bischofs gibt den Wink, die Schranke zu öffnen, aber der Löwe reitet nicht an. »Die lombardischen Rosse zuerst!«, befiehlt er.

Da erst sehen die Freisinger, dass der Herzog zollpflichtige Ware mit sich führt. »Um Vergebung, Herr Herzog«, sagt der Amtmann, »die Pferde müsst Ihr auslösen, für sie ist Brückengeld fällig. Ihr seid auf gut freisingischem Gebiet!«

»Du kennst mich, Schelm?«, faucht der Löwe. »Soll der Herzog in Bayern Zoll und Zins zahlen im eigenen Land?«

»Hier ist Freising, Herr Herzog. Nicht Bayern, mit Verlaub!« Auf beiden Seiten liegen die Fäuste an den Schwertgriffen und den Lanzenschäften. Doch die Bischöflichen machen keine Miene, von ihrer Pflicht abzugehen.

So plötzlich, wie er den Streit vom Zaune gebrochen hat, beendet ihn der Herzog. Er lacht spöttisch auf und wendet sein Pferd. »Kommt, Oheim«, ruft er dem Erzabt zu, »wir wollen die Brücke den Salzkärrnern lassen. Der Bär verlegt dem Löwen den Weg.« Und dem riesigen Truchsess Jordan befiehlt er: »Die lombardischen Rosse gehen über die Furt bei Munichen – nicht einen Pfennig an Freising!«

In den folgenden Wochen lagert der Herzog am linken Isarufer im Klosterhof von Munichen. Er lässt eine hochbeinige Brücke über die Inseln an der Furt schlagen, eine Brücke, der auch das Hochwasser nichts anhaben kann. Die Bauern der Umgebung sind aufgeboten, Holz zu fällen, es zu behauen und anzufahren. Gleichzeitig wird eine Abzweigung der Salzstraße über den »gachen Steig« angelegt, eine Zoll- und Münzstätte wird errichtet und ebenso ein riesiger Salzstadel am Hang des Petersbergs, damit die Salzkärrner bei Regenwetter ihre Lasten sicher einlagern können. Davon verspricht sich der praktisch denkende Herzog, dass die Fuhrleute länger an dem Platz verweilen würden, aus dem etwas Besonderes werden soll.

Aus dem verträumten Fleckchen Erde am Isarufer ist jetzt ein bedeutsamer Ort geworden, für den sich der Landesherr interessiert und dem die vielen durchziehenden Wagenkolonnen sicher

Reichtümer zutragen werden. Bald ist das Werk so weit gediehen, dass die neue Municher Brücke befahrbar ist. Schon wollen sich ein Schmied und ein Wagner nahe der Brücke anbauen, und der Klostermaier hat sich vorsorglich einen des Bierbrauens kundigen Mönch aus Tegernsee kommen lassen; denn er weiß, wie durstig die Fuhrleute sind. Zudem gewinnen die Kärrner ja künftig zwei Stunden auf der neuen kürzeren Strecke, und sie werden wohl Zeit zum Einkehren finden.

Eines Nachts geschieht es, dass die Leute Feuer schreien und aus den Höfen laufen: Vom Petersberg aus sieht man deutlich den Brandschein im Norden. Es muss ein großes Feuer sein.

Noch in dieser Nacht, als die herzoglichen Reiter johlend und lärmend ins Lager bei Munichen zurückkehren, wird es bekannt: Der Löwe hat die Freisinger Brücke und Zollstätte bei Föhring in Brand stecken lassen. Und künftig gibt es nur noch einen einzigen Weg über die Isar. Die Zukunft des neuen Fleckens ist gesichert.

Bischof Otto von Freising verklagt den Herzog beim Kaiser, der eben mit seinem schwäbischen Heerbann vom Lechfeld aufbrechen und seine Italienfahrt antreten will. Aber was kann der Rotbart in diesem Augenblick unternehmen, da er den übermächtigen Herzog, dessen Hilfe er noch oft brauchen wird, wie einen Platzhalter im Reich zurücklässt? Es kommt zu einem Vergleich, in dem der Kaiser die Zoll- und Münzrechte des neuen Marktes Munichen zugunsten des Herzogs am 14. Juni 1158 bestätigt. Er macht nur die Auflage, den dritten Teil der Einnahmen als Buße an den Freisinger Bischof abzuführen.

Der Ort, bisher nur eine wie zufällige Ansammlung einiger Hütten, Höfe und Mühlen, rings um eine hölzerne Kapelle, blüht nun rasch empor. An die Stätte von Zoll, Münze und Markt kommen neue Siedler, und der Herzog lässt sich am Petersberg einen mit Palisaden befestigten Herrenhof bauen. Jenen Kaplan Herbot, der ihm einst die Vorgeschichte Munichens erzählt hat, macht er zum ersten Stadtpfarrer von Sankt

Peter. Da der Freisinger Bischof eine Befestigung, die Ottenburg, nahe dem Isarufer erbaut hat und somit Überfälle von den Freisingern zu befürchten sind, befiehlt der Löwe, den neuen Platz durch Wälle, Palisadenzäune und hölzerne Türme zu schützen. Der Anfang Münchens ist gemacht.

1176 Fast zwanzig Jahre lang geht alles gut, bis anno 1176 der gewalttätige Herzog, dem München sein Dasein verdankt, dem Kaiser Rotbart die Gefolgschaft auf einem neuen Italienzug verweigert und bald darauf über ihn die Reichsacht verhängt wird. Als Landflüchtiger muss der Löwe das Reich verlassen, und er verliert all seine Besitzungen. In Bayern setzt der Kaiser 1180 jenen Pfalzgrafen Otto von Wittelsbach als Herzog ein, der einst das kaiserliche Heer in der Veroneser Klause gerettet hat. Dem Freisinger Bischof scheint nun der Zeitpunkt gekommen, den alten Streit um die Föhringer Isarbrücke wieder aufzunehmen. Aber Otto von Wittelsbach erreicht einen Ausgleich, und so bleibt die Zollstätte bei München.

In der alten bayerischen Hauptstadt Regensburg residieren königliche Burggrafen und Bischöfe, und so lässt sich Otto von Wittelsbach erst gar nicht dort nieder. Meist wohnt er auf einer seiner Burgen, aber vorausschauend fördert er München, wo allein die bayerischen Herzöge Herren sind. Seine Gunst verhilft dem Ort zu seinem ersten gemauerten Befestigungsring mit starken Toren. Jetzt darf sich München als »Stadt« bezeichnen. Aus der großen, fernen und gefährlichen Welt dringt wie ein Wetterleuchten der Widerschein der Ereignisse in die Stadt. Doch was auch da draußen rumoren und auflodern mag, die Bürger sind sicher und ungestört hinter ihren Mauern und Türmen.

Als einer der Nachkommen Ottos von Wittelsbach stirbt und zwei sich spinnefeinde Söhne hinterlässt, wird nach langen Wir ren das bayerische Erbe geteilt. Herzog Ludwig II. bekommt die Rheinpfalz und das Obere Bayern. Der jüngere Heinrich nimmt sich das reiche Landshut und das fruchtbare Donautal: Niederbayern. Diese Teilung des Landes kommt München zugute, denn nun ist es der einzige herzogliche Platz, der als Residenz in Oberbayern geeignet ist.

Die Bürger sehen jedoch dem neuen Herrn und Gönner mit einiger Besorgnis entgegen. Herzog Ludwig scheint seinen Beinamen »der Strenge« wohl zu verdienen. Hat er nicht auf kleinlichen Verdacht hin zu Donauwörth seine Gemahlin Maria von Brabant enthaupten lassen? Was hilft es, dass er später seinen Fehler erkennt und zur Sühne den Zisterziensern das Kloster Fürstenfeld bei Bruck an der Amper stiftet?

Wie immer auch der Herzog sein mag: Das Leben geht weiter, und die Isar rauscht jahraus, jahrein am Giesinger Berg vorbei. Die Mühlräder in der Au klappern, und auf der Straße zum Isartor knarren die Räder der Salzkarren, trappeln die Rosse, knallen die Peitschen und lärmen die Fuhrleute.

1257

An die fünftausend Wagen rollen jährlich von Reichenhall nach München, und so haben die Zöllner am Fluss allerhand zu tun.

Der Schwaben-Konrad ist ein alter Salzkutscher, der die Tour seit Jahren fährt. Diesmal hat er sich einen Gehilfen mitgebracht, einen jungen Burschen aus dem Tirolischen. Dem will er München zeigen. Sie sind durch die Zollschranken an der Isar gefahren, haben aber, wie die meisten Kärrner, nicht gleich die Straße zum Talbruckertor hinauf ins *Tal* genommen, sondern sind nach links abgebogen, wo ein Weg entlang der Mauer und am *Blauententurm* vorüber zum *Anger* führt. Auf diesem vom Mühlbach durchflossenen Wiesenplan gibt es einige billige Herbergen, wo man übernachten, Ross und Wagen unterstellen kann. An die niedere Stadtmauer ist das bescheidene *Klösterchen der Franziska-*

ner gelehnt, die seit 1257 am Münchner Anger siedeln und das kleine *Sankt-Jakobs-Kirchlein* erbaut haben. Bei den »Minderbrüdern« oder »Barfüßern«, wie das Volk diese bescheidenen Mönche nennt, bekommt man im Notfall Suppe und Brot.

Die Salzkutscher sind erst spät am Abend in München angelangt; die Tore sind gleich darauf geschlossen worden. Nun stehen sie in aller Frühe auf, machen sich fein für den Stadtgang, essen ihre Hafersuppe und gehen die Mauer entlang, auf deren hölzernem Wehrgang ein paar verschlafene Wächter mit tellerförmigen Eisenhauben und Hellebarden auf und ab stolzieren. »Am besten gehen wir zum Talbrucker Tor hinein«, meint der Schwaben-Konrad. »Da sind wir gleich am Schrannenplatz und am Rathaus. Wenn du zur anderen Seit' um d' Mauer gehst, kommst du zum Sendlinger Tor, das steht an der Ecke vom Rindermarkt und von der Rosengass.«

»Du kennst di aba guet aus!«, staunt der Tiroler-Sepp. Für ihn ist die Stadt mit dem Gezack ihrer Türmchen und dem Geschachtel der schilf-, stroh- und schindelgedeckten spitzgiebeligen Häuser ein wahres Wunder. Wie sie über den Anger wandern, auf dem die Rosse der Salzfuhrleute weiden, tönt plötzlich vom Blauententurm ein krächzendes Hornsignal. »Wos war na dös?«, fragt der Tiroler erschreckt, und er bleibt stehen.

»Jetzt werden s' glei die Tor ufmache, Seppel! Der Hornruf gilt dene Säu. Da lug hi! Da komme sie scho!«

Und wirklich öffnet sich unter dem Blauententurm ein winziges Pförtchen, aus dem quiekend und grunzend ein Rudel Schweine hervorstürzt, um sogleich in der nahen Isarau zu verschwinden. Ein Schweinehirt mit umgehängtem Horn, Spieß und Messer geht würdig hinterdrein. Am Talbrucker Tor schwingen knarrend die Torflügel auseinander, und das erste, was hervorkommt, ist eine stattliche Kuhherde mit ihrem Hirten. Die Kühe ziehen zur Isarbrücke, passieren ungehindert den Zoll und trotten den Berg hinauf, wo sie ihre Weide haben. Die Münchner Bürger halten nämlich, zusätzlich zu ihrem Gewerbe, noch allerlei Viehzeug, und die meisten besitzen draußen vor der Stadt Wiesen, Äcker und Weideland.

Am Isartor treten die beiden Kärrner ins düstere Torgewölbe. Ein paar spießbewehrte Stadtknechte, die sich dort räkeln, mustern sie kurz und lassen sie dann passieren. Gleich hinter dem finsteren Torgemäuer öffnet sich der Schrannenplatz. Es ist früh am Morgen, und die Metzger, Bäcker, Gemüsekrämer, Weinzäpfler und Tandler sind eben dabei, die zahlreichen Holzbuden aufzuschließen oder die Waren auszulegen. Rings um die schmalbrüstigen, ineinander verschachtelten Häuser reihen sich solche Verkaufsstände, und vor dem winzigen Rathaus erhebt sich eine Art Podium, auf dem Richtblock, Prangerpfahl und allerhand Gerät der Stadtschergen zu sehen sind.

Fast wird der Tiroler-Sepp von einer daherlaufenden Sau umgerannt, die sich ungeniert zwischen den Beinen der Leute durchzwängt.

»Woißt, Sepple«, meint der Schwaben-Konrad, »dös war a so genannte *Rennsau* – a guet münchnerische städtische Sau. Die hat ebe das Vorrecht, in den Gasse zu weide und vor lauter Profit woiß dös Tierle nit mehr, wo 's anfange soll!«

Wie in den meisten Städten hat zu jener Zeit auch in München jedermann gebaut, wie es ihm in den Sinn kam: Die Gässchen sind winkelig, düster und eng. Manchmal berühren sich fast die vorspringenden Schindeldächer der beiden Gassenseiten. Ein Haus tritt vor, das andere steht weit zurück, hat Hoftor und Zaun wie ein Bauernhof und auch den dazugehörigen Misthaufen vor dem Eingang; Alkoven und Erker sind vorgebaut und hölzerne Treppen führen da und dort direkt von der Straße aus in die oberen Stockwerke. Auf den ungepflasterten und von Fahrrinnen zerfurchten Straßen liegt Unrat aller Art. Einmal muss der Schwaben-Konrad zur Seite springen, als sich ein mit durchsichtigem Kalbsfell bespanntes Fenster in einem Oberstock öffnet und eine weibliche Hand einen Topf auf die Gasse ausleert.

Von der Kaufingerstraße herab, wo man jetzt auch das Kaufingertor aufgemacht hat, und von den beiden Westtoren, dem vorderen und dem hinteren Schwabinger Tor, das eine am Ende der Weinstraße und das andere am Wilprechtsturm (Dienerstraße) gelegen, zockeln die Fuhrwerke der Bauern herein, die zur Schranne oder zum Kornmarkt wollen. Ein paar Ochsen werden zum Rindermarkt getrieben.

Der Schwaben-Konrad hat seinen Begleiter in eines der engen Gässchen geführt. Da schlägt den beiden ein fürchterlicher Gestank entgegen, so dass sich sogar der Sepp die Nase zuhält. »Wos is denn dös?«, staunt er, und er blickt seinen Führer fragend an.

»Ganga ma raus, Seppel!«, erwidert der, »do sin mer in des Gerbergassl gerate, und da drübe is glei der Färbergraben, im Lederergassl riecht's au nit besser.« Man hört das Plätschern des Stadtbachs, an dem die Gerber, Ledermacher und Färber ihr Gewerbe treiben.

»Jetzt kauf ma uns ebbes Guets!«, schlägt der Schwaben-Konrad vor, und er betritt das Gewölbe des Bäckers Dünzel, wo er um einen Pfennig zwei Pfund Brot erwirbt. Misstrauisch wägt der erfahrene Fuhrmann den Brotlaib in der Hand, als könnte das Gewicht nicht stimmen. Er murmelt etwas von den ständig steigenden Preisen und dass die Bäcker alle reich würden, worauf Meister Dünzel erbost von landfremdem Gesindel zu reden anfängt, das man der Stadtwache übergeben sollte.

Voller Ärger, mit seinem Zweipfundbrot unterm Arm, drängt sich der Schwaben-Konrad durch die Fußgänger zur Kaufingerstraße zurück, wo eben unter großem Hüh und Hott eine Kolonne burgundischer Salzkarren durchrasselt.

Staunend bleibt der Tiroler-Sepp vor der Auslage des Tandlers Konrad Munsterer stehen: Da gibt es venezianischen Samt, kostbare Seidenbänder in den herrlichsten Farben, silberne und güldene Kreuzel, Ketten und Ringe. Doch sein Lehrherr zieht ihn am Ärmel seines Leinenkittels fort. »Geh zu, Büble! De Kaufleut warten ja nur auf so ein Dalk, wie du bist. Zuedem kannst es do nit zahla. Wir wölle en guete Wei trinke, aha koin vo dene Sentelinger Wingert, sondern wir wölle zusehn, dass mer an e halbpfündiges Mäßle Pfälzer oder Burgunder kemmet.« So gut scheint sich der Schwaben-Konrad aber in der Stadt nun doch nicht auszukennen, denn er steuert auf das nächste Zeichen los, das in Schmiedeeisen – Zirkel, Kelle und Winkel – über einem spitzen Torbogen hängt. Es geht in einen finsteren Gang und vor ein schweres Pförtchen, undeutlich vernimmt man das Gemurmel vieler Stimmen dahinter. Wie aber der Fuhrmann vorsichtig in die vermeintliche Gaststube lugt, erkennt er, dass im kühlen Halbdunkel der gewölbten Stube eine Versammlung stattfindet.

Auf einem Podium sitzt ein würdiger, weißbärtiger Mann in weißer Maurerschürze und mit umgehängter Ehrenkette, und rechts und links von ihm thronen andere Männer, die wie Zunftmeister aussehen. In der Stube aber sitzen dicht gedrängt die Bauleute, heftig durcheinander redend.

Da schließt der Schwaben-Konrad vorsichtig die Pforte und meint, hier seien sie wohl nicht richtig am Platz. »Gehn wir hinter den Petersberg zum Heiliggeistspital«, sagt er, »i moi nit ins Pilgrim- und Armenhaus. Gleich nebe der Heiliggeistkirche is dös Augustinerkloster und de Mönch schenken a guets Tröpfle aus. Wir könne aba auch in de Gewölb vo der Weinstraß oder glei zum Weinmarkt gehe, der is unter freie Himmel in ein Eck vo dera Schranne.« – Die beiden ziehen ihrer Oase entgegen.

In der Versammlung der Freien Maurer, die der Meister vom Stuhl für so früh einberufen hat, geht es währenddessen hoch her. In dieser Zeit haben sich die meisten Handwerker in Zünften zusammengeschlossen. Verloren ist derjenige in der Welt der Herren, der Ritter und der Kleriker, der nicht Zuflucht in einer Genossenschaft gefunden hat. Die Zunft ist nicht nur eine Vereinigung zur Wahrung der sozialen Interessen, sie sorgt nicht nur für Witwen und Waisen, für kranke und in Not geratene Mitglieder, für die rechte Ausbildung des Nachwuchses und die Abgrenzung der Lebensräume: Sie wendet ihre Fürsorge auch dem Seelenheil, der moralischen und der bürgerlichen Erziehung ihrer Mitglieder zu. Die Brüderschaft der Maurer, Steinmetze und Zimmerleute, zu der mancherorts auch die Maler, Bildhauer und Glasschneider gehören, ist eine Zunft, die durch Anspruch, Zielsetzung und Größe der bewahrten Geheimnisse wie durch ihre sittlichen Forderungen alle anderen Genossenschaften des Handwerks übertrifft. Sie hat etwas von einem geistlichen Orden an sich, und man merkt, dass sie aus den Kathedralschulen und Domhöfen hervorgegangen ist. Die hohen mathematischen und physikalischen Gesetze der Baukunst werden nur innerhalb eines eng begrenzten Kreises von Auserwählten überliefert. So sind die großen Baumeister mit ihren Gehilfen und Werkleuten in Bauhütten zusammengeschlossen, und wenn irgendwo ein Dom gebaut wird, wandern die Bauleute mit Wagenpark, Gerät und all ihrer Tradition in fremde Städte und Länder.

München hat zwar keine große Bauhütte wie Straßburg, Köln oder Wien, aber es gibt auch hier eine Maurerzunft mit einem Meister vom Stuhl, der auf strenge Ordnung sieht.

Der alte Meister Oertlin hat die Maurer und Zimmerer in die Zunftstube an der Kaufingerstraße gerufen, weil er ihnen eine wichtige Mitteilung zu machen hat: Herzog Ludwig der Strenge hat Botschaft nach München geschickt, dass er demnächst kommen werde, um München zu seiner Hof- und Residenzstadt zu machen. Eine herzogliche Hofburg solle erbaut werden. Der Platz der neuen Großbaustelle solle die Nordostecke des Mauerringes sein, der Herzog denke an einen weiten, nach innen offenen Hof, um den sich ein Kranz fester Gebäude, Bogengänge, Türmchen und Erker schließen solle. Der Zugang vom Schrannenplatz her wird von einem hohen Turm mit Satteldach geschützt werden. Das bedeutet Arbeit und Ehre für die freien Maurer auf viele Jahre.

Der Schwaben-Konrad ist nicht der erste und einzige gewesen, dem der Brotlaib vom Bäcker Dünzel zu leicht erschien. Schon mehrmals ist Klage über den Bäck geführt worden: er spare am vorgeschriebenen Gewicht und mache die Wecken zu klein. Immer wieder kamen die Stadtknechte und verlangten Brot, um es im Rathaus nachwiegen zu lassen, und mehrmals schon hat der Zunftmeister den unredlichen Genossen verwarnt.

Doch übers Jahr, als eine Missernte ist und sechs Pfennige für die Metze Korn bezahlt werden, als die Armen vor den Klosterpforten nach Suppe und Brotrinden anstehen, bekommen die

Wecken vom Dünzel-Bäck die reine Schwindsucht; aber er verkauft sie als echte Zwei- und Dreipfünder. Und nun reißt dem hohen Rat der Stadt die Geduld.

Um diese Zeit rollt der nun leere Salzkarren des Schwaben-Konrad wieder die Anhöhe beim Johanniskirchlein herab, durch die blühenden Haberfelder aufs Kaufingertor zu und durch die Kaufingerstraße. Da begegnet ihm ein seltsamer Zug. Ein schreiender Haufe Tagwerker, arme Leute, fahrendes Volk und viele Kinder laufen neben den gewappneten Stadtknechten her, die zwischen sich den gebundenen Dünzel-Bäck führen. Der lässt den Kopf hängen, und alle zeigen mit Fingern auf ihn.

Der Schwaben-Konrad hält seine Gäule an und zupft einen Bürgersmann am Ärmel: »Was is denn mit dem los?«, fragt er. »Wollt ihr ihn hängen?«

»Naa«, sagt der Münchner, »der wird bloß g'schnellt. Er hat das Brot zu klein gemacht.«

Der Zug biegt von der Kaufingerstraße ab zur Rosengasse hinüber, wo der Stadtbach etwas breiter und durch ein Wehr gestaut ist. Den Platz kennt der Schwaben-Konrad recht wohl, denn das ist die Rossschwemme, wo die Fuhrleute ihre Gäule waschen. Dort steht der Wippgalgen mit seinem eisernen Käfig, und die Stadtknechte sorgen dafür, dass der Dünzel da hineinkommt.

In Weidenkörben haben andere Stadtknechte die kleinen Brotlaibe herbeigefahren, die sie nun zerschneiden und so unters Volk werfen.

Dann verstummt das fröhliche Lärmen und Lachen. Der Henker, der Freimann, ist herangetreten, hat die Wippe des Galgens ergriffen und schwenkt den eisernen Korb samt dem Bäcker hinaus über den Bach. Langsam taucht er den Unglücklichen ganz ins kalte Wasser. Nach einiger Zeit wird er, triefend und nach Luft schnappend, wieder herausgezogen und aus seinem Gefängnis befreit. Doch als er sich klatschnass aus dem Staub machen will, läuft ihm alles johlend nach, und er braucht für den Spott nicht zu sorgen.

Der Schwaben-Konrad wendet sich an den Tiroler-Sepp, der noch immer mit ihm fährt: »Siehst es, Seppel«, sagt er, »das is das städtische Recht, und so muss es bleiben. Ich hab's schon damals g'spannt, dass das Brot zu leicht war!«

1271 In den folgenden Jahren entsteht innerhalb der Stadtmauern Münchens jenes Herzogsschloss, das später als der *Alte Hof* oder die *Alte Feste* bekannt ist. Die herzogliche Hofhaltung bringt viele ritterliche Dienstleute und deren Anhang in die Stadt, die nun abermals wächst. Schon siedeln sich, da die engen Mäuerchen der alten Heinrichs- und Ottostadt nur noch wenig Raum lassen, Leute vor den Mauern an. Vor dem Schwabinger Tor, vor dem Sendlinger Tor und längs der Isar bis hin zu dem Dörfchen um die Giesinger Kirche entstehen immer mehr Häuser. Rings um das Kloster am Anger mit dem Sankt-Jakobs-Kirchlein gibt es neue Herbergen, Stallungen, Lagerschuppen und Werkstätten. Das Heiliggeistspital der Augustinermönche dient nach wie vor als Siechen- und Armenhaus, und die frommen Mönche erhalten dafür einen Teil des Brückenzolls. Mit seinen Findel- und Waisenhäusern, Krankenanstalten, Scheunen, Vorratsgebäuden und der Brauerei wird das Spital allmählich zu einem ganzen Stadtviertel. Außer Sankt Peter, Sankt Jakob am Anger und der Heiliggeistkirche gibt es jetzt in München die Kapelle am Gasteig, die Marienkapelle auf dem Buckel nahe der Kaufingerstraße und die Sankt-Lorenz-Kirche im Alten Hof.

Im Jahr 1271, am Vorabend des Katherinentags, kommt Bischof Konrad II. von Freising nach München, und er teilt die zu groß gewordene Pfarrei Sankt Peter durch eine Trennlinie, die vom Kaufingertor zum Isartor verläuft. Er gründet die neue Pfarrei Sankt Marien und setzt als deren ersten Pfarrherrn den Priester Ulrich ein.

In seiner Predigt sagt der Bischof: »Durch die Gnade des Herrn wächst die Taufgemeinde vom heiligen Petrus ins schier Unermessliche. Ein Hirt genügt nicht mehr, auch ist der Begräbnisplatz zu eng geworden … Rechtliche Männer sollen die Teilung der Bürgerschaft und des Zehnten sowie des Vermögens bestimmen, auf dass die Kirche Unserer Lieben Frau mit allen Pfarrrechten versehen werde und einen eigenen Friedhof bekomme. Jede Pfarrei soll künftig zwei Gesellenpriester und je einen Knabenschulmeister halten …«

1284

Überall ist Aufblühen und Größerwerden. Beim Bau der Herzogsburg ist viel Wasser aus der Isar in die Festungsgräben abgeleitet worden, und deshalb wird der wilde Lauf des Flusses unterhalb des Giesinger Berges ruhiger. Wehre drängen sein Bett mehr nach Westen und näher an die Stadt heran, so dass zwischen den östlichen Höhenzügen und der Isar ein breiter Streifen trockenen Landes entsteht, das sich bald mit Wiesen und Auen bedeckt. Dazwischen gibt es reichlich Altwässer, Tümpel und Seitenarme mit Fischen im Überfluss. Wasservögel und Wild hausen dicht vor den Toren Münchens, und auf den Wiesen weidet das Vieh. Das Land in der Au gewinnt an Wert, und bald entstehen auch hier Hütten und Häuser.

Inzwischen haben die Franziskaner von dem frommen Patriziergeschlecht der Sentlinger 800 Goldgulden geschenkt bekommen, und der Herzog hat ihnen dicht neben seiner Stadtburg einen schönen Bauplatz (heute Max-Joseph-Platz) eingeräumt, so dass sie das neue Franziskanerkloster in der Nordostecke der Stadt errichten können. Das Klösterchen am Anger mit Sankt Jakob überlassen die Mönche dem zweiten Orden des heiligen Franziskus, den Klarissinnen, und weil auch die Nonnen hauptsächlich von Landwirtschaft leben, bewerben sie sich 1284 um nahe gelegene Weidegründe auf dem anderen Isarufer.

Der reiche Tandler Konrad Munsterer aus der Kaufingerstraße, der in der Au große Besitzungen hat, tritt in Verkaufsverhandlungen mit der Oberin Heilwig, der Sentlingerin. Doch diese

Verhandlungen gestalten sich etwas schwierig, da der Bürger Konrad Munsterer keine schriftlichen Besitztitel nachweisen kann.

In der herzoglichen Hofkammer sucht man vergeblich nach Urkunden über die Besitzverhältnisse in der Au. Man entdeckt wohl eine Schenkungsurkunde des Priesters Ihcho und seines Neffen Kerolt aus dem Jahr 800, die ihren Besitz zu Giesing dem Freisinger Bischof übertrugen. Andere Urkunden über die Meiereien Kyesinga, Pasinga, Grefolfinga nebst Grundstücken in der Au besagen, dass noch früher ein gewisser Reginpert diese Güter dem Kloster Scharnitz vererbt hat – aber sonst weiß man nicht mehr, wie die Ländereien die Besitzer gewechselt haben. Deshalb muss Konrad Munsterer 60 Pfund Regensburger Pfennige in der herzoglichen Hofkammer hinterlegen, für den Fall, dass sich noch ein Besitzer mit Urkunde, Brief und Siegel melden sollte. Die Gewährschaft soll nach dem Recht der Zeit für zehn Jahre und einen Tag gelten – erst nach Jahr und Tag wird also der Kaufvertrag mit dem Klarakloster perfekt.

Als eben Konrad Munsterer mit der Oberin Heilwig diese Bedingungen durchgeht, stürzt eine Schwester in die Kemenate. Sie berichtet von einem aufregenden Vorfall, der sich soeben im Alten Hof zugetragen hat. Die Stadt spricht von nichts anderem: In der Alten Hofburg liegt seit etwas mehr als einem Jahr ein kleiner Prinz in der Wiege. Sein Vater, der gestrenge Ludwig, hält sich einen kleinen Zoo, dem auch ein possierlicher Affe angehört, und so hat es geschehen können, dass der den kleinen Prinzen »Wiggerl« aus dem Bettchen entführt hat und mit ihm aufs Dach der Hofburg geklettert ist.

»Aber, der Mutter Gottes sei Dank!«, schließt die Schwester, »die G'schicht is gut ausgangen! Sie haben den Affen mit allerlei Leckerei wieder zum Fenster hineingelockt und ihm das Kind abg'nommen!«

Noch niemand ahnt, dass dieser Prinz dereinst Kaiser des Heiligen Römischen Reichs wird: der erste Kaiser aus München.

1295 Zunächst sieht es nicht so aus, als würde aus dem Prinzen Ludwig etwas Großes werden. Denn als sein Vater anno 1294 stirbt, gibt es zunächst gewaltigen Hader mit dem älteren Bruder, Rudolf dem Stammler, wegen der Erbteilung und der Nachfolge.

Der Bau der Alten Burg und der etwas üppige Hof haben mehr Geld verschlungen, als die bayerischen Herzöge eigentlich besaßen. Aber der junge heftige Herzog Rudolf meint, sich helfen zu können. Er hat in Meister Schmichen einen tüchtigen Mann. Münzmeister Schmichen sitzt am Schrannenplatz im Haus der herzoglichen Münze, wo die Zoll- und Steuergelder zusammenfließen, eingeschmolzen und in gute bayerische Pfennige umgeprägt werden. Dieser allzu tüchtige Münzfachmann hat dem Herzog eine neue Quelle des Wohlstands erschlossen: Man schmilzt einfach die guten, aus reinem Silber geprägten Pfennige ein und mengt ein wenig oder auch mehr Blei oder Zinn darunter, um das Material zu strecken. Damit aber die Bürgersleute das neue schlechte Geld nicht sofort vom guten alten unterscheiden können, taucht man die Münzen erst noch in ein mildes Säurebad, das an der Oberfläche das Blei oder das Zinn wegfrisst und den Silberpfennigen den rechten Glanz gibt. Die Münchner Bürger heißen diesen Weißsud kurz und bündig einen Beschiss. So hebt eines schönen Tages, als wieder in den Verkaufsständen am Schrannenplatz die »Weißlinge« in Massen umlaufen und die Metzger vom Rindermarkt heraufkommen, um lauthals auf den herzoglichen Münzschwindel zu schimpfen, ein großer Volkstumult an. Die Bauern wollen sich ihre Ochsen und Kälber nicht um ebenso viele schlechte Pfennige abkaufen lassen wie früher um gute, und die fremden Fuhrleute und Händler weigern sich überhaupt, das verpantschte Geld anzunehmen.

»Wo sollen da Handel und Wandel bleiben!«, schreit der Bäcker Dünzel, »Ehrlichkeit verlang ma aa vom Herzog!«

»Wenn's Geld nix mehr wert is!«, entrüstet sich der reiche Konrad Munsterer, »dann san mir alle verraten!«

»G'wicht muaß G'wicht bleib'n!«, lärmt der Dünzel.

Und dann packen die Metzger die Beile, die Bäcker holen die Schürstangen, die Zimmerer die Äxte, und die Zunftbanner werden entrollt. Vergebens rückt die Stadtwache aus, und die Herzoglichen laufen zum Alten Hof, sich zu wappnen und Verstärkung zu holen.

Ehe man sich's versieht, rennt das Volk die Tür zur Münze am Schrannenplatz ein, es schlägt alles kurz und klein, beginnt die schlechten und guten Pfennige auf die Straße zu streuen, und als ein paar Bräuknechte den zitternden Münzmeister Schmichen aus einem Verschlag zerren, wird kurzer Prozess gemacht. Der arme Schelm beendet sein Leben auf dem Richtblock am Schrannenplatz.

Dieser kurze Aufruhr im Sommer 1295 hat freilich noch ein böses Nachspiel, denn Herzog Rudolf verurteilt die Stadt zur Strafe von 300 Pfund Pfennigen. Die herzogliche Münze wird in die Graggenau verlegt. Später, als der gutmütige Herzog Ludwig Herr von München und Oberbayern wird und der niederträchtige Rudolf in die Rheinpfalz geht, um Kurfürst zu werden, haben die Bürger doch noch ihren Triumph.

Herzog Ludwig gesteht ihnen die Kontrolle über die herzoglichen Münzstätten zu, und die Sicherheit der Währung scheint gerettet.

Am Nordende des Münchner Schrannenplatzes, wo vorher die Münze gestanden ist, lässt ein fromm gewordener Ritter, ein gewisser Ainwig, genannt »der Gollir«, eine allen Heiligen geweihte Kapelle erbauen. Diese Gollir-Kapelle ragt nun wie ein Schiffsbug mitten in den Schrannenplatz, gerade zum »Dinghaus« hinüber, in dem der Stadtrichter seine Amtsstube und die Stockknechte ihr Wachlokal haben.

Über dem Himmel der Zeit ziehen dunkle Wolken. Seit mit den Hohenstaufen die alte Kaiserpracht ins Grab gesunken ist, scheint die Welt in ihren Grundfesten erschüttert. Fürst steht wider Fürst; die neuen Kaiser, die aus den Wirren der kaiserlosen, der schrecklichen Zeit emporgestiegen sind, Habsburger und Luxemburger, sind Herren ohne Glanz, mehr darauf bedacht, sich eine große Hausmacht zu schaffen, als die Reichsordnung zu sichern. Die ritterlichen Dienstmannen, die einst auf Kreuzfahrt oder Italienzug ihren Lebensunterhalt, neue Lehen und Beute gefunden haben, schauen nun voll Neid auf die blühenden Städte und das neue Geldwesen, an dem sie keinen Anteil haben. Mancher, der früher im Gefolge der Kaiser geritten wäre, ist zum Strauchdieb und Raubritter geworden.

Und auch mit der geistlichen Macht der Welt, der römischen Kirche, ist es nicht gut bestellt. Viele hohe Geistliche sind verweltlicht, sind mehr Fürsten als Seelenhirten; in den Klöstern lebt man üppig, nur die Armleut-Priester hungern. Die Angehörigen des neuen Bettelordens, die Franziskaner, wandern predigend von Dorf zu Dorf und von Stadt zu Stadt und rufen zur Rückkehr zu altchristlicher Einfachheit und Armut auf. Wider die franziskanische Ansicht von der christlichen Armut ziehen die Bischöfe und der Papst zu Feld, und das Volk hört dem Streit verwirrt zu.

Mehr aber als die Wirren in Reich und Kirche lasten die bayerischen Streitigkeiten auf der Stadt. Der Hader der beiden Herzöge Rudolf und Ludwig dauert an, und seit in seiner niederbayerischen Residenz Landshut der dortige Herzog gestorben ist und minderjährige Söhne hinterlassen hat, gibt es auch noch einen endlosen Kampf um die Vormundschaft für Niederbayern, in den sich das mächtige Haus Habsburg einmischt. Der Österreicher Friedrich der Schöne verlangt diese Vormundschaft, die auch die Münchner Herzöge haben wollen, für sich; es kommt zu Fehde und Krieg.

1313 Anno 1313 müssen die Münchner Zünfte mit ihrem Herzog Ludwig gegen Gammelsdorf ausrücken; sie gewinnen zwar die Feldschlacht, aber es gibt keinen Frieden im Land.

Dann aber wird Herzog Ludwig der Bayer von vier der sieben Kurfürsten zu Frankfurt zum deutschen König gewählt und bald darauf in Aachen gekrönt. Das macht die Münchner stolz, aber es bringt ihnen auch Sorgen, weil die drei anderen Kurstimmen auf Friedrich den Schönen von Österreich gefallen sind. Und die Österreicher wollen offenbar Herrn Ludwig nicht als König anerkennen. Wieder ein paar Jahre später, 1317, zwingt König Ludwig seinen brüderlichen Widersacher Rudolf, auf seine Rechte in München und Oberbayern zu verzichten. Er ist jetzt wenigstens der Herr im eigenen Haus. Die Münchner Bürgerschaft ist froh darüber, denn Herr Ludwig ist ein guter und den Städtern wohlgesinnter Mann, wie schon seine Verordnung über die Kontrolle der Münzstätten gezeigt hat. Trotzdem bleiben die Sorge und die Furcht vor der Unsicherheit. Der Ruf aus der Bürgerschaft, und nicht nur aus den Vorstädten, nach einer neuen Stadtumwallung wird immer lauter.

Im Rathaus, einem schmalbrüstigen, turmähnlichen Gebäude, das sich droben bei der Kirche St. Peter ans Talbrucker Tor anlehnt, zerbricht man sich die Köpfe darüber.

Der Rat ist sich einig darüber, dass die neue Mauer notwendig ist, aber auch darüber, dass München diese Arbeit nicht ohne herzogliche Hilfe ausführen könne. So ist eine Abordnung in dic Hofburg gegangen, ist vom Herzog und deutschen König Ludwig gnädig empfangen worden und hat die erbetene Unterstützung zugesagt bekommen. Herr Ludwig der Bayer hat selbst Interesse daran, dass seine Haupt- und Residenzstadt ein reputierlicheres Aussehen bekommt.

1317 Und so gehen eines Tages die Stadtbüttel mit den Handglocken um und schreien den Ratsbeschluss aus: Die neue Mauer wird gebaut, ein größeres, ansehnlicheres München soll entstehen.

Zuerst wird die neue Linie ausgesteckt. Wieder ist ein Meister Oertlin Zunftmeister der freien Maurer, und er besorgt die Planung des Werks. Der künftige Mauerring soll über hundert Wehrtürme bekommen, die Mauer selbst wird innen einen hölzernen, mit Schindeln überdachten Wehrgang erhalten. Nur die beiden alten Schwabinger Tore werden erhalten bleiben, doch muss neben der herzoglichen Hofburg ein weiteres Tor, das Neufest-Tor, gebaut werden. Die Haupttore rücken weiter hinaus: Näher an die Isarbrücke kommt das Isartor, ein gutes Stück vor das bisherige Talbrucker Tor; auch das Sendlinger Tor soll nun weiter nach außen; und vor das bisherige Kaufingertor wird man das Neuhauser Tor bauen. Der Mauerkranz wird weiter und die Stadt umfangreicher, und so plant man das Wurzer- und das Kosttor ein, und unten bei der Au soll das Angertörl als Einlass entstehen.

Am Kosttor, nahe dem Heiliggeistspital, werden die Armen gespeist werden; das Einlasstörl am Anger aber wird als Einschlupf für verspätete Gäste oder für Bürger dienen, die etwa beim großen Wirt in Schwabing oder beim Giesinger Wirt allzu lange gezecht haben und abends nach zehn Uhr verschlossene Stadttore vorfinden. Der Weg rings um die Mauern bis zum Angertörl und die sechs Kreuzer Torgeld, die man für den nächtlichen Eintritt zu bezahlen haben wird, sind eine heilsame Lehre für Nachtschwärmer.

Wenn dieses gewaltige Bauwerk der neuen Mauer vollendet sein wird, müssen die Bewohner der Vorstädte wohl zufrieden sein. Dann stehen auch sie unter dem Schutz von Wall, Graben und Wehrmauer.

Als die Arbeit beginnt, bietet der Rat alle Bürger und zur Stadt gehörenden Bauern mit Ross, Wagen und Werkzeug auf. Ein ameisenhaftes Leben fängt an, Gräben werden ausgehoben, Steine herangefahren, die Ziegelbrenner in Berg am Laim, in Haidhausen und auf dem Sendlinger Berg können bald kaum noch die Steine schaffen. Alle Handwerker haben zu tun; auch die Schmiede, die Schreiner, die Zimmerer und die Waffenschmiede: Denn gleichzeitig sollen ein Zeughaus und ein Kornstadel im Tal errichtet werden. Was wäre eine Stadt ohne Vorräte für den Kriegsfall?

Das Werk zieht sich über viele Jahre hin. Bis die neue Stadtmauer endlich vollendet sein wird, vergehen an die fünfzehn Jahre, und als sie noch nicht zur Hälfte fertig ist, sieht es ganz so aus, als bräuchte München schon jetzt ihren Schutz.

1322

Der Krieg mit den Österreichern schwelt wie ein fressender Brand weiter. Besonders der Bruder Friedrichs des Schönen, Herzog Leopold von Österreich, erstrebt den Untergang des verhassten Königs aus Bayern. Anfang September 1322 jagt ein Bote auf schaumbedecktem Gaul den Gasteig herunter zum Isartor, dessen zwei wuchtige Flankentürme soeben mit Ziegeln eingedeckt werden.

Der Reiter, der vom unteren Inn kommt, eilt zur Hofburg. Er bringt die Meldung, Herzog Friedrich der Schöne sei in das erzbischöflich salzburgische Gebiet bei Mühldorf mit einem großen Ritterheer eingezogen und lagere dort. Nach sicherem Vernehmen beabsichtigte er, ins Bayerische einzubrechen.

Nur spärlich treffen auf den Hilferuf des deutschen Königs die Aufgebote des Reichs ein. Der Böhmenkönig Johann kommt mit ein paar Rittern, und der Vetter aus Niederbayern, Herzog Heinrich, stellt sich mit einigen hundert Mann ein. Zusammen mit den Männern des Schweppermann, die auf der Schwabinger Plane lagern, sind das kaum halb so viele Ritter, wie allein Friedrich der Schöne ins Feld führt.

Doch nun trägt die Beliebtheit des Königs und Herzogs bei seinen Bürgern Früchte. Nicht nur die Münchner Zünfte rücken unter den Kirchenbannern aus, auch Moosburg, Landshut und die kleineren Städte haben ihre Scharen geschickt. Mit diesem Heer, das etwa 1500 Ritter und 30000 Fußknechte zählt, zieht der Bayer eilig von München nach Mühldorf, um zuerst Herrn Friedrich zu schlagen. Es ist Ende September, und der Wind weht schon rau über die Stoppelfelder. Die Stadt ist von großer Sorge erfüllt, und in den Kirchen finden Bittgottesdienste statt. Am Nachmittag des 29. September 1322 aber bläst der Türmer von Sankt Peter ins Horn, und die Menschen laufen vor die Häuser, um zu sehen, was los ist. Der alte Dünzel schreit durch die hohlen Hände zum Türmer hinauf: »Kemman d' Österreicher?«

»Naa«, schreit der zurück, »aba an Botenreiter siech i auf d' Isarbruck'n zuareitn!«

Die Menschen eilen zum Isartor, wo ein abgehetzter Reiter auftaucht. Bürger, Stadtknechte und Räte umringen ihn. Niemand will warten, bis er im Rathaus oder in der Hofburg bei Herzogin Beatrix gewesen sein wird. Und der Mann, ein Ritter des Königs, meldet die frohe Kunde.

»Freut's euch, Leitl! Bei Ampfing, ganz nah bei Mühldorf, is a Schlacht g'wen, a größere habts no net g'sehn. D' Österreicher san g'schlagn, und da Herzog Friedrich is vom Ritter Rindsmaul und vom großen Diez Swinburg g'fanga wordn.«

Da bricht ungeheurer Jubel aus, Hüte und Kappen fliegen in die Luft, die Leute umarmen sich auf offener Straße. Und alle wollen Genaueres wissen. Der Ritter berichtet, dass die Schlacht anfangs übel für Herrn Ludwig ausgesehen hat, aber die spießbewehrten Bürgeraufgebote seien den Rossen der Ritter in die Flanke gefallen. Einmal sei der König in arge Bedrängnis geraten und schon von österreichischen Rittern ganz umringt gewesen: Da sei der Zunftmeister Konrad Dünzel mit seinen Münchner Bäckerknechten vorgebrochen und habe Herrn Ludwig herausgehauen.

»Do habt's as!«, brüllt der alte Dünzel-Bäck. »So san die Münchner Sauerbäcken! Hoch unsa Herzog und Kini! Und hoch die Bäckerzunft!«

Als der König und Herzog mit erbeuteten Fahnen und zehn Wagenladungen voller kostbarer Rüstungen zurückkehrt, ruft er die Zunftmeister zu sich in die Hofburg, und an alle werden Privilegien und Geschenke verteilt. Seine besondere Gnade aber wendet der hohe Herr den Bäckern zu: Sie dürfen künftig den Reichsadler im Zunftpanier führen. Auch wird die Liebfrauenbruderschaft der Bäcker feierlich bestätigt, und aus Dankbarkeit baut ihr Herr Ludwig neben der Hochbrückmühle im Tal ein neues, stattliches Zunfthaus.

Aber die Österreicher geben keine Ruhe, und der Krieg geht weiter. Im Jahr nach dem Sieg bei Mühldorf verleiht Ludwig der Bayer die durch das Aussterben der Askanier ledig gewordene Mark Brandenburg seinem minderjährigen Sohn Ludwig, und so wird die Gegend der späteren Stadt Berlin für eine Weile von München aus regiert. Mühsam sucht der Bayer seine Hausmacht zu erweitern und seine bescheidenen Einnahmen zu mehren, aber als er kraft seines Königsamtes im Herzogtum Mailand gegen die päpstliche Politik auftritt, verschafft er so den Österreichern in der Kirche nur einen übermächtigen Verbündeten.

Das Verhältnis zwischen dem deutschen König und dem Papst zeigt der Stand der Kriegskassen an: Ludwig der Bayer verfügt um diese Zeit über etwa 1800 Silberpfennige, während Papst Johann XXII. an die zwanzig Millionen Goldgulden besitzt. Ist es da ein Wunder, wenn sich der Bayer mit den Verfechtern des christlichen Armutsgedankens, den Franziskanern, zusammentut? Der aus den Kerkern von Avignon entkommene Franziskanerphilosoph Wilhelm von Occam und der andere große franziskanische Rebell, Professor Marsilius von Padua, finden im Münchner Franziskanerkloster Schutz und Zuflucht. Sie führen für den König künftig Krieg mit der Feder, während der ruhelose Bayer mit seiner geringen Streitmacht über die Alpen zieht und sich in Mailand die lombardische und in Rom mit Hilfe eines Gegenpapstes die römische Krone holt. Nun, im Jahr 1327, ist er Kaiser, und München wird zur Kaiserresidenz. Aber dieser Glanz zieht nur zu schnell vorüber. Dahinter wohnen nackte Ohnmacht und Armut. Der Papst spricht den Kirchenbann und das Interdikt gegen den Kaiser aus, in München schweigen die Glocken, die Kirchen schließen ihre Pforten. Nur die rebellischen Franziskaner kümmern sich nicht um den Fluch der Kirche, und das Volk strömt in Massen zum Franziskanerkloster.

1327 Die alte Notburga, die Magd des reichen Tandlkramers Munsterer in der Kaufingerstraße, geht mit dem Kerzenlicht in der Hand, schon in Schlafhaube und Schlafkittel, nochmals durch das Haus und sieht nach, ob alle Läden geschlossen sind; denn draußen braust ein Föhnsturm durch die Sommernacht. Im Unterstock, wo die Dienstboten wohnen und wo das Warenmagazin ist, begegnet sie dem Herrn Munsterer, der als guter Hausvater überprüft, ob die Tore geschlossen und die Lichter gelöscht sind. »Geh nur ins Bett, Notburga«, sagt der Herr, »'s ist nachtschlafende Zeit, und morgen gibt's viel Arbeit!«

Die Notburga will eben gute Nacht wünschen, als plötzlich die Glocken von Sankt Peter zu läuten beginnen – wild und gehetzt, und nun fällt das Rufen des Feuerhorns ein. »Feurio! Feurio!«, schreit jemand auf der Gasse. In den Nachbarhäusern werden die Läden aufgestoßen.

»Nur ruhig bleibn«, sagt der Herr Munsterer. Aber er ist bleich geworden und rennt in langen Sprüngen die knarrende Holztreppe hinauf. Rasch zieht er sich an, während seine Frau das Fenster aufreißt und in die stürmische Nacht hinausschaut. Jetzt hört man deutlich die Leute über die Straße laufen und alle Glocken der Stadt anschlagen. »Wo ist es denn?«, stößt der Munsterer hervor.

»Hinterm Petersturm is da ganze Himmi rot«, sagt die Frau. »Des is a großes Feuer. Unser Liabe Frau, wenn's nur net zu uns rüber kimmt!«

Die Kinder werden geweckt und angekleidet, aus dem Untergeschoss dringt das Rumoren der Knechte und Mägde. Herr Munsterer setzt seine Kappe auf, greift zum ledernen Löscheimer, der an der Wand neben der Treppe hängt, dann packt er den eisernen Feuerhaken und poltert hinab. Zum »Hausl« sagt er: »Du bleibst da, Hans, und passt auf, dass koane Diebsleut ins Haus kemma. Und ös geht's mit!«, befiehlt er den beiden anderen Dienstknechten, die schon mit Eimern und Haken bereitstehen.

Sie stolpern hinaus in die von Lärm und Läuten erfüllte Nacht, und hinter ihnen schiebt der Haust die eisernen Torriegel vor. Die Kaufingerstraße ist dunkel, und man sieht nur undeutliche Gestalten dahinhasten. Wie ein riesiger Schattenriss steht das Gezack der steilen Giebel vor dem Himmel, über den sich schnell ein helles Rot breitet. »Bei Sankt Peter is es!«, schreit jemand. »Naa, am Anger!«, antwortet eine andere Stimme.

Sie tasten sich durch die engen, finsteren Gässchen zum Färbergraben hinüber. Manchmal sehen sie den flammendroten Himmel nur wie einen schmalen Streifen zwischen den Schindel- und Schilfdächern über sich, die beinahe zusammenstoßen. Der Fuhrknecht vom Munsterer fällt über einen Zuber, den jemand auf der Gasse hat stehen lassen, und dem Munsterer selber läuft eine aufgeschreckte Sau zwischen die Beine.

Je näher sie dem Angerviertel kommen, umso mehr stauen sich die Menschen. Sankt Peter läutet nicht mehr, der Turm steht wie eine Fackel vor der Nacht. Das Feuer ist im Haus des Wachsziehers und Kerzlmachers Bernlochner am neuen Angertörl ausgebrochen, und es hat sich gierig über die reichen Vorräte an Bienenwachs und Werg hergemacht, ist dann aus dem Strohdach hinausgeflammt zum neuen, hölzernen Wehrgang und diesen entlanggefahren nach Sankt Peter hinüber. Die ganze Häuserzeile, die dort Schulter an Schulter steht, die verschachtelten Gebäude aus Holz, Schilf und Fachwerk zwischen Angertörl und Petersberg sind ein Feuermeer, aus dem Garben von Funken aufwirbeln. Und der heiße Föhnsturm wühlt darin, dass die Lohen wild emporfahren.

Herr Munsterer und seine Knechte stehen, ehe sie sich's recht versehen, in der langen Doppelreihe zwischen Brandherd und Stadtbach. Die hölzernen und ledernen Feuereimer fliegen von Hand zu Hand, ein paar beherzte Männer ganz vorn reißen mit Feuerhaken die glühenden Balken auseinander.

Auch die Stadtwache tritt nun auf, drängt die Neugierigen zurück und achtet darauf, dass kein Diebsvolk die Gelegenheit nützt. Aber alle Mühe scheint vergebens: Der rote Hahn springt, vom Sturm beflügelt, triumphierend von Dach zu Dach und nistet sich auf immer neuen Firsten aus Stroh, Riedschilf und Schindeln ein. Die Betroffenen tragen ihre Habe, manchmal auch nur die Kinder und ein paar Betten, heraus und flehen um Erbarmen.

Der Brand wütet die ganze Nacht und den folgenden Tag. Sankt Peter verliert den Dachstuhl und auch der Turm mit seinem hölzernen Umgang brennt aus; über das Talbrucker Tor zum Schrannenplatz frisst sich das Feuer zum Wassergraben der Herzogsburg. Vor dem festen Gemäuer des Alten Hofes kommt es endlich zum Stehen, der Föhnwind schläft ein, und als am nächsten Tag zur Vesper geläutet wird, sind die letzten Flammen erloschen. Der dritte Teil der Stadt liegt in Schutt und Asche, das Volk ist erschöpft und verzweifelt.

Der große Brand von 1327 hat vor allem die ältesten Gassen der *Heinrichsstadt* niedergelegt; auch der Alte Hof, den einst der Löwe gebaut haben soll, ist abgebrannt. Das Unglück ist groß, aber die Münchner verzagen nicht. Eine Sammlung für die armen Brandleider wird veranstaltet, der Rat ruft zur Gemeinschaftsarbeit beim Wiederaufbau, und schließlich gibt es auch noch ein gnädiges Fürstenhaus.

Eineinhalb Jahre nach dem großen Feuer zieht Ludwig der Bayer, von Italien kommend, in seine gute Stadt München ein. Die Bürger mit Weibern und Kindern längs den Straßen jubeln ihrem Kaiser im goldgestickten Mantel, mit Krone, Reichsschwert und Reichsapfel zu, während ein schöngelockter Knappe sein Ross führt. So unvergesslich schön ist der Einzug des Herrn Ludwig, dass der Rat beschließt, das Bild dieser Wiederkehr zur dauernden Erinnerung auf das Isartor malen zu lassen.

Herr Ludwig bewährt sich abermals als Helfer. Obschon das Geld noch immer knapp ist, springt er seiner Münchner Stadt bei, so gut er kann. Er bietet seine Bauern auf, lässt Holz in seinen Forsten schlagen und es von den Gebirglern isarabwärts flößen. Am meisten aber dient er München durch die erste Bauordnung, die den Bürgern auferlegt, sich an eine vorgeschriebene Baulinie zu halten, die Gassen breiter anzulegen und in der Innenstadt nur mehr mit Ziegeln zu bauen. Hölzerne Verkaufsbuden dürfen nicht mehr aufgestellt werden, und alle lärmenden und übelriechenden Gewerbe werden in eigene Viertel verlegt: in die Färber-, Lederer- und Schäfflergasse.

Um der Stadt auch finanziell zu helfen, verfügt der Kaiser, dass München fortan das Recht der Salzniederlage haben soll. Jetzt müssen alle Salzfuhren von Reichenhall in München eingelagert werden. Erst im Münchner Salzstadel können die fremden Kaufleute ihre Ware abholen. Das bringt Geld und Fremde herbei.

Da München für die Floßfahrt, für die Festungsgräben und zum Betrieb der zahlreichen Mühlen in der Au immer mehr Wasser benötigt, wird Meister Oertlin 1330 beauftragt, bei Harlaching ein großes Stauwehr zu bauen. Dadurch werden die Böden in der Au fruchtbarer. Der Bäcker Dünzel erwirbt um diese Zeit vom Heiliggeistspital 14 Krautäcker in der Niedergiesinger Au. Und der Kaiser übereignet dem Heiliggeistspital zum Dank für dessen Verdienste um die Versorgung der Abgebrannten und aller anderen Stadtarmen am Mittwoch nach dem Sankt-Luzien-Tag 1340 drei Mühlen in der Au zu Giesing, die bisher bayerisches Lehen gewesen sind.

1347

Schwer liegt der Ärger auf dem Kaiser. Der Papst hat ihn in den Bann getan und seinem Land das Interdikt auferlegt. Keine Glocke läutet mehr, keine Prozession findet statt, kein Hochamt wird gelesen – von Rechts wegen dürften keine Taufe, keine Messe, kein Versehgang und keine andere kirchliche Handlung sein. Und die bayernfeindliche Partei im Reich hat den Böhmen Karl zum Gegenkaiser erwählt. Es wird also wieder Krieg und Brand geben.

»Müad und grau is a word'n, da Kaisa!«, sagt der ehemalige Held von Mühldorf, der Bäcker Dünzel, dem nach dem Tod seines Vaters nun die Backstube in der Kaufingergasse gehört. »Und ganz krumm is a im Sattel g'hockt. Der is do no gar net so oit?«

»Na, der hot erst a Jahrl a sechzge am Buckel«, meint der Tandelkramer Munsterer, der neben dem Dünzel-Bäck die Kaufingergasse hinuntergeht und dem Jagdzug des Kaisers nachschaut, der eben durch den bunt bemalten Torturm des alten Mauerrings gegen das Neuhauser Tor verschwindet.

Kaiser Ludwig der Bayer reitet mit Hundekoppel, Hornbläser und einigen Gefährten hinaus in die Wälder des Ampertals. Bei Fürstenfeld gibt es Bären und Hirsche, und da ist sein liebstes Revier. Auch an diesem 11. Oktober 1347 schlägt der kaiserliche Jagdzug diese Richtung ein.

Am späten Nachmittag jagt ein kaiserlicher Hofmann schreckverstört und bleich zum Neuhauser Tor herein. »Der Kaiser ist tot!«, schreit er atemlos den Vorübergehenden zu, und er hetzt die Kaufingergasse hinauf zum Schloss.

Bald erfährt man in der Stadt die Einzelheiten. Kaiser Ludwig hat sich im Eifer der Jagd von seinem Gefolge getrennt und einen Hirsch gehetzt, als ihn auf offenem Feld nahe dem Dorf Puch der Schlag traf und aus dem Sattel warf. In den Armen eines Bauern hat er sein Leben ausgehaucht.

Seine Gefolgsmannen haben den Leichnam ins Kloster Fürstenfeld gebracht, doch wagen es die Zisterzienser wegen des Kirchenbannes nicht, den Toten in der Kirche aufzubahren oder ihn gar beizusetzen. Auch die Augustiner in München erklären, sie können den Gebannten nicht in ihren Klosterfrieden aufnehmen. Große Erregung bemächtigt sich der Bürgerschaft.

»Leut, da muaß wos g'schehn!«, schreit der Dünzel-Bäck in der Zunftstube im Tal – in dem schönen Haus, das der tote Kaiser den Bäckern gebaut hat. »Wir könnan do net unsan gnädinga Herrn, der wo so vui für d' Stadt to hat, da draußen vorm Tor liegn lassn wia an räudinga Hund!«

Und der Kaufmann Munsterer führt das große Wort bei den Franziskanern beim Schwabinger Tor. Hier sitzen zahlreiche Bürger beim Bier in der Bräustube, und sie besprechen den Fall. Sie sind sich einig, dass München trotz Kirchenbann und Interdikt dem Kaiser die Ehre eines ordentlichen Begräbnisses erweisen müsse. Dieser Meinung ist auch der Rat, der eilig zusammengetreten ist.

Als die Nacht heraufsteigt, bewegt sich aus dem Neuhauser Tor ein langer Zug von Menschen: Vornweg reiten ein paar Geharnischte, dann folgt ein Trupp Bürger mit Hellebarden und Picken, und daran schließt sich der Hohe Rat in feierlichen, schwarzen Mänteln, dunklen Baretten und güldenen Amtsketten. Den Beschluss bilden Hunderte von Bürgern. Die Zunftbanner und die Fahnen der Bruderschaften flattern, Paramente werden wie bei der Prozession mitgetragen, und als der Zug aus dem Tor ist und zwischen Büschen, Feldern und Wäldern dahinzieht, zünden die Bürger ihre pechgetränkten Fackeln an. Wie eine feurige Schlange, von Funken umstiebt und von roten Nebeln umwölkt, nähert sich der Zug Fürstenfeld.

Feierlich holen die Münchner den Gönner und Neugründer ihres Gemeinwesens in die Mauern zurück, und sie setzen noch in dieser Nacht den Gebannten in der Sankt-Michaels-Kapelle bei der Kirche zu Unserer Lieben Frau bei. (An der Stelle, wo in der heutigen Frauenkirche das Grabmal steht.)

Böse Zeiten kommen herauf. Der Tod des Kaisers ist nur der Anfang gewesen. Im Frühjahr 1348 stürzen eines Morgens die Leute aus den Häusern, ein dumpfes Rollen und Schütteln geht durch die Erde, ein paar schlecht gebaute Hütten in den Vorstädten stürzen ein. Das Beben der Erde wiederholt sich, und aus dem Oberland und aus Franken und Schwaben kommt einige Zeit darnach die Schreckenskunde, dass 26 Städte und Schlösser zerstört worden seien.

Man prophezeit das Weltende. Und wieder einige Wochen später zieht in der Nacht ein roter Stern mit feurigem Schweif über den Himmel. In München halten die frommen Bruderschaften trotz Interdikt und Bann Umgänge ab. Es wird viel gesungen und gebetet. Aber im Sommer fällt Blutregen: Die Teiche und Tümpel färben sich rot, und die Münchner warten verwirrt, was noch alles kommen möge.

Im Herbst beginnt das Gerücht umzugehen, in Italien sei die Pest ausgebrochen und die Menschen stürben wie Fliegen. Jetzt hockt das Gespenst der Furcht auf der Stadtmauer, und die Bettelmönche predigen vom Jüngsten Gericht und vom Antichrist.

1348 Gleich hinter den beiden Schwabinger Toren bei der Weinstraße findet man das Klaubergässl, den Schneeberg und das Judengässl. Dort liegt, von einem dünnen Mauerring umgeben, und mit eigenem Einlasstor, das Judenviertel. Vor mehr als hundert Jahren, 1210, hat Herzog Ludwig der Kelheimer den Juden die Erlaubnis gegeben, sich in München niederzulassen. So leben sie in ihrem Getto, abgesondert von der übrigen Bürgerschaft und unter eigenen Gesetzen. Sie müssen einen Leibzins von zwanzig Kreuzern täglich bezahlen; kein Bader darf ihnen ein Bad bereiten und kein Metzger ihnen Fleisch verkaufen.

Da in dieser Zeit kein Mensch ohne Genossenschaft – sei es Stand, Zunft oder Gilde – existieren kann, alle frommen Bruderschaften aber streng auf christlicher Grundlage gebaut sind, ist den treugläubigen Juden der Zugang zu allen Gewerben und zum Hofdienst versperrt. Auch Grundbesitz dürfen sie nicht haben. Sie sind zu Handel und Geldgeschäft gezwungen – eine religiöse Minderheit, gegen die sich allezeit die unberechenbare Volksmeinung wenden kann.

So ist es auch in München schon zu Ausschreitungen gegen die jüdische Gemeinde gekommen. Anno 1285 sind die Juden von einem hysterischen Frauenzimmer beschuldigt worden, ihr Kind behext und ermordet zu haben. Die wütende Bürgerschaft hat damals an die 180 Juden erschlagen, und zwei Jahre vor dem Tod des Kaisers, 1345, ist es beinahe wieder zu einem Blutbad gekommen, als man auf einem Krautacker bei Schwabing einen durch Messerstiche ermordeten Knaben aufgefunden hat. Auch das sollen die Juden getan haben.

Deshalb ist es begreiflich, dass die Häupter der Judenschaft recht sorgenvoll in die Zukunft sehen, als die bösen Vorzeichen und himmlischen Warnungen auftreten. Geschieht ein Unglück – wer anders könnte schuld daran sein als die Juden?

Der junge Dünzel-Bäck hat vor ein paar Jahren eine Anzahl Krautäcker vom Heiliggeistspital als Leibgeding erworben. Das Geld für diesen Handel hat er bei den Juden geliehen, der Zins macht an die zwanzig Prozent im Jahr. Der Schäfflermeister Petermaier hat von diesem Geschäft gehört, und weil er Gelegenheit hätte, einen schönen Haberacker beim Johanniskirchlein in Neuhausen zu kaufen, das Bargeld aber nicht eben in der Truhe hat, lässt er dem alten Salomon in der Judengasse Bescheid sagen. Sie kommen auch zu einem guten Abschluss. Salomon zählt dem Petermaier die blanken Gulden auf den Tisch und nimmt seinen Schuldschein mit.

Der alte Salomon geht in seinem Kaftan, bärtig und mit der gelben Judenkappe auf den weißen Haaren, die Burggasse hinab zum Judeneinlass. Er sieht den jungen Levi mit vielen Bücklingen aus dem Tor der Hofburg treten. Sie setzen den Weg gemeinsam fort. »Haste abgeschlossen dei Geschäft?«, fragt der Alte.

Levi nickt. »Es war ä gutes Geschäft, bei Gott! Der gnädige Herr Herzog is so knapp in der Kasse wie sein braver Herr Vater, der Kaiser. Ich hab dreitausend Gülden gegeben zu vierundzwanzig Perzent, und es sin mer verschrieben worden die Einkünft von drei Hofgütern.«

»Das war ä übels Geschäft, Levi!«, warnt Salomon. »Wir machen lauter üble Geschäft in der Stadt, weil mer viel zu viel Schuldner bekommen. Und Schuldner sind böse Leut, wenn sie zahlen solln.«

1349

Gegen Ende März 1349 öffnet der Himmel seine Schleusen: Warmer Regen fällt auf den Schnee und verwandelt Straßen und Plätze in Moräste. Ein ungesundes, föhniges Wetter ist es. In den Gassen häufen sich Unrat und Abfälle aller Art. Manchmal schimpfen ein paar Leute, wenn die fetten Ratten allzu frech über die Straßen springen.

Und dann heißt es plötzlich: Ein fahrender Schüler, der im Heiliggeistspital genächtigt und dort seine Armensuppe bekommen hat, sei unter verdächtigen Zeichen gestorben. Die Leiche sei von schwarzen Flecken bedeckt und grässlich aufgedunsen.

Am Nachmittag hört man, dass noch mehr Kranke im Spital liegen, mit denen es nicht geheuer ist. Und nach zwei Tagen lässt es sich nicht mehr verheimlichen: Die Pest hat ihren Einzug in München gehalten. In der Rosengasse, am Anger und in der Au gibt es Pestfälle. Zuerst hängen die Stadtknechte an den betroffenen Häusern die gelbe Pestfahne auf, und sie sperren die Wohnungen ab, aber dann werden es mehr und mehr Erkrankungen. Der Schwarze Tod geht um. Klagend tönt die Pestglocke von der Liebfrauenkirche, ständig schreiten Franziskanermönche in ihren Kutten, Ministranten mit Kerzen und Glöckchen vor Leichenzügen her. Anfangs gehen noch Nachbarn und Freunde mit den Kondukten, aber bald scheinen die Gassen ausgestorben.

Reiche Bürger fliehen auf Landgüter oder zu bekannten Bauern ins Oberland. Bald reichen die Friedhöfe bei Sankt Peter und Sankt Marien nicht mehr aus. Die Totengräber heben auf dem Neuhauser Anger große Gruben aus und werfen die Leichen wahllos hinein. Auch in Giesing, wo die Seuche schrecklich wütet, werden die Toten massenweise im »Pestacker« verscharrt. Später errichtet man auf der Stätte, um ihr den Fluch zu nehmen, den Pfarrhof vom Hl. Kreuz.

Die Totengräber entstammen meist den niedrigsten Volksschichten, und sie verrichten ihr Geschäft nur um des Geldes willen. Man hört von Leichenfledderei, von Diebstahl und Plünderung in den ausgestorbenen Bürgerhäusern.

Viele Leute lassen Tag und Nacht Räuchertöpfe in den Zimmern brennen, um die böse Luft zu bannen; andere schließen sich in ihren Kammern ein und meiden jede Berührung mit anderen Menschen, selbst mit ihren Familienangehörigen. Mütter verlassen ihre Kinder, Männer die Gattinnen: Die Todesfurcht regiert die Stadt. Grässlich hallt das Knarren der Totenkarren durch die Gassen, und schauerlich klingt der Ruf der Totenknechte. Die wenigen Quacksalber, Bader und Ärzte gehen in schwarze Mäntel vermummt, mit Schnabelmasken vor den Gesichtern und Riechkräutern in den Händen umher.

Immer mehr schwarze Kreuze über den Haustüren zeigen die Behausungen an, die vom Schwarzen Tod heimgesucht worden sind. So groß ist die Furcht, dass kaum noch einer wagt, sein Brot unter den Gewölben zu kaufen. Der Dünzel-Bäck und ein beherzter Geselle müssen es austragen.

Bleich drücken sie sich an die Wand, wenn hinter einer Ecke die »Gugelmänner« mit ihren Kapuzen und Schnabelmasken auftauchen. Meist sind das hilfreiche Augustinermönche vom Heiliggeistspital im Tal, die um Gottes willen weder Pest noch Tod scheuen und die Kranken, die auf den Gassen zusammengebrochen sind, auf Tragbahren ins Spital holen.

Als beinahe die Hälfte der Münchner Einwohner gestorben ist, bricht die Verzweiflung aus. Der Schäffler Petermaier und der Dünzel treffen sich, und sie lamentieren über die vielen Todesfälle und die andauernde Gefahr. Plötzlich schreit der Petermaier: »Die Juden sind schuld! Die haben die Brunnen vergiftet, damit alle Christenmenschen sterben sollen!«

Bald finden sich andere Bürger, die das auch glauben. Ein wilder Haufe rottet sich zusammen. Die Hofburg stachelt das Volk eher auf, als dass sie es beschwichtigt, denn der arg bei den Juden verschuldete Herzog Ludwig der Brandenburger weiß bald nicht mehr, wie er Geld beschaffen soll.

Mit Beilen und Spießen bewaffnet drängt die Schar zum Getto. Vergebens werfen sich die Ältesten der Judenschaft den Wütenden in den Weg. Aber plötzlich heißt es, der herzogliche Hofrichter habe von einigen Juden auf der Folter das Geständnis erhalten, dass sie die Brunnen vergiftet hätten. Nun gibt es kein Halten mehr. Pöbel und Bürger stürmen das Getto, schlagen Männer, Frauen und Kinder tot. Es wird geplündert, und die Schuldscheine vieler Bürgersleute und die des Herzogs gehen im Feuer auf.

Als das Jahr zu Ende geht und die ersten Schneestürme wieder über die Dächer Münchens brausen und der Frost einfällt, erlischt die Seuche langsam. Aber die Angst sitzt den Menschen noch so sehr im Nacken, dass Handel und Wandel stocken.

Der Schäffler Petermaier sitzt mit seinen Zunftgenossen trübsinnig in der Zunftstube beisammen.

»Herrgott nomoi!«, sagt er, »so ko's do net weitageh! Da muaß wos g'schehn! Da Fasching is und nix rührt si in da ganzn Stadt …«

Endlich kommt Leben in die Zunft: Die jungen Schäffler holen Tannenreisig und bunte Bänder, schmücken ihre Fassreifen und kleiden sich in ihre schönen Zunfttrachten. Sie ziehen die schwarzen Kniehosen, die roten Jacken und weißen Strümpfe an, setzen die feierlichen Kappen auf und probieren wieder den alten Zunfttanz. Einer verkleidet sich – weil Fastnacht ist – als Hanswurst und macht wilde Bocksprünge.

Mit Musik ziehen sie hinaus in die winterlichen Gassen, schwingen die geschmückten Reifen und beginnen den Reihentanz. Dazu singen sie: »Aber heut is kalt, aber heut is kalt, aber heut is sakramentisch kalt!«

In den Gassen öffnen sich die Fenster, Mädchenköpfe lugen hervor, würdige Weiber mit Flügelhauben werden sichtbar, und aus den Türen treten die Münchner Bürger. Zum ersten Mal seit langer Zeit kommt wieder etwas Lebensfreude in die Gesichter. Bald zieht ein Haufe lachender, lärmender Gestalten hinter dem Aufzug der Schäffler her – durch die Gassen, zum Schrannenplatz, zum Anger und dann zurück zur Herzogsburg.

Der Herzog, froh, dass die böse Zeit überwunden ist, lässt die Schäffler im Hof der Burg tanzen, und er bestimmt, dass zum Gedenken an den guten Einfall der Schäffler Umzug und Tanz alle sieben Jahre wiederholt werden sollen.

1398

Es ist fünfzig Jahre später, einer der heiligsten Tage des Kalenders, der 24. Dezember, an dem man seinerzeit die Geburt des Herrn und den Jahreswechsel in einem zu feiern pflegte. Die Münchner haben neue Sorgen. Zwar tritt die Pest alle paar Jahre wieder auf, doch nicht mehr so verheerend wie anno 1349. Zudem besteht bei Schnee und Frost weniger Gefahr als in der warmen Zeit, dass die Seuche ausbrechen könnte.

Die Häuser tragen weiße Schneekappen, von den Dachtraufen hängen dicke Eiszapfen, an der Neuen Feste (auf dem Platz der späteren Residenz), die nordwestlich des Alten Hofs entsteht, ist der Bau wegen des Frostes eingestellt.

Am Nachmittag rennt die alte Kathl, die Magd beim Bürgermeister Kazmair, über den Schrannenplatz in das schön bemalte Patrizierhaus ihrer Herrschaft. Schon unten im Torgang beginnt sie zu rufen: »Herr Jörg! Herr Jörg! Ös sollts glei in d' Ratsstubn kemma! De ganzen Herzög san do!«

Wie sie gar nicht zu schreien aufhört, öffnet sich oben die Tür von der alten Mutter Kazmair, die eben das Kripperl für den Heiligen Abend richtet: »Wos plärrst denn so, Kathl? Und überhaupt sollst d' an Herrn Burgermoasta net allewei Jörg anredn.« »No ja«, schmollt die Kathl, »wenn i eahm scho als Kind umanandazogn hab! I wer vielleicht no Herr Burgamoasta zum Jörgl sogn! Ins Rathaus soll a kemma, so schnell ois wia's geht, der ganze Rat tritt z'samm, weil d' Herzög kemma san.«

Nun hört man auch den ehrenwerten Patrizier und amtierenden Bürgermeister Georg Kazmair in seinem Zimmer rumoren. Er erscheint in seinem schweren Fuchspelzmantel, mit der Schaube und den pelzgefütterten Fäustlingen. »Is scho guat, Kathl! I kimm scho!« Und hinaus stürmt er in den kalten Winternachmittag, hinüber zum Rathaus beim Talbrucker Tor.

Es ist schon so: Das Bayerland hat nicht einen Herzog, sondern mehrere Herzöge. Der Erbstreit zwischen den verschiedenen Söhnen, Vettern und Oheimen der Ludwigschen Linie beunruhigt wieder einmal das Land. Diesmal aber bedeutet die Zwietracht der Herzöge Ludwig und Ernst aus der Münchner Linie auch für die Stadt eine schwere Belastung.

Die Zeit ist im Umbruch, die Autoritäten Kaiser und Papst sind längst erschüttert, der Niedergang der Ritterschaft und der Aufstieg des Bürgertums: die Auflösung der alten, feudalen Ordnung macht sich bemerkbar. Fast in allen Städten ist es in den vergangenen Jahrzehnten zu Unruhen und Aufständen gekommen. Von Lübeck bis Mailand und bis Florenz sind die Dinge im Fluss. Die Städte verlangen größere Freiheit und mehr Selbstbestimmungsrecht gegenüber den fürstlichen und kaiserlichen Obrigkeiten und zugleich stehen sich innerhalb der Mauern die Parteien feindlich gegenüber.

In München, wo es keine eigentlichen Stadtadelsfamilien gibt, hat sich aus den angesehenen Geschlechtern eine Clique gebildet, die mit Hilfe der herzoglichen Gunst ziemlich uneingeschränkt die übrigen Bürger beherrscht. Aus den etwa vierzig Patrizierfamilien Münchens sind einzelne, wie etwa die Barth, Schrenk, Ligsalz oder die »Am Anger«, sogar in den Ritterstand aufgestiegen. Andere, wie die Pütrich, Sentlinger, Schluder oder Diener, sind zugewanderte Rittergeschlechter aus der Umgebung. Die reichen Ligsalz, Freimanner und Altmann haben den Herzögen mehr als einmal aus Geldverlegenheit geholfen. Die Impler verdanken ihr Ansehen einem Vorfahren, der Rat der Herzöge gewesen ist. Die ehrenwerten Chufringer oder Kaufinger, nach denen eine Hauptstraße Münchens benannt ist, führen ihren Stammbaum auf einen Gefolgsmann Barbarossas zurück.

Alle diese Geschlechter, auch die Tichtel, Kazmair und die frommen Ridler, sind stadtbekannt wegen ihrer Stiftungen und ihrer Sorge für das Gemeinwohl. Seit jeher haben Männer aus den »siegelmäßigen« Familien die Geschicke der Stadt gelenkt. Aber nun haben sich die Zeiten geändert. Die Handwerkervereinigungen: Zünfte, Gilden, Bruderschaften und Genossen, wollen nicht länger abseits stehen. Sie verlangen das Mitbestimmungsrecht in städtischen Angelegenheiten. Auch sie wollen ihre Vertreter in den Rat entsenden und bei der Besetzung städtischer Ämter mitsprechen.

All diese im Lauf der aufgestörten Zeit liegenden Ideen haben sich nun unlösbar mit dem Herzogsstreit verflochten. Die »Demokraten« haben bei dem jüngeren Herzog Ludwig und bei dessen Oheim, Herzog Stephan dem Kneißl von Ingolstadt, Hilfe und Sympathie gefunden, während der ältere Herzog Ernst, der eigentlich Herr in der Münchner Hofburg und in Oberbayern sein sollte, sich auf die Ratspartei, auf die vornehmen Geschlechter der Stadt stützt. Für München ist es also eine entscheidende Frage, wie der Streit der Herzöge ausgeht.

In dem schönen Rathaussaal mit der bemalten Eichendecke und dem Eisengitter ums Rednerpult sind bereits die führenden Männer der Patrizierpartei versammelt: die Herren Ridler, Diener, Sentlinger, Schluder und der reiche Ulrich Ebner, dessen Wagenzüge bis Venedig kommen.

Alle umringen den Bürgermeister Kazmair und reden aufgeregt auf ihn ein.

»Haben Euer Gnaden schon gehört«, ereifert sich der Ridler, »dass die Zunftmeister ihre Leute in den Zunfthäusern sammeln? Das ist Rebellion wider die Obrigkeit!«

»Ruhe! Liebe Ratsgenossen, Ruhe!«, gebietet Bürgermeister Kazmair. »Wir wollen alles in gebührlicher Überlegung durchgehen. Is da Rat überhaupt scho beschlussfähig?«

Ratsherr Ridler antwortet brummig: »Die Herren Impler, Lang, Jörgner, Pöschel und selbstredend der Herr Oberhetzer Ulrich Tichtel fehlen, Euer Gnaden. Diese Herren, die sich Patrizier nennen, stecken natürlich in den Zunfthäusern und spielen das rebellische Flötlein!«

Unwilliges Murren geht durch die Ratsstube, und dann nehmen die Herren Platz. Aber sie kommen nicht weit mit ihren Beratungen. Vom Schrannenplatz dringt dumpfes Grollen herauf, als sammle sich dort eine grimmige Menge. Der Hauptmann der Stadtwache erscheint und meldet, dass sich die Zünfte zusammenrotten. Gleich darauf verkündet ein ritterlicher Bote aus der Alten Feste: Die beiden rivalisierenden Herzöge Ernst und Ludwig wünschen eine Aussprache auf neutralem Boden und kommen gegen die Zeit des Gebetläutens aufs Rathaus.

Als die Dämmerung hereinbricht und die Scharwache in ihrer Bude vor dem Rathaus die Pechfackeln ansteckt, erscheint von der Alten Hofburg her Herzog Ernst – ein langer, dunkelhaariger Jüngling mit wildem Blick. Er trägt sein Kettenhemd sichtbar unterm marderpelzbesetzten Mantel, das Schwert klirrt an seiner Seite, und neben ihm steigen an die zwanzig ritterliche Mannen aus den Sätteln. Und schon nähert sich von der Neuen Feste her der blondhaarige, etwas dicke Herzog Ludwig mit seinem Gefolge. In seiner Begleitung befindet sich der Hofmeister des Herzogs Stephan, Herr Warmund Pienzenauer.

Der ritterliche Aufzug poltert über die Ratstreppe hinauf in den Saal, in dessen Kamin nun ein großes Feuer prasselt.

Auf der Schranne, vor den quergelegten Spießen der Stadtknechte, hat sich inzwischen eine große Menge Zunftgenossen angesammelt. Hinter den Fenstern sind dicht gedrängt die Gesichter der Weiber und Kinder: Die Volksmenge hat das Erscheinen des patrizisch gesinnten Herzogs Ernst mit Schweigen, ja mit Gebrumm quittiert. Als aber der junge Ludwig erschienen ist, hat es lauten Beifall gegeben.

Nach einer Stunde etwa kommt der junge Herzog zornrot und mit wirrem Haar die Treppe herabgestürmt, schwingt sich auf sein Ross und sprengt zur Neuen Feste davon.

Und dann überstürzt sich alles. Plötzlich sind lautes Gebrüll, Aufschreie, Waffengeklirr und Getöse zu hören. Männer poltern die Treppe herunter: Herzog Ernst und seine Getreuen. Sie werfen sich auf die Pferde und galoppieren durch die auseinanderweichende Menge zur Kaufingerstraße, dem Neuhauser Tor zu. Oben auf der Rathausaltane schreit jemand etwas von Mord. Fackeln werden geschwungen, man trägt einen Verwundeten heraus, und bestürzte Ratsherren drängen herab. Der volkstümliche Ulrich Tichtel steht mitten unter den Zunftleuten und berichtet hastig, der jähzornige Herzog Ernst sei leidenschaftlich mit Herzog Ludwig zusammengestoßen, habe sich nach dessen Abgang den Warmund Pienzenauer, des Herzogs Stephan Hofmeister, vorgenommen und sei schließlich auf jenen mit blanker Waffe losgegangen. Herr Pienzenauer sei schwer verwundet. Der Rat habe beschlossen, sogleich eine Entschuldigungsadresse an Herzog Ludwig in die Neue Feste zu schicken und zu beteuern, dass er an dem Vorfall unschuldig sei.

Erregt läuft das Volk auseinander. Das war ein schlimmer Christabend. Bei der Mitternachtsmette stehen die Männer in dicken Mänteln vor den Kirchen, und sie diskutieren flüsternd die Vorfälle.

Ein paar Tage nach diesen Ereignissen reitet Herzog Stephan selbst mit zahlreichem Gefolge in der Neuen Hofburg ein, und auch Herzog Ludwig sammelt Reisige in der Neuen Feste. Das gibt den Rebellen in der Stadt großen Auftrieb, und die patrizischen Ratsherren können sich kaum noch auf den Straßen sehen lassen, ohne beschimpft zu werden. Ein Gerücht sagt, Herzog Ernst stehe in Dachau und sammle Bewaffnete. So ist die Patrizierpartei sehr geschwächt, als eines Morgens im Januar Herzog Stephan mit seinen Rittern im Rathaus erscheint und drohend Rechenschaft für den Mordanschlag auf seinen Hofmeister Pienzenauer fordert. Umsonst sind die Rechtfertigungsversuche des Bürgermeisters Kazmair. Er und die anderen Patrizier werden von den Rebellen niedergeschrien, und es sieht beinahe so aus, als käme es wieder zum Totschlag. Dann verlangt Herzog Stephan die sofortige Auslieferung der führenden Patrizier, der Herren Ridler, Diener, Sentlinger, Schluder, Pötschner und Ebner. Drei davon haben sich dem erwarteten Zugriff ihrer Feinde entzogen, aber die anderen werden in den Armsünderturm der Neuen Hofburg geführt.

Der Triumph der Volkspartei ist groß, als die angesehenen Männer von Stockknechten zum herzoglichen Verlies abgeführt werden.

Die Dinge nehmen ihren Lauf. Bestärkt durch die offene Parteinahme der Herzöge Ludwig und Stephan, rotten sich am Vormittag des 14. April 1398 die Zünfte zusammen. Die Glocken werden geläutet, die Gildenbanner entrollt, und das Volk sammelt sich vom Tal bis zur Schranne in dichten Haufen.

Wütende Rotten dringen in die Amtsstuben ein. Die Räte Ulrich Tichtel, Impler, Jörgner und andere demokratisch Gesinnte fordern Bürgermeister Kazmair und den Rest des Rats auf, die Geschäfte niederzulegen und dem Volkswillen Rechnung zu tragen. Angesichts der schreienden Massen und des vor Spießen und Schwertern starrenden Schrannenplatzes nimmt Jörg Kazmair seine goldene Kette ab und wirft sie dem Ulrich Tichtel hin. Unter Mitwirkung der Zunftmeister werden neue Räte,

Bannerherren und Amtsleute bestimmt. Die Revolution in München ist vollzogen.

1399

Nun bricht ein richtiger Krieg zwischen der Stadt und Herzog Ernst aus. Der Herzog hat noch die Alte Feste in seinem Besitz, die wie eine belagerte Burg mit geschlossenen Toren und spießstarrenden Türmen zur Neuen Feste hinüberdroht. Der neue Bürgermeister Ulrich Tichtel lässt die Häuser niederreißen, welche die Alte Hofburg allzu nahe umstehen, um bei einem Angriff nicht behindert zu sein. Herzog Ernst hat unterdessen von Dachau aus der Stadt den Fehdebrief geschickt, und er beginnt auch gleich mit den Feindseligkeiten.

Im September überfallen seine Reiter einen Münchner Warenzug, der vom Landshuter Markt nach Freising unterwegs ist. Zwar haben die Münchner an die siebzig Reiter zum Schutz bei sich, doch sie werden schnell überrannt und entwaffnet. Da erst erkennen die Reisigen, dass sie einen Gefangenen gemacht haben, den sie gar nicht haben wollen. Herzog Stephan ist nämlich mit dem Wagenzug geritten. Man entschuldigt sich höflich und lässt Wagen, Reiter und Herzog wieder frei.

Herzog Ludwig rückt mit Münchner Geschütz vor die Burg Dachau und beschießt sie. Bürgermeister Tichtel lässt durch die Zünfte die Alte Hofburg erstürmen. Dann überrumpelt Herzog Ludwig den Flecken Pfaffenhofen. Die Münchner Bürgerwehr zieht nach Grünwald und belagert fünfeinhalb Wochen lang Schloss Zinneberg an der Glonn, in dem die Anhänger Herzog Ernsts sitzen.

Erst der Einbruch der Kälte und der Schnee beenden die Kämpfe. Im Frühjahr scheinen die Gemüter abgekühlt zu sein. Die drei streitbaren Herzöge kommen am 18. Mai 1399 in Ingolstadt zusammen, überhäufen sich mit Vorwürfen, kommen aber schließlich überein, sich dem Spruch eines Schiedsgerichts aus dreizehn Adeligen und Bürgern zu unterwerfen. Aber es gibt noch einen vierten Herzog der Ludwigschen Linie, Herrn Wilhelm von Straubing, der ebenfalls seinen Anteil an dem bayerischen Erbe fordert.

Endlich, nach wildem Hin und Her, einigen sich die hohen Herren darauf, dass Herzog Ernst den Münchner, Herr Wilhelm den Straubinger, Stephan den Ingolstädter und Ludwig den Landshuter Anteil behalten soll.

Diese Einigung der Herzöge wird natürlich auf Kosten der Münchner erzielt. Herzog Ernst, der nun den Münchner Teil zugesprochen erhalten hat, ist der Freund des Exbürgermeisters Kazmair und der vertriebenen Patrizier. Noch regieren in der Stadt jedoch die »Demokraten«. Die Leute um Ulrich Fichte ahnen wohl, was ihnen blühen wird, wenn Jörg Kazmair und seine Patrizier dank dem Herzog wieder die Oberhand gewinnen. Deshalb lässt der neue Rat noch im November 1399 öffentlich ausrufen, dass alle Versammlungen streng untersagt seien und dass alle, die heimliche Verabredung treffen oder wider das Stadtregiment konspirieren, mit Leib und Gut büßen sollen.

Durch Zuträger erfährt der Stadtrichter Oetlinger, dass sich die Freunde des patrizischen Regiments in den Gaststuben von Triener am Rindermarkt, beim Haitvolk in der Löwengrube und beim Salzsenden Ulrich Stromair im Tal heimlich treffen und bereden. Alle Verschworenen werden verhaftet, und dem Rat der Zwölf und auch dem äußeren, durch die Zunftmeister und Bruderschaftsvorstände erweiterten Rat vorgeführt. Das Urteil lautet auf sofortige Enthauptung.

Am 8. November 1399 sieht das Münchner Volk wieder den Aufzug der »Freimänner«, des Henkers und seiner Gehilfen, die weit draußen beim Dorfe Schwabing, abseits von den ehrlichen Leuten, hausen. Die Köpfe der Konspiranten fallen am Schrannenplatz. Andere Angeklagte müssen am Pranger stehen, werden auf Räder und Kreuze geflochten zur Schau gestellt. Einige müssen wochenlang mit aufgenähten roten Kreisen und Kreuzen herumlaufen.

1403 Alle Anstrengungen der Volkspartei sind jedoch vergeblich, denn die Herzöge einigen sich nun endgültig in einem zu Freising geschlossenen Vergleich. Zwischen dem 6. und 9. Januar 1403 wird die Landesteilung beschlossen. Herzog Ernst soll Oberbayern und damit die Stadt München erhalten. Und die vier bayerischen Herzöge versichern sich gegenseitige Hilfe, und die anderen drei stellen sich hinter Herzog Ernst, dem die hartnäckigen Münchner noch immer die Tore versperren wollen.

Am 18. Februar 1403 erscheinen abermals Geharnischte vor den Toren der Stadt und heften Fehdebriefe an. Es wird also wieder Krieg geben.

Bürgermeister Ulrich Tichtel ruft München zum Widerstand auf. Die Zünfte rücken aus, und nun schaffen die Bürgersleute mit Ross und Wagen das Langholz von der Floßlände an der Isar herauf. Gegenüber der Neuen Feste, in der eine herzogliche Besatzung liegt, erbauen die Münchner in aller Eile eine primitive Burg aus Baumstämmen.

»Es ko net so schlimm werdn!«, meint der Ratsherr Lang. »Und außerdem is Fastnacht, wer werd denn da an Krieg führn?«

»Mir ham ja a nix Unrechts to«, tröstet sich der Schwertfeger Bisserl. »Wega de paar Verschwörer, de wo mir hingricht ham! Und dass ma de Stadtverräter hart ofasst, dös muaß do jedem klar sei.«

Aber sie alle, die in ihrem Zunfteifer so sehr für die Enteignung der Patrizier und für Schandstrafen gegen die andere Partei gewesen sind, haben doch kein gutes Gefühl. Umso verzweifelter feiern sie diesmal den Fasching. Auf den Zunfthäusern geht es hoch her mit Festessen, Mummenschanz und Tanz. Da es ein Siebenerjahr ist, tanzen auch die Schäffler wieder in den Gassen und vorm Rathaus – aber dem Bürgermeister Tichtel können sie und ihr Schalksnarr nicht die Sorgen verscheuchen.

Mitten unterm Fastnachtstreiben kommt die Kunde, dass Herzog Ernst mit einem Heer schon bei Moosach liege. Am Morgen darauf kommen ein paar Giesinger Bauern den Berg herunter und berichten, der Landshuter Herzog Heinrich sei mit einer

Ritterschar ins Gasteig eingeritten. Bald hört man auch Kampflärm bei Pasing, wo eine städtische Wache liegt. Und die Landshuter Reiter erscheinen auf den Isarhöhen – bis hinüber nach Föhring und Bogenhausen. Es gibt keinen Zweifel mehr, dass München eingeschlossen ist.

Die Herzöge bieten zweitausend Bauern der Umgebung auf, die zunächst der Stadt das Wasser abgraben und den Stadtbach und das kleine Bächlein am Anger umleiten müssen.

In den nächsten Wochen beruhigt sich das Kampfgeschehen. Die Stadt ist zwar abgeschnitten und wird weiter schwer geschädigt, aber das Kriegsgetümmel ruht. Bürgermeister Tichtel hat eine eilige Botschaft an den Herzog Ludwig nach Paris geschickt, wohin sich dieser enttäuscht zurückgezogen hat. Herzog Ludwig kehrt tatsächlich heim, schaltet den deutschen König Rupprecht, einen Wittelsbacher aus der Pfälzer Linie, als Vermittler ein und erreicht auch schließlich einen Vergleich für München. Am 31. Mai 1403 wird zu Freising vereinbart, dass alles vergeben und vergessen sein solle. Gefangene und Eroberungen sollen ausgetauscht werden. Aber Herzog Ernst wird in seine Residenzstadt München einziehen.

Am Sonntag, dem 1. Juni 1403, öffnen sich die Tore Münchens, und Herzog Ernst zieht an der Spitze von zahlreichen Rittern und Soldknechten zur Schranne. Neben ihm reitet in schönem italienischem Samtrock, mit einer Ehrenkette um den Hals, der ehemalige Bürgermeister Jörg Kazmair. Der amtierende Rat, geführt von Ulrich Tichtel, schreitet gemessenen Schritts von der Ratsaltane herab, um dem heimkehrenden Herzog zu huldigen. Bald darauf finden neue Ratswahlen statt, die der patrizischen Partei einen eindeutigen Sieg bringen. Jörg Kazmair wird wieder Bürgermeister der Stadt.

Unter Mitwirkung des Herzogs wird die städtische Verfassung reformiert, so dass künftig die Zünfte und der »gemeine Mann« im äußeren Rat vertreten sein können.

Die Tage des Aufruhrs, der darauf folgende Krieg, die Umwälzungen in der Bürgerschaft und die Vertreibung so vieler alteingesessener Familien haben München schweren Schaden zugefügt. Arm und verschuldet tritt die Stadt in das neue Jahrhundert.

Auf die Tage, in denen Jörg Kazmair Bürgermeister der Stadt München gewesen ist, folgen andere, stillere, wo er auf dem Altenteil die Geschichte vom »Lauf der Zunftunruh von 1397« späteren Geschlechtern zur Mahnung niederschreibt. In Reichertshausen bemüht sich ein anderer Münchner Patrizierspross, Herr Jakob Pütrich, um literarischen Lorbeer, und er verfasst seinen bayerischen »Ehrenbrief«, in dem der bayerische Turnieradel aufgeführt wird. Und in der Stadt leuchtet der Ruhm Hans des Hesselohers, der in den Zunfthäusern als Meistersinger auftritt. Was gestern noch tragische Wirklichkeit war, wird morgen zu Legende und Lied. So ist es auch bei dem braven Hans Schiltberger, der um die Zeit der großen Bürgerunruhen ausgezogen ist, um wider die heidnischen Türken zu streiten, die ihn einfingen und bis Turkestan und Persien verschleppten. Als Schiltberger nach zahllosen Abenteuern endlich in die geliebte Münchner Stadt heimkehrt, tritt er als Kriegsmann in die Dienste des Herzogs Albrecht III. Und als Hans alt wird, sitzt auch er in einer Turmstube drüben im Alten Hof, und er schreibt die Geschichte seines bewegten Lebens nieder.

Die Zeiten ändern sich rascher, der Geist des Neuen dringt von Italien her auch ins bayerische Land. Der Humanismus schickt seinen ersten Anhauch wie einen Föhn über die Alpen.

1420 In München lebt seit einiger Zeit ein gelehrter Maler namens Ulrich Fuetrer, der aus politischen Gründen aus Landshut hat flüchten müssen und dem Herzog Albrecht IV. in der Neuen Feste Asyl gegeben hat. Auch er ist von der Schreiblust jener Jahre erfasst, und er trägt das Material zu einer umfangreichen »Historie, Gesta und Getat der edlen Fürsten des löblichen Hauses Bayern und Norigau« zusammen.

Herr Ulrich sitzt eines Tages im Spätherbst in seiner Turmstube und macht eifrig Notizen zu den zahlreichen Geschichtchen, die man ihm aus der bayerischen Herzogsverwirrung zugetragen hat. Noch immer ist ja das Land geteilt, und sogar das Geteilte ist nicht sicher davor, abermals geteilt zu werden. Als im Jahre 1508 Herzog Albrecht von München-Oberbayern starb, wurde sein ältester Sohn Johann Herr im Land. Den raffte die Pest drei Jahre später dahin, und der junge Herzog Sigmund stieg auf den verwaisten Thron. Aber sein herrischer und zielbewusster Bruder Albrecht begehrte die Macht. Vor zwei Monaten nun hat der eigenartige und lebensfrohe Sigmund auf die Regierung verzichtet und die Zügel in Herrn Albrechts IV. Hand gelegt.

Herzog Sigmund wird in Fuetreres Chronik folgendermaßen beschrieben: »*Vom Jahr 1463 an regierte Herzog Sigmund, der war ein gar fröhlicher und milder Herr; er glaubete allen gar gern und gab seinen Liebkosern groß' Gab. Dadurch er fast in Schuld kam* …«

Sigmund erfreut sich bei Lautenspiel, Falkenbeiz, Hirschjagd, in Frauengesellschaft. Auch sieht man ihn häufig mit einigen Kumpanen unter den Gewölben des Weinstadels in der Schlossgasse (jetzt Dienerstraße 20), wohin die auswärtigen Kaufleute ihre Fässer einliefern müssen, oder auch drüben in der Weinstraße, wo der eigentliche Weinmarkt ist.

Herr Sigmund scheut sich auch nicht, bei den Bierbrauern nach dem Rechten zu sehen; gibt es doch seit 1420 eine Wein- und Bierordnung des Magistrats, welche vor verfälschten Getränken schützen soll.

1468

Der Rat Kazmair, ein Enkel des verstorbenen Bürgermeisters, sitzt in seiner Amtsstube und wartet auf den Vertreter der Zünfte, den Meister Senftl. Es ist Mitte Januar 1468, draußen fallen die Flocken, im Kachelofen prasseln die Buchenscheiter.

Eigentlich wollte der Herr Rat heute Nachmittag mit seinen Genossen, den Armbrustern, zur Neuhauser Plane hinausgehen. Mit dem Wettschießen der Armbrustschützen wird es ja heute wohl nicht viel werden: Das Schneetreiben ist zu dicht geworden. Aber umso gemütlicher wird es beim Eustachius Föderl sein, dem Schützenwirt, der kurz der »Stachus« genannt wird. Das gesellige Leben in der Stadt hat sich recht freundlich entwickelt in der vergangenen Zeit. Eigentlich, denkt der Rat Kazmair, hat sich doch alles wieder ganz gut eingerenkt. Man genießt ruhige und gute Tage.

Während sich Kazmair solchen Überlegungen hingibt, pocht es an die Stubentür, und der Ratsherr Senftl, der Zunftmeister und Kirchenpropst des äußeren Rates, tritt ein. Der Ratsdiener Hans Waldinger bringt zwei Gläser heißen Würzweines, und bald ist das Gespräch der beiden Räte beim Kirchenbau angelangt. Am wichtigsten ist natürlich die Beschaffung der Mittel. »Is ja recht schön vom guaten Herzog Sigmund«, meint der Senftl, »dass er a neie Liebfrauenkirch stiften will. Aba mit was denn? Der hat do koa Geld, der rudert ja selber mit Händ und Füaß, dass s' eahm net pfändn. 4000 Gulden is sei ganz Einkomma im Jahr, da kann er koane Sprüng machen. Wenn da Rat net mittuat und d' Gmoa nix stift, gibt's koa neie Kircha.«

Herr Rat Kazmair nickt: »Recht habt Ihr, Herr Kollega! Die Angelegenheit, die uns ja allesamt betrifft, muss vom Rat und von der Gemeinde in die Hand genommen werden. Gott sei Dank sind unsere Münchner Bürger allesamt fromme und gutwillige Leut, die werden den Beutel schon auftun, wie sie es allezeit für die Kirche gemacht haben. Auch is das Vermögen der Marienkirch dank frommen Stiftungen und guater Anlag hübsch hergewachsen. Die Kirchengemeinde hat ewige Einnahmen aus Gütern, sie besitzt genug Häuser und Grundstücke, die man zu Bargeld machen kann.«

»I schlag vor allem vor«, sagt der Senftl, »dass der Rat des Baumaterial aus seine eigana Besitzunga zur Verfügung stellt: Mir ham ja Wälder bis zum Oberwiesenfeld, da wachst uns des G'rüstholz und de Bretta. Und die städtischen Ziegelöfa in Haidhausen müaßn umasunst liefern. In da Gruabn z' Haidhausen is Loam gnua für die Kircha.«

»Den Nagelfluhstoa«, meint Kazmair, »könnt ma in der Isarleit'n brecha lassen. Leida hat d' Stadt koane Stoabrüch. Da tean se de in Ulm oder Regensburg leichter.«

»Trotzdem«, fährt der Senftl fort, »muaß a Geld her. I hab ma von de Zunftmoasta bei de Maurer de Preis aufschreibn lassen. De san sakrisch hoch. Übahaupts werd des Lebn allweh teirer.« Er legt einen Zettel auf den Tisch, den Kazmair sogleich eifrig studiert. Da steht:

1000 Ziegelsteine, dreimal hart gebrannt:	*1 Gulden, 8 Kreuzer, 4 Heller*
je 1000 Ziegel von Haidhausen hereinfahren:	*11 Kreuzer, 3 Heller*
1 Stück Nagelfluhstein	*13 Pfennig*
1 Kubikschuh Tuffstein	*5 Pfennig*
1 Fuder Sand	*8 Pfennig*
1 Muth Kalk	*20 Pfennig*
1 Floß mit 16 Bäumen (50 Schuh lang):	*2 Gulden, 15 Kreuzer*

Eifrig beugen sich die beiden Männer über die Grundbücher und Besitzurkunden, in denen die Schenkungen, Besitztümer und Stiftungen der Liebfrauenkirche verzeichnet sind. Sie rechnen aus, wie groß das Kirchenvermögen ist, und sie debattieren hitzig um die einzelnen Posten. Als der Ratsdiener Wadlinger mit den Kienfackeln kommt, sitzen sie noch immer beisammen.

In den nächsten Tagen schlägt das Wetter um, und als es Februar wird, liegt kein Stäubchen Schnee mehr. Die Sonne scheint warm wie im Frühling, und der Himmel ist tiefblau. Acht Tage nach Lichtmess, am 9. Februar 1468, findet die feierliche Grundsteinlegung zur großen Frauenkirche statt.

Am 20. März 1468 wird Meister Jörg von Halsbach, Maurer zu Polling, aufs Rathaus geladen und in Gegenwart der beiden Herzöge Albrecht und Sigmund, des Pfarrers Pütrich und der Pröpste vom inneren Rat in Dienst gestellt. Fortan ist er der Stadt

München Baumeister, und sein Auftrag lautet, die Frauenkirche aufzurichten. Seine Forderungen – 6 Schilling und 27 Pfennig Handgeld, 2 Gulden 17 Kr. und 1 Heller Vierteljahreslohn und 28 Pfennig im Sommer, 24 im Winter Taglohn – werden bewilligt, zudem darf er mit seiner Ehefrau Margret in das der Marienkirche gehörende Haus Fingergassl Nr. 5 (heute Maffeistraße) einziehen und dort kostenlos wohnen.

Die Scharwerker heben eine riesige Baugrube aus, und die Fuhrleute fahren vom frühen Morgen bis zur einsinkenden Nacht die Erde und den Schutt weg, den die freiwilligen Helfer aufladen. Die Maurer aber stehen tief unten auf dem festen Kiesgrund und beginnen, mit den herangeschafften Nagelfluhsteinen, die Fundamente aufzuführen. Dann wird die künftige Nordwand mit ihren Seitenkapellen in Hartbrandziegeln emporgezogen, bis schließlich das Mauerwerk auf den sogenannten »Öden Turm« der bisherigen Marienkirche stößt und es notwendig wird, diesen abzubrechen. Die Maurergesellen untergraben die Fundamente des Turms, stützen ihn ab und am 1.August soll er fallen.

In aller Frühe sammeln sich die Gaffer auf dem Frauen-Freithof, um das Schauspiel zu sehen. Vom Fingergassl her humpelt, auf seinen Stock gestützt und von einem Enkel geführt, der alte Bonifaz – ein Zimmermann, der vorzeiten einer der Tüchtigsten seiner Zunft gewesen ist und der nun im 118. Jahr seines Lebens steht. Der Enkel geleitet den Alten bis dicht an die Baugrube, wo die bloßliegenden Grundmauern des Öden Turms mit ihren Stützbalken zu sehen sind. »Ja, ja«, brummelt der Uralte, »den Dachstuhl von dem Turm, den hob no i g'setzt, wiar i a junger Bursch war. Dös warn no Zeitn!

Ja, ja: 15 Pfennig hob i seinerzeit als junga Moasta kriagt. Des woaßt ja, Bartl, dass der Turm vo mir zimmert wordn is.«

»Des woaß a jeder Mensch z' Minka!«, antwortet der Maurer-Bartl ehrfürchtig. »Der alt Bonifaz und der Öd Turm – de zwoa g'hörn z'samm!«

»Ja, ja, so is scho …« Der Enkel führt den Greis zu einem Bretterstoß und hilft ihm, sich zu setzen. Immer mehr Leute sammeln sich in den Gassen, den Häusern, dem rückwärtigen Teil des Friedhofs. Gegen zehn Uhr erscheinen die Herzöge Albrecht und Sigmund von der Schäfflergasse her. »Grüaß God, Herr Herzog Sigmund!«, sagen die Leut und »Grüaß God, gnädinga Herr Herzog Albrecht!«

Dann trifft Meister Jörg seine Anordnungen, die Gesellen und Handlanger treten an die langen Zugseile, beginnen zu ziehen, und gleichzeitig schlagen die Männer die Stützbalken fort. Lange wankt der Öde Turm hin und her, dann gerät er ins Fallen, neigt sich und fällt. Eine riesige Staubwolke steigt auf, die Leute schreien und wollen zur Schutthalde rennen, da ruft einer plötzlich: »Der alte Bonifaz ist tot! Der Schlag hat 'n troffa!«

Der alte Meister ist zusammen mit seinem stolzen Werk gestürzt. Sie tragen ihn fort, und mancher Bürger spürt, dass man wieder ein Stück des alten Münchens damit fortschafft.

Das Werk schreitet voran. Die neuen Umfassungsmauern wachsen aus der Erde, und allmählich umschließen sie und der künftige Chor die alte Marienkirche, von der nun Stück für Stück verschwindet. Schon brechen die Maurer den zweiten Turm der alten Kirche ab. Und wie die neuen Mauern so mächtig aus der Erde aufsteigen, bekommt es der brave Meister Jörg ein wenig mit der Angst zu tun.

Der einst so sichere Mann fühlt sich dem Bau nicht mehr ganz gewachsen. So benützt er die Zeit im Spätherbst und Winter 1469/70, um sich bei den großen Meistern der Zunft umzusehen. Er reist nach Augsburg, wo man seit beinahe drei Jahren am Bau der Sankt-Ulrichs-Kirche arbeitet. Dann fährt er nach Ulm weiter, wo die berühmte Bauhütte des Münsters steht. Bei diesen Werkleuten holt er sich neue Kraft und guten Rat. Im Frühjahr 1470 ist er wieder am großen Bauplatz bei Sankt Marien zu München.

Anno 1471 steht bereits die Hälfte des neuen Nordturms, und bis zum Herbst 1473 erreichen die Umfassungsmauern die vorgesehene Höhe von 115 Schuh. Noch immer hilft ganz München beim Heranschaffen des Materials und beim Abräumen des

Schutts. Und auch der regierende Herzog Albrecht tut sein Mögliches, indem er in seinen Gebirgswäldern riesige Stämme schlagen und isarabwärts flößen lässt.

Wenn der muntere und gleichzeitig fromme Herzog Sigmund nicht eben in seinen Schlössern Grünwald oder Blutenburg weilt, nicht durch allerlei Kurzweil abgehalten ist, steht er stundenlang am Bauplatz. Auch der junge Christoph ist häufig dort zu sehen. Nur in den Jahren 1471/72 bleibt er für neunzehn Monate aus.

1473

Herzog Christoph war inzwischen volljährig geworden. Stürmisch hat er von seinem Bruder Albrecht IV. Anteil an der Regierung gefordert, und da ihm dies verweigert wurde, hat er mit seinen ritterlichen Kampf- und Trinkgenossen eine »Gesellschaft der Böckler des Einhorns« gegründet. Der Zweck dieses ritterlichen Bundes war es offensichtlich, den regierenden Herzog zu zwingen, Christoph zum Mitregenten zu machen. Aber der gestrenge Albrecht ließ eines Morgens seinen Bruder im Badhaus festnehmen und ihn in einen Turm der Neufeste sperren. Da saß er nun für lange Zeit in fürstlicher Haft, ohnmächtig und ausgeschaltet.

Die Befreiungsstunde schlägt Christoph dem Starken im Frühjahr 1473 beim Besuch des Kaisers Friedrich III.

Da darf es keine Staatsgefangenen innerhalb der herzoglichen Familie mehr geben. Auf Ehrenwort wird Christoph entlassen.

Bald nachdem der Kaiser unter Hinterlassung beträchtlicher Schulden und nicht ohne ausgiebige Pumpversuche bei Münchner Patriziern die Stadt verlassen hat, um ins reichere Augsburg weiterzuziehen, ist es so weit, dass die Umfassungsmauern der Liebfrauenkirche überall ihre vorgesehene Höhe erreicht haben. Der schwierigste Teil des Werks beginnt: das Einwölben der Gratgewölbe und das Setzen des Dachstuhls.

Wieder hat der Meister Jörg schwere Bedenken, und so schickt der Münchner Rat Boten ins Land, um die berühmtesten Dombaumeister zum Konsilium zu holen. Im Frühjahr 1474 treffen sie in München ein: der Meister Moritz Ensinger, ein geborener Schweizer, der der Domhütte zu Ulm vorsteht; aus Regensburg kommt der Meister Konrad Roritzer, dessen Wirken nicht nur dem Regensburger Dom, sondern auch Sankt Lorenz in Nürnberg und dem Stephansdom zu Wien gilt; der Meister der Liebfrauenkirche zu Ingolstadt, Friedrich Spieß, und der Meister Michel Sallinger aus Eggenfelden.

Im Haus Fingergassl Nr. 5 sitzen sie über die Pläne und Berechnungen des Meisters Jörg gebeugt, prüfen nach, raten und befinden schließlich alles gut. Der Bau kann fortgehen, und der Rat Münchens, der über den guten Abschluss der Tagung froh ist, stiftet ein Pfund Pfennige und sechs Schillinge *für Meister Jörg und seine Maurer, zu verzehren und zu vertrinken, mit Meistern und Gesellen, die man des Baus von Unserer Lieben Frauen wegen hergeholt.*

Wieder geht das Werk voran, Gerüste und Zwischenböden werden errichtet, das Einwölben nimmt seinen Fortgang. Auf dem Bauplatz dröhnen Tag und Nacht die Schläge der Zimmerleute, kreischen die Sägen und hallen die Zurufe der Gesellen. Ein ganzer Wald riesiger, ausgetrockneter Bäume stapelt sich. Seit 1470 ist des Herzogs Zimmermeister, Heimeran von Straubing, in städtischen Dienst genommen. Der schafft nun den Dachstuhl für die Frauenkirche. 140 Flöße mit jeweils 15 bis 16 Bäumen müssen verarbeitet und zugeschnitten werden; wenn das Balkenwerk erst durch die Kräne auf die 35 Klafter hohen Mauern hinaufgehisst wird, dann muss Schlitz in Schlitz und Kerbe in Kerbe passen.

Aber noch ehe ein Balken dort oben gelegt wird, trägt man den ersten Toten in die Liebfrauenkirche. Am 20. Mai 1476 stirbt der große Gönner des Baus, Bischof Johann Tulbeck von Freising, der einstige Münchner Bürger und Pfarrer. Er wird feierlich in der Tulbeckkapelle unter dem nördlichen Turm beigesetzt, und seine Gruft wird mit einer schöngemeißelten Grabplatte verschlossen, auf der der Bischof in vollem Ornat getreu wiedergegeben ist.

Anno 1478 endlich bringt Meister Heimeran von Straubing den Dachstuhl hinauf, langsam nähert sich der Rohbau der Vollendung.

1480

Die große Kirche ist neu und gewaltig, aber die, die sie bauten, sind alt und müde geworden. Auch Meister Jörg von Polling geht nun gebeugt und am Stock, und der gute Herzog Sigmund, der die Kirche mit leerer Kasse gestiftet hat, liegt nun häufig mit Gicht und Zipperlein in seinem bunten Schlösschen Blutenburg – mit den Leiden, die ein fröhliches Leben nach sich zieht. Aber nicht nur das vom vielen Geflügelessen hervorgerufene Zipperlein macht den kleinen, rundlichen Sigmund für die Augen der Münchner unsichtbar. Zuzeiten hält der sich auch aus anderen Gründen der Stadt fern, sei es, dass er mit seinen Pfauen, Tauben und fremdartigen Tieren beschäftigt ist, sei es, dass er sich einen Reigen schöner Jungfern eingeladen hat, mit denen er Lieder singt und artige Tänze aufführt. Da solche Kurzweil jedoch viel Geld kostet, der Herzog zudem durch allerhand großzügige Stiftungen und Bauten in Schulden gekommen ist, gibt es noch einen Grund für Herrn Sigmunds Zurückgezogenheit: Er versteckt sich vor seinen Gläubigern, oder er sinnt darüber nach, wie er zu Geld kommen könne.

Da hat ihm ein zauberkundiger Mann geraten, nach Schätzen zu graben. Das leuchtet dem Herzog ein, und er beginnt also, wann immer er auf ein schatzverdächtiges Grundstück stößt, es zu kaufen und nächtlicherweile darin graben zu lassen. Dies geschieht meist heimlich, wird aber trotzdem bekannt genug. Und da das Rädlein beim Herzog Sigmund trotz aller Schulden und allen Großlebens doch immer wieder umgeht, flüstern sich die Leute in München zu: Das danke Herr Sigmund seiner Kunstfertigkeit im Schatzausgraben.

Wenn den Herzog der Hafer sticht, er nicht gerade Gichtschmerzen hat, dann erscheint er auf den Münchner Plätzen, spricht mit den Bürgersleuten und trinkt mit ihnen auch eine Maß Bier in einem Bräuhaus. Dabei verkauft er unter allerhand Warnungen vor dem möglichen Misserfolg die Erlaubnis zum Gold- und Silbergraben, pflegt jedoch meist zu sagen: »Seid's vorsichtig, Leitl! Man grabt leicht mehr nei wia raus!« Als es Herr

Sigmund wieder einmal recht arg getrieben hat, schwingt sich sein jüngerer Bruder Christoph, den sie den Starken nennen, zornig in den Sattel und reitet nach Grünwald hinaus, wo Sigmund eben weilt. Christoph ist nur von seinem Reitknecht Dolein begleitet. »Bruderherz«, ruft er, als er Sigmund am Rand des Grünwalder Forsts am Vogelherd kauern sieht, »so geht's net weiter! Du machst ja 's ganze Herzoghaus zum G'spött mit deiner saudummen Schatzgraberei. Da muaß was g'schehgn!«

»Jetzt hast ma de ganzen Vögel vasprengt!«, brummt Sigmund, und er erhebt sich mit Hilfe eines Jägers. »Und außerdem bist du grad der Richtige, mir Vorwürf z' macha. Is dös vielleicht a Aufführung für an Herzog: mit Trümma Stoana rumwerfa und die höchsten Sprüng macha? I hab's scho g'hört, was d' im Alten Hof tan hast!«

Die Vorwürfe Sigmunds entspringen wohl nur seinem augenblicklichen Ärger. Herzog Christoph ist in München ungemein beliebt, und zwar vor allem wegen seiner Mut- und Kraftproben. Er scheut sich nicht, die Bräuknechte, Tölzer Flößer und ander kräftige Männer zu Wettkämpfen herauszufordern. Kürzlich hat er einen riesigen Stein so weit geworfen, und er war so hoch gesprungen, dass der regierende Bruder Albrecht die Marken dieses denkwürdigen Tuns hat im Alten Hof an der Mauer anbringen lassen, damit auch künftige Geschlechter erfahren können, wie stark Bayerns Fürsten gewesen sind. Und vor ein paar Jahren, bei der berühmten Landshuter Hochzeit, als der Herzog Georg der Reiche eine polnische Königstochter heiratete (1475) und einer der polnischen Ritter all seine bayerischen Gegner im Turnier besiegte, da war es wieder Herr Christoph, der in den Sattel stieg und den Polen mit solchem Schwung anrannte, dass die Riemen rissen, mit denen sich der Betrüger entgegen allen Turnierregeln im Sattel festgeschnallt hatte. Samt den Riemen flog der Pole in hohem Bogen in den Sand. Kein Wunder, dass Herzog Christoph trotz seiner Rauf- und Krakeellust überall beinah schon eine wandelnde Legende ist.

Eine Weile streiten also die beiden Brüder, dann gesteht Herr Sigmund zu, dass er die Schatzgräberei beenden und auch eine

Verlautbarung darüber herausgeben werde. Christoph besteht darauf, dass sie gleich entworfen und unterschrieben wird. Und so geschieht es.

Ich, der Herzog Sigmund, tu kund und zu wissen jedermänniglich, wie dass ich ninderst aufs Schatzgraben ausgeh und auch keinen verleite wissend oder mit Absicht. Wer also künftig eines vermuteten Schatzes halber zu Schaden käm, derselbige hat sichs selbsten zuzuschreiben, und was Böswilliges dabei geschiecht, wird guter Straf nicht entgehn.

1488

Aus der Bauhütte von Unserer Lieben Frau sind unterdessen noch zwei kleinere Kirchen hervorgegangen. Die eine ist die Allerheiligenkirche am Kreuz, als Friedhofskapelle für Sankt Peter gebaut, die andere die Salvatorkirche, die Herzog Albrecht IV. gestiftet hat (1494).

Anno 1488 ist der Baumeister der Liebfrauenkirche, Jörg von Polling, am Sankt-Michaels-Tag sanft entschlafen. Die Kirche ist bis auf den oberen Kranz der gotischen Türme vollendet. Der Meister hat wirklich den ersten, den mittleren und den letzten Stein gesetzt, nur die Spitzen der beiden Türme fehlen noch. Aber die sollen sie noch nicht so schnell bekommen: Das Geld ist wieder einmal zu Ende, und da der Herzog in den letzten Jahren seines Lebens in schwere Händel mit Niederbayern verwickelt ist, braucht er jeden Heller für Kriegszwecke.

Nach vielen Abenteuern mit den Türken und Ungarn, nach mancherlei Kriegsfahrten und Heldentaten stirbt auch der starke Herzog Christoph anno 1493, und sein frommer Bruder Sigmund folgt ihm 1501 nach. Er stirbt in seinem Schlösschen Blutenburg und wird, in eine Franziskanerkutte gekleidet, in der Fürstengruft der Frauenkirche beigesetzt. Der regierende Herzog Albrecht IV. haucht sein Leben sieben Jahre später (1508) aus. Er hinterlässt sein Erbe drei unmündigen Söhnen: Wilhelm, Ernst und Ludwig.

Am 15. Mai 1524 treten im Neuen Rathaussaal, den noch der Jörg von Polling gebaut hat, Bürgermeister und der Rat der Stadt München zusammen, um darüber zu beraten, wie die Frauenkirche zu ihren Spitzen kommen könne. »In das Notdach, das der Meister Wilbolt seinerzeit g'setzt hat«, sagt der Bürgermeister, »regnet's nei. Außerdem is es a Schand, wenn München sei Hauptkirch net ferti baut. A Geld hättn ma jetzt.«

»Aber net vui!«, wendet der Rat Impler ein.

»Müaßt ma halt a kupfernes Notdachl auffistelln, wia s'as z' Wasserburg am Inn getan ham«, meint der Rat Kazmair.

Der Stadtbaumeister legt die Pläne vor, die Meister Jörg hinterlassen hat. Die zeigen freilich eine schöne Spitze, gleich den Türmen zu Regensburg, Ulm oder Landshut, doch sieht jedermann, dass solches Maßwerk und solcher Spitzenbau eine teure Angelegenheit sein werden. Da erhebt sich der ehrenwerte Ratsherr des inneren Rates, Matheis Kirchmeier, und bittet ums Wort. Er spricht davon, wie sich die Zeiten seit den Tagen des Meisters Jörg gewandelt haben und dass man heute einen anderen Geschmack habe als anno dazumal. »Wia-r-i kürzli z' Augsburg drenten war«, sagt er »hab i mit eigenen Augn g'sehn wias dort baun. Da gibt's jetzt a ganz neie Art, die is aus dem Welschland kumma. Da machas so runde Kuppeln, da san dc Welschen Moasta drin. Und so vui i woaß, san in Augsburg a ganza Haufa welsche Zimmerleit und Maurer. Vielleicht kunnt ma uns da umschaun!«

Der Vorschlag wird lange debattiert und schließlich für gut befunden. Rat Matheis Kirchmeier erhält den Auftrag, in Augsburg Erfahrungen einzuholen.

Nach einer Weile kehrt der Rat von seiner Reise zurück. Er hat Glück gehabt und einige Entwürfe von den welschen Bauleuten erworben. Die Bogen mit den verschiedenen Formen kupferner Hauben legt er dem Rat vor, und man beschließt, die Frauentürme mit derartigen Hüten zu versehen. Bald schallen die Hammerschläge der Münchner Zimmerleute von den Turmbrüstungen. Runde welsche Hauben entstehen, sie werden mit Kupferblech abgedeckt und mit Messingknöpfen gekrönt, die so groß sind, dass jeder »zweieinhalb Scheffel Korn fassen« kann. So bekommt München als Wahrzeichen den seltsamen Abschluss seiner Liebfrauentürme: auf dem gotischen Unterbau zwei neumodische Kupferhauben.

Es ist gut, dass die Liebfrauenkirche nun fertig geworden ist. Die besten Tage für den gemeindlichen Kirchenbau sind wohl vorüber, so wie die Zeiten dahin sind, in denen noch Nachbar mit Nachbar einig war im Glauben und im Willen. Wenn heute noch große Kirchenbauten in Angriff genommen werden, dann muss ein Fürst als Initiator und Geldgeber dahinterstehen, wie überhaupt ein Jahrhundert der Fürsten heraufzusteigen scheint. Aber die übermächtig gewordenen Fürsten bauen lieber Schlösser als Kirchen, so wie die Bürger lieber neue Rathäuser bauen.

Auch der junge Münchner Herzog Wilhelm IV. gehört ein wenig zum Typ des neuen Fürsten: Er träumt von Macht und höherer Ehre. Den Grundstock zu größerer Gewichtigkeit Bayerns hat noch der 1508 verstorbene hochselige Herr Vater des neuen Herzogs, Herr Albrecht IV. der Weise, gelegt, indem er anno 1506 das bayerische Primogeniturgesetz erlassen hat, das jede weitere Teilung des Landes unter den Erben ausschließt. Herzog Wilhelm aber sieht sich nach fetten Bissen um, die den mageren Bauernrock der Linie München-Oberbayern etwas ansehnlicher ausfüllen könnten.

1530

Im Reich Karls V. geht die Sonne nicht unter. Dagegen ist das kleine Oberbayern rein gar nichts.

In diesen Jahren geht im Auftrag des Kanzlers von Eck der Tölzer Landsknechtsführer Kaspar Winzerer verkleidet donauabwärts ins Ungarische, um Verbindung mit dem großen Rebellen wider Habsburg, dem Fürsten Zápolya von Siebenbürgen, aufzunehmen. Viele politische Süppchen werden in der Alten Hofburg zu München gekocht und die schmecken den Habsburgern gar nicht. Kaiser Karl V., bedrängt von Türken, Protestanten, Franzosen und manchmal sogar vom Papst, sieht jetzt auch noch den kleinen bayerischen Kläffer an seine Beine fahren. Muss er nicht bei erster Gelegenheit zu einem Fußtritt ausholen? Aber es kommt ganz anders, als es sich die braven Münchner gedacht haben.

Für das Frühjahr 1530 hat der Kaiser von Bologna aus einen Reichstag nach Augsburg einberufen, um die lutherischen Religionsstreitigkeiten zu ordnen. Mit gewaltigem Hofstaat und in Begleitung zahlreicher Fürstlichkeiten reist er über die Alpen. Als er am 12. Mai in Innsbruck anlangt, erwartet ihn dort der Bruder Ernst des regierenden bayerischen Herzogs Wilhelm, um ihn mit freundlichen Worten nach München einzuladen. Über diese Einladung ist Karl V. zwar überrascht, doch lässt er sich von seiner Abneigung gegen Bayern-München nichts anmerken und sagt den Besuch zu. Sofort schickt Herzog Ernst Boten nach München, um alles vorbereiten zu lassen. Die Stadt gerät in gewaltige Erregung, denn nun kommt der Herr der Welt.

Der 10. Juni 1530 ist ein strahlend schöner Tag.

Ganz München ist seit dem Morgengrauen auf den Beinen und strömt neugierig zum Isartor hinaus.

Eine Viertelmeile vor der Stadt, oben am Giesinger Berg, ist aus bemalten Brettern und Leinwand ein Schloss erbaut, vor dem die bayerische Infanterie in weißen Röcken und Brustharnischen, mit Lanzen, Zwiehandern und Streitkolben Aufstellung genommen hat. Auch Artillerie ist aufgefahren – an die 100 Rohre; dicke Mörser, schlanke bronzene Falkonette, Feldschlangen und breitmäulige Quartanen. Als besonderes Glanzstück steht eine hölzerne Kanone mit Kupferbändern dazwischen, die man vor Jahren den aufständischen Salzburgischen Bauern abgenommen hat.

Auf ein Zeichen Herzog Wilhelms legen die Artilleristen die glühenden Zündstöcke an die Pulverlöcher, und donnernd entladen sich die Geschütze. Kaum hat sich der Rauch verzogen, da sieht man die Kriegshaufen in schöner Schlachtordnung gegen das arg zerfetzte Schloss vorrücken, es unter Geschrei stürmen und als besondere Artigkeit gegen den Kaiser auf den Trümmern das Banner mit dem Reichsadler hissen.

Vom Ort dieses Schauspiels bewegt sich der Aufzug talwärts zur Isarbrücke gegen München mit seinen Mauern, Türmen und Toren, überragt von den Hauben der Frauenkirche. Zu beiden Seiten der Straße drängt sich eine heilschreiende Volksmenge. Der Torwart Dolein rennt aufgeregt auf dem obersten Wehrgang zwischen den beiden achteckigen Tortürmen des Isartors hin und her und wedelt mit einer roten Fahne. Das ist das Signal für die Kartaunen, die auf den Mauern aufgestellt sind. Wieder krachen die Ehrensalven, so dass die Tauben in flatternden Schwärmen über den Dächern auffliegen.

Auf der Isarbrücke zügeln die Herren die Rosse; denn unten auf den rauschenden Wellen des Flusses hat man ein neues Schauspiel für sie bereitet. Die Fischerzunft veranstaltet ein Stechen – ein Turnier in ihren schmalen Kähnen und mit langen Stangen. Sie stoßen sich unterm Gelächter der Fürsten gegenseitig in den Fluss.

Am Tor wartet der äußere Rat. Die Herren Zunftmeister haben ihre Hausfrauen mitgebracht, die sich um höfische Knickse bemühen. Auf den freien Plätzen sind Bühnen errichtet, die prunkvolle allegorische Bilder, gestellt von Menschen, zeigen: Es geht an mit der Geschichte der Königin Esther und der Skythenkönigin Tomiris, die das bluttriefende Haupt des Cyrus vorweist.

Die Leute klatschen der klassischen Allegorie starken Beifall; aber im Gefolge des Kaisers, wo feinnervigere Italiener reiten, sagt der venezianische Gesandte Berecio, der später die Geschichte dieses Einzugs niederschreiben wird, zum Kardinal Campeggi: »Ein wenig blutrünstig, Eminenz. Zu barbarisch für unseren Geschmack!«

Unter Glockengeläute und Kanonendonner führen die bayerischen Herzöge ihren hohen Gast in die Neue Feste, wo ein Festmahl bereitsteht. Abends findet ein Feuerwerk statt, wobei auf dem Schrannenplatz wieder ein hölzernes Schloss in Flammen aufgeht. Tags darauf reitet die Hofgesellschaft mit den kaiserlichen Herren und den Fürsten in die Perlacher Heide hinaus, wo

Herzog Wilhelm vorsorglich 500 Hirsche hat zusammentreiben lassen, die von den herzoglichen Hofjägern nun zwischen die ausgelappten Schneisen geschickt werden. Der Kaiser und sein Bruder Ferdinand, beides eifrige Jäger, erlegen massenweise die edlen Tiere. Gegen Abend zählt man an die hundert gespeerte Hirsche.

Der Sonntag, der 12. Juni, beginnt mit einem Pontifikalamt in der Frauenkirche, die diesmal kaum die Menge der prunkenden Gäste zu fassen vermag. Kardinal Campeggi erteilt den päpstlichen Segen. Am Abend lodern die Fackeln im herzoglichen Rosengarten, den der Herzog vor einiger Zeit für 40 000 Gulden hat anlegen lassen (am heutigen Marstallplatz). Nach dem Geschmack der nun auch in Bayern eindringenden Renaissance ist dieser Ziergarten reich mit Plastiken und anderen Kunstwerken geschmückt. In den zahlreichen Pavillons ist eine ungeheure Festtafel gedeckt. Es sind unendlich viele Gänge, die Hofköche haben sich selbst an Einfallsreichtum und Leckereien übertroffen. Fast jedes Gericht wird als allegorischer Aufbau, etwa als Arche Noah, als Turm zu Babylon oder als Abrahams Opferung des Isaak, serviert – die Formen und Gestalten aus Pasteten mit eingemachten Rebhühnern, aus seltenen Gemüsen, Fruchtcremes, Zucker- und Mandelgebäck oder Wildbret aufgebaut.

Kaiser Karl V. ist bekannt für seinen Appetit. In München jedoch kapituliert auch er nach dem 32. Gang, und er erhebt sich. Das bedeutet das Ende des Festmahls, das von sieben Uhr abends bis gegen ein Uhr nachts gedauert hat und von Feuerwerk und allerlei anderer Kurzweil unterbrochen war. Der lebensfrohe Venezianer Berecio ist von den Münchnerinnen so begeistert, dass er in sein Tagebuch schreibt: »Diese Stadt ist herrlicher denn Bologna, Ferrara oder Mantua, ihre Frauen aber sind schön und freundlich wie nirgend sonst.«

Am Montag, dem 13. Juni, reitet der Kaiser nochmals hinaus in das wunderbare Revier von Perlach und erlegt Hirsche und Sauen. Tags darauf nimmt er Abschied von München und zieht über Kloster Fürstenfeld hinüber nach Augsburg, wo die große Politik auf ihn wartet.

1557 Die großen Ereignisse der Welt rauschen irgendwo in der Ferne vorüber: die Abdankung und der Tod Kaiser Karls V., der Kampf zwischen Spanien und England und das bedrohliche Vordringen der Türken auf dem Balkan. Herzog Wilhelm IV. hat seine ehrgeizigen Träume begraben, und sein Sohn Albrecht V. sucht den Glanz Bayerns und Münchens auf anderen, friedlicheren Gebieten zu erhöhen. Er ist einer jener großartigen Renaissancefürsten, wie sie Florenz in den Medici gehabt hat: ein Sammler von Kunstwerken, Gemälden, antiken Plastiken, schönen Handschriften, Büchern und Bronzen. Er legt in einem der vielen Anbauten der Neufeste den Grundstock zu den nachmals berühmten Münchner Kunstschätzen. Die Kabinette für diese Sammlungen und andere Erweiterungsbauten der Neufeste führt der Hofbaumeister Albrechts V., Meister Wilhelm Eckl, auf. Als er den neuen Marstall baut, versucht er es mit einer weitläufigen, vierflügeligen Anlage und mit Hofarkaden. Es sind die ersten Versuche eines Münchners, den italienischen Renaissancestil nachzuahmen. Doch das Antiquarium wird dem braven Meister zum niedrigen mystischen Schatzgewölbe, die Säulen im Marstallblock stehen da wie wuchtige bayerische Baumstämme, und die Fassade ist voller Schwere und Gebundenheit.

Vor allen anderen Künsten aber lieben die Herzöge die Musik. Als man dem Herzog von einem neuen Musikgenie in Antwerpen vorschwärmt, setzt er alles daran, diesen Künstler nach München zu ziehen. Über die weitgespannten Verbindungen der Fugger zu Augsburg erreicht Herzog Albrecht schließlich auch, dass ihm jener große Komponist und Musiker, der zu Mons im Hennegau unter dem Namen Roland de Lattre geboren ist, später aber im Dienst kunstsinniger Fürsten in Italien, Frankreich und England und als Kapellmeister der römischen Laterankirche den Künstlernamen Orlando di Lasso annahm, sein Kommen zusagt.

Die so genannte Neufeste liegt im Greymoltswinkel. Ursprünglich war sie an den Rand der Stadtbefestigung gebaut und durch Türme und Wassergräben auch gegen München gedeckt.

Aber hundert Jahre nachdem Herzog Albrecht IV. sie zu seiner Residenz und einem festen Stützpunkt gemacht hat, lässt sein Enkel, der fünfte Albrecht, den Wassergraben zuschütten, und er gewinnt damit kostbaren Boden innerhalb der Stadtmauern, um die Residenz zu erweitern. Dieses Unternehmen ist noch im Gang, als man die Ankunft Orlando di Lassos (1557) erwartet.

Vom Sankt-Georgs-Saal, der auf der Nordwestseite der Neufeste liegt, kommt der Graf Preysing gegangen.

»Grüß Gott, Hochwürden!«, sagt er zum Pater Johann Koblenzer, dem Hofprediger des Herzogs, der in seiner schwarzen Jesuitentracht, den geschwungenen Hut auf dem Haupt, von der Margaretskapelle herunterkommt. »Haben S' schon g'hört: Der neue Musikant ist im Anmarsch.«

»Grüß Gott, Herr Graf. Ja, ich hab's gehört und ich will mir den berühmten Singvogel ansehn. Muss ja ein tüchtiger Mann sein, wenn er Kapellmeister bei San Giovanni im Lateran gewesen ist.«

Das Gerücht von der unmittelbar bevorstehenden Ankunft des neuen Kapellmeisters hat schnell die Runde in der Neufeste gemacht. Der Hoflakai Dichtl in seiner weiß-blauen Livrée, der soeben mit einer silbernen Platte kalten Wildbrets den gedeckten Bogengang zur Rundstube hinübergeht, teilt es der Kammerzofe Regina Wekhinger, einer jungen, braunhaarigen Münchnerin, mit. »Da neie Musikant kimmt, Jungfer Regina. Dass sie sich nicht in ihn verliebt, dös war schad! Die Jungfer könnt leicht an Hiesigen kriagn.«

Das Zöfchen knickst geschamig und blitzt den Herrn Lakai mit ihren braunen Augen an. »Mei Zukünftiger«, sagt sie, »müaßat aba net unbedingt vom Hofdienst sei!« Schon will sie lachend zu den Gemächern der Herzogin eilen, als aus dem dumpfen Torgewölbe beim Christophsturm Wagengerassel ertönt. Ein Vorreiter von der Neuhauser Torwache klappert über das Kopfsteinpflaster, dahinter werden zwei, drei Kutschen sichtbar.

Graf Preysing tritt an den Schlag des ersten Wagens, wartet jedoch ab, bis dieser von innen geöffnet wird. Ein kleiner, schwarzhaariger Italiener springt heraus.

Madonna mia!, ruft er. *Sono mezzo morto!*

Signor Orlando di Lasso?, fragt Graf Preysing, etwas enttäuscht von dieser halben Portion, aber der Italiener wehrt entsetzt ab und deutet auf die Kutsche.

No, no! Il Maestro sta nella carozza! Dann verbeugt er sich abermals und nennt seinen Namen: *Massimo Trajano, poeta!* Er ist der Textdichter. Inzwischen kommt aus den übrigen Wagen eine Anzahl Leute, die offensichtlich Musiker sind und die der große Kapellmeister für die Münchner Hofkapelle mitgebracht hat. Langsam, wie es dem Auftritt eines Fürsten unter den Künstlern geziemt, kommt Meister Orlando zum Vorschein. »Ui jegerl!«, flüstert die Zofe Regina Wekhinger oben auf der Galerie, »dös is aba a fescher Herr!« Der Lakai Dichtl schupft nur die Nase und enteilt mit seinem Tablett.

Meister Orlando ist wirklich eine kavaliersmäßige Erscheinung mit hohem spanischem Kragen, das längliche, wohlgebildete Haupt von blondem Backen- und Kinnbart und gestärkten Spitzen eingerahmt, in flandrischem Wams und spanischem Halbmantel. Er zieht den gefälteten, steifen Halbzylinder vor Pater Johann Koblenzer und küsst ehrfürchtig dessen Hand, dann erst begrüßt er den Grafen.

»Bitte, Maestro«, sagt der Graf etwas kühl, »ich darf Sie gleich zum durchlauchtigen Herrn Herzog geleiten!«

Herzog Albrecht V. empfängt Orlando di Lasso mit allen Ehren. Er stellt ihm ein Haus am Platzl zur Verfügung, wo er und seine Gefährten kostenlos wohnen können. Dann stellt er ihm zur Probe eine Aufgabe.

Fortan sieht man den Meister häufig durch die Münchner Gassen schreiten und zur Neufeste eilen. Und eines Tages meldet er dem Herzog, dass die Kompositionen vollendet seien. Der Hof versammelt sich im Sankt-Georgs-Saal, auch der junge, sehr kunstreiche Erbprinz Wilhelm mit seinem jesuitischen Hofmeister ist anwesend, und im Hintergrund des gewölbten Saales, wo das Dienstpersonal der Residenz sich aufhalten darf, drängt sich die neugierige Regina Wekhinger vor, und sie reckt den Hals, um den hübschen, erst fünfundzwanzigjährigen Meister zu sehen.

Dann setzen die Musiker ein: Herb, in kunstvoll verschlungener Polyphonie baut Orlando di Lasso ein fremdartig großartiges Gemälde aus dem biblischen Text auf. Der Herzog und der Hof sind ergriffen. Als die Kapelle endet, springt Herr Albrecht auf und drückt begeistert die Hände Orlandos. »Wollt Ihr mein Kapellmeister sein?«, sagt er. Und Orlando nickt lächelnd Zustimmung, als er sich tief verbeugt.

Er bekommt einen Vertrag, der ihm 400 Gulden Jahresgehalt und freie Wohnung am Platzl zusichert. Fortan sind seine Geschicke eng mit dem Münchner Hof verknüpft. Das ruhelose Herz des Künstlers scheint für immer Anker an der Isar werfen zu wollen: Ein Jahr nach seiner Ankunft feiert Herr Orlando di Lasso Hochzeit mit einer Münchnerin: Regina Wekhinger, der Kammermagd der Herzogin, die ihm zehn Söhne und acht Töchter schenken wird. 1562 ernennt Herzog Albrecht Orlando di Lasso zu seinem Obristen Musikmeister, und der Komponist revanchiert sich, indem er einen Prachtband nach dem anderen mit orlandischen Gesängen, Motetten und Messen – vom Buchmaler Hannes Mielich großartig ausgeschmückt – dem Hofe überreicht. München scheint in eine Wolke von Musik eingehüllt.

Inzwischen hat der Baumeister Eckl seinen Marstall, ein Gebäude in der Art eines Florentiner Palazzo, voller »Landsknechtstrutz und Ritterstolz« fertiggestellt (den späteren Münzhof). Aber es gibt noch viele künstlerische Aufgaben.

1574

Gegen Ende seiner Tage wendet sich der Herzog mehr und mehr der Religion zu. Unter dem Einfluss seiner jesuitischen Erzieher ist auch Erbprinz Wilhelm sehr zur Frömmigkeit geneigt. Anno 1574 – als Orlando di Lasso bereits durch Kaiser Max II. geadelt und vom Papst Gregor XIII. zum Ritter des Goldenen Spornes ernannt worden ist – schlägt der Hofprediger Johannes Koblenzer dem Herzog Albrecht eine gute Tat vor, die dieser auch sogleich ausführt. Es gibt so viele arme Bauern- und Bürgersöhne, die zwar begabt, aber unbemittelt sind und deswegen nicht in die »Studi« gehen können. Für diese Kinder des Volkes soll eine Freistatt geschaffen werden. Der Herzog kauft in der Neuhauser Straße ein Haus, in dem das Seminar der armen Studenten *Zum hl. Gregor dem Großen*, dem Patron der Bettelstudenten, eingerichtet wird. Diese Schule soll zugleich den Nachwuchs für die Chöre und Musikkapellen des Hofes und der Kirchen heranbilden. Meister Orlando wird sich um die Einrichtung des Musikunterrichts kümmern.

Ein paar Jahre später (1576) erwirbt sich Albrecht noch weitere Verdienste: Vor einigen Jahrzehnten ist der Meißener Bischof Benno heilig gesprochen worden, aber Doktor Luther hat dagegen eine Schrift verfasst, die den Titel trägt: »Gegen den neuen Abgott und alten Teufel, der zu Meißen soll erhoben werden.« Der arme hl. Benno hat also in Sachsen keine Heimstatt mehr, und so erwirbt Herzog Albrecht die Gebeine und lässt sie nach der Neufeste bringen. Einige Zeit nachher segnet der Herzog das Zeitliche, und sein frommer Sohn Wilhelm V. folgt ihm nach. Der lässt die Reliquien des Heiligen feierlich von der Residenz in die Liebfrauenkirche überführen und sie dort beisetzen. Jetzt hat München einen Stadtheiligen und Schutzpatron, der sich höchster Verehrung erfreut.

Unter Herzog Wilhelm zieht überhaupt ein anderer Geist in die Stadt ein. Der Hof legt sein Festgewand ab, Aschermittwochstimmung vertreibt den Fastnachtstrubel der Albrechtszeit. Sogar der Schauplatz so vieler Feste und die Stätte der köstlichen Schatzkammern und Sammlungen, die Neufeste, soll nicht weiter Residenz bleiben. Zum Teil geht das auf den Schlossbrand von 1580 zurück, aber der erste Grund ist der Wunsch Wilhelms V., näher bei seinen Freunden, den Jesuiten, zu leben. Diese haben bisher ohne eigenes Ordenshaus in einem den Augustinern gehörenden Gebäude gegenüber der Frauenkirche gehaust. Der neue Herzog kauft ihnen in der Neuhauser Gasse den Konradshof, lässt die Sankt-Nikolaus-Kapelle und ein altes Schulhaus sowie einige baufällige Bürgerhäuser abreißen und gewinnt damit ein riesiges Areal für einen Neubau. Dann beruft er den Augsburger Baumeister Wendel Dietrich, der sich im neuen Renaissancestil wohl auskennt, nach München, und er erteilt ihm den Auftrag, für die Jesuiten ein großes Kollegium und eine prächtige Kirche zu errichten. Für sich selber will er daneben eine neue Residenz, die »Wilhelminische Feste« (später *Maxburg* genannt), erbauen und durch einen Bogengang mit der Wohnung der Väter Jesu verbinden lassen. Dabei ordnet der fromme Herzog ausdrücklich an, seine neue Residenz so schlicht und nüchtern wie möglich, das Jesuitenkollegium und die neue Kirche aber so prachtvoll auszustatten, wie es die Mittel erlauben.

Unablässig ist er um gute Werke bemüht. Das kommt auch dem Gregorianum zugute, für das er alle Häuser von der Neuhauser Gasse bis zur Röhrenspeckergasse (Herzogspitalstraße) erwirbt und das er reich mit Zuwendungen ausstattet. Ein Glück ist es, dass Herr Wilhelm Musik liebt und ein Freund des großen Orlando di Lasso ist. So bleibt wenigstens das Singen und Klingen in der Stadt, durch die nun mehr Prozessionen als Ritterzüge ziehen und die jetzt öfter Buß- und Bettage als Jahrmärkte und Kurzweil hat.

1587

Der Bau des neuen Jesuitenkollegs an der Neuhauser Straße ist gewaltig vorangeschritten. Unter der Leitung von Hofbaumeister Wendel Dietrich hat man auch die schöne Jesuitenkirche Sankt Michael bis zum Frühjahr 1587 so weit emporgeführt, dass mit dem Einwölben begonnen werden kann. Die Pläne sind im Einvernehmen mit den Vätern der Gesellschaft Jesu nach dem Vorbild der Römischen Kirche Il Gesù gemacht – die Spannweite des hohen Tonnengewölbes wird nur noch von Sankt Peter in Rom übertroffen. Am 2. Mai 1587 erhalten die Maurer des braven Münchner Meisters Wolf Miller Trinkgeld, und sie fangen mit dem Wölben an.

Das wird eine der herrlichsten Kirchen Deutschlands: groß, einschiffig, mit gewaltiger Schau zum Hochaltar; die eingezogenen Streben trennen die lichten Seitenkapellen, darüber sind Emporen, und alles wird nach der italienischen Manier schön mit Stuckornamenten verziert. Auch die Fassade zeigt in ihrer strengen Gliederung durch Gesimse, Portale und Nischen, in denen prächtige Figuren stehen, etwas vom logischen Geist und der straffen Organisation, die den Orden Jesu auszeichnen.

Im Sommer 1588 können die Innengerüste abgebrochen werden. Die Einweihung ist für 1590 geplant, und die Einladungen an die Fürstlichkeiten gehen hinaus. Von der Jesuitenuniversität Ingolstadt, wo er seit 1587 studiert, schreibt der Erbprinz Maximilian an seinen Vater, dass er seinen lieben Studienkollegen Erzherzog Ferdinand von Habsburg mitbringen wolle. Zusammen mit diesem jungen Fürsten, der ebenso wie Maximilian ein strenger Katholik ist, hat er eine Romwallfahrt gemacht und unterwegs in Loretto das Gelübde abgelegt, all seine Kraft zum Kampf gegen den Protestantismus einzusetzen.

Der neue Beichtvater Herzog Wilhelms des Frommen, Pater Mengin, der auch sein politischer Berater ist, liest alle Briefe des Prinzen aufmerksam und stellt mit Vergnügen fest, dass der Gesellschaft Jesu hier ein treuer Freund und Mitstreiter heranwächst.

Aber es wird nichts aus der Kirchenweihe bei Sankt Michael. Ende April bemerkt der Meister Wolf Miller, der öfter krank gewesen und nicht eben der Eifrigste ist, dass es über dem mittleren Tonnengewölbe kracht und dass Mörtel und Stuck herabbröckeln. Hier soll nach Wendel Dietrichs Plänen ein Turm aus dem Kirchenschiff emporwachsen, der schon beinah fertig gestellt ist.

»I glaab«, sagt Meister Wolf Miller zu seinem Palier, »des G'wölb tragt den Turm net. Dö Fundamenta san z' schwach!« Palier heißt der älteste Maurer, weil er im Namen der übrigen Gesellen mit dem Meister »parliert« oder spricht. Er kratzt sich den Kopf und schaut sorgenvoll in das Gewölbe hinauf. Da knistert es abermals bedenklich. »Da werd dir nix anders übri bleibn«, meint er, »als dass d' am Herrn Wendel Dietrich Meldung machst.«

So geschieht es. Wendel Dietrich gibt die aufregende Nachricht an den Herzog weiter. Herr Wilhelm ordnet daraufhin sogleich eine Untersuchung an, zu der auch andere Fachleute zugezogen werden sollen.

Der Herzog hat einen besonders guten Mann in dem zu Italien geborenen Niederländer Friedrich Sustris, der für ihn – da ja Landshut-Niederbayern seit 1503 wieder zu München-Oberbayern gekommen ist – Schloss Trausnitz zu einem Renaissanceschloss umgebaut hat. Etwas später hat ihn der Herzog nach München geholt, wo Sustris den Grottenhof im Erweiterungsbau bei der Neufeste und den Hofgarten hinter der Sommerresidenz gestaltet hat. Diesem gewandten Baumeister, der schließlich bei dem berühmten Giorgio Vasari, einem Michelangelo-Schüler, gelernt hat, erteilt er den Auftrag, die verdächtige Angelegenheit der Michaelskirche zu überprüfen. Ein weiteres Mitglied der Kommission soll der Franzose Antoine Valliento sein.

Am Freitag, dem 2. Mai, suchen die Herren Sankt Michael auf und klettern über die Galerien und auf den Dächern herum, messen die Fundamente nach, und am darauf folgenden Dienstag treten sie zusammen, um einen schriftlichen Bericht abzufassen. Das Ergebnis ist wenig erfreulich. In aller Hochachtung für den Herzog stellen die Baumeister fest, dass jedermann schon von außen sehen könne, wie sich der Turm von Sankt Michael etwas zur Seite neige. Eine Gefahr bestehe jedoch nicht.

Dieses Gutachten, hauptsächlich von dem Franzosen verfasst, wird durch den Rektor des Jesuitenkollegs völlig verworfen. Der eilt durch den gedeckten Gang in die Wilhelmsfeste hinüber und sagt dort seine Meinung. »Euer Durchlaucht sollten bedenken, dass der Franzos gar nit glaubwürdig, dieweilen er nit katholisch. Auch sind schon letzte Woch ganze Trümmer vom Gewölb herabgefallen, die Bauleut sind verzagt und wagen nit mehr weiterzumaueren.«

Der Herzog, die Jesuiten und die Kommission tagen den ganzen Nachmittag. Gegen fünf Uhr kommt Meister Wolf Miller atemlos gerannt, und er meldet, dass es im Chor verdächtig krache und dass es im Turm einen Ruck getan habe.

Der Herzog befiehlt den Bau einzustellen und die Baustelle abzusperren. Am folgenden und übernächsten Tag stehen die Leute in der Neuhauser Straße und hinter der Wilhelmsfeste, um den schiefen Turm zu sehen, und am Vormittag des 10. Mai tut es auf einmal einen dumpfen Krach, das Gemäuer beginnt sich zu neigen, und es stürzt dumpf rollend in sich zusammen. Der Turm hat das Gewölbe eingedrückt.

Noch am Abend marschieren vier herzogliche Büttel ins Tal zur Wohnung von Meister Wolf Miller.

Sie nehmen den Maurer fest und schaffen ihn ins Fronhaus, wo er acht Tage lang bei Wasser und Brot über die Ursachen des Unglücks nachdenken kann. Dann kommt er zur Strafe in den Falkenturm. In der Neuhauser Straße rollen unterdessen an die vierhundert Bauernwägelchen. Ein herzogliches Gebot hat die Landleute in die Stadt geholt, damit sie den Schutt abfahren.

Dieses Ereignis hemmt für längere Zeit die Vollendung der Kirche. Herzog Wilhelm überträgt den Bau seinem Meister Friedrich Sustris, der nun an Stelle des Turms ein Querschiff baut und das Gewölbe erneuert. »Dem Meister Friedrich«, heißt es in einer Order des Herzogs, »haben wir befohlen, ein Modell zur Verlängerung der Kirchen oder des Langhauses zu machen. Auch ein neuer, schöner Chor soll gebaut werden.« Der fromme Fürst ist also nicht entmutigt. Er wird die Kirche noch größer und prächtiger bauen.

Zugleich lässt er in der Röhrenspeckergasse, in der das Gregorianum liegt, ein großes Spital zur Armenpflege errichten. Ein ganzer Gebäudeblock, das Herzogspital, mit Kirche, Siechenhaus, Findelanstalt, Speisesälen und Pilgerunterkunft entsteht.

Immer mehr wendet sich der Sinn des Herzogs den Werken der christlichen Barmherzigkeit und der Sorge um sein Seelenheil zu. Oft ist er wochenlang in seiner Klause zu Schleißheim, wo er betet, fastet, sich geißelt, härene Gewänder trägt und stundenlang Choräle singt. Seine Gemahlin folgt ihm in diesen Bußübungen.

Mehr und mehr gewinnen die Jesuiten von ihrem neuen großartigen Kolleg aus Einfluss auf die bayerische Politik. München wird das »deutsche Rom« genannt. Die Neuhauser Straße ist einer der Brennpunkte der süddeutschen Gegenreformation.

1597

Endlich, am 6. Juni 1597, kann die Einweihungsfeier der neuen Michaelskirche stattfinden. Das rauschende Fest mit seinen Aufzügen, Festopern, Prozessionen und den von der Hofkapelle dargebrachten Musikaufführungen dauert vom Morgen bis zum Abend. Orlando di Lasso freilich lebt nicht mehr: Er ist vor drei Jahren in seinem Haus am Platzl verstorben. Seine Familie lebt meist in dem schönen Landhaus zu Schöngeising, das ihr der Herzog geschenkt hat. Aber Orlandos Sohn Ferdinand dirigiert das Festorchester bei der Kirchenweihe.

Als alles vorüber ist, der päpstliche Gesandte die Zeremonie besorgt und Kardinal Philipp, Herzog Wilhelms zwanzigjähriger Sohn, die Predigt gehalten hat, führt der fromme Herzog die Väter Jesu durch den Bogengang, hinüber in die *Neue Residenz* oder *Wilhelmsfeste*. So prachtvoll das Kollegehaus des Ordens ist, so einfach ist es dort drüben. In einem schlichten Kabinett überreicht der Fürst dem Rektor des Kollegs in Gegenwart vieler Herren eine Schenkungsurkunde auf ewige Zeiten, worin der gesamte Baukomplex: Kollegienhäuser und Michaelskirche – insgesamt ein Wert von 132 000 Goldgulden – dem Orden zu eigen gegeben wird. Die Festtage schließen mit einer großartigen Jesuitenoper: dem »Triumph des heiligen Michael«. Dies ist die letzte Tat des frommen Herzogs gewesen. Im folgenden Jahr dankt er zugunsten seines Sohnes Maximilian ab, und er zieht sich in das Herzogspital zurück, wo er und seine Gemahlin in schlichtem

Gewand Speise und Trank für die Pilger, die Siechen und die Armen auftragen, die Hilflosen waschen helfen und sie pflegen. An jedem Gründonnerstag kleidet Herzog Wilhelm zweiundsiebzig arme Männer, die Herzogin ebenso viele Frauen neu ein. Sie halten sich genau an die Gebote, fasten streng und verbringen in Schleißheim lange Wochen wie Eremiten. Diese gläubigen Menschen wissen, dass aller Glanz dieser Erde vergeht und dass allein das ewige Schicksal der Seele Bedeutung hat.

1598 Im Januar 1598 übernimmt der von den Jesuiten erzogene Prinz Maximilian als der erste Herzog dieses Namens die Herrschaft. Bayern ist jetzt, nach der Vereinigung mit Niederbayern, ein großes und bedeutendes Land im Heiligen Römischen Reich. Maximilian macht es durch Sparsamkeit und gute Verwaltung zu einer starken Kraft in der katholischen Gegenreformation: Die Zeiten werden gefahrvoller, die gespaltene Welt rüstet zur Auseinandersetzung.

Herzog Maximilian ist bei aller tiefen Frömmigkeit ein weltoffener, machtbewusster Mann, dem die karge Enge der Wilhelmsfeste, die nun *Maxburg* genannt wird, nicht zusagt. Gleich nach seinem Regierungsantritt beginnt er, seiner Hauptstadt und dem Land, die so gewaltig emporstreben, eine würdigere Residenz zu schaffen.

Meister Hans Simon Reifenstuel aus Gmund am Tegernsee soll dort, wo die Wassergräben der Neufeste und vorher die abgerissenen alten Burggebäude waren, die neue Residenz errichten. In wenigen Jahren entstehen die Flügel, die Höfe und Trakte. Der Niederländer Peter de Witt, der sich Candid nennt, entwirft die herrlichen Innendekorationen, die Bronzen, Gitter und Figuren. Meister Krumper aus Weilheim gießt sie. Die Säle werden mit wunderbaren bunten Fresken, Stukkaturen, Tapeten und Gobelins geschmückt.

Bis 1614 ist das meiste vollendet, und dann wird der von Sustris geplante Hofgarten nach französischem Geschmack fertig. Von Arkaden umgeben, mit klassischen Figuren geschmückt, durch Boskette und Blumenrabatten belebt, wird die Anlage zu einer Sehenswürdigkeit Münchens. Maximilian hat auch noch, neben all seinen militärischen und verwaltungsmäßigen Reformen, Freude daran, nach der Art der Renaissancefürsten neue Kunstschätze, Gemälde, Plastiken und Schnitzereien zu sammeln, und er erweitert die herrlichen Kabinette seines Großvaters Albrecht V. Aber draußen im Land rasseln schon die Werbetrommeln der Landsknechte. Der neue bayerische General t'serclaes von Tilly exerziert auf der Garchinger Heide seine wallonischen Knechte und seine bayerischen Kürassiere. In der freien Reichsstadt Donauwörth haben die Evangelischen die katholische Fronleichnamsprozession mit Steinen beworfen. Die Reichsexekution wird über die Stadt verhängt, und die Bayern rücken ein. Darauf schließen sich die protestantischen Fürsten unter Führung des pfälzischen Vetters von Maximilian, dem Kurfürsten Friedrich, zur Union zusammen. Bayern antwortet darauf, indem es ein Jahr später die katholische Liga gründet. Die Fronten sind gebildet.

Der Krieg war zuerst wie ein Wetterleuchten oder ein Donnergrollen gewesen. In der Münchnerstadt hatte man damals den gewaltigen Sieg Tillys am Weißen Berg bei Prag gefeiert (1620). Dann hatte sich der Lärm der Heere weiter nach Norden verzogen. Der Krieg war beinah vergessen worden, fand er doch in fernen, fremden Ländern statt. Man erlebte in München nur das Freudenfeuerwerk, als vom Regensburger Reichstag die frohe Kunde kam, dass der Kaiser die pfälzische Kurwürde des aus Böhmen verjagten Wittelsbachischen Vetters Friedrich dem bayerischen Herzog Maximilian verliehen hatte. Jetzt (1623) war Bayern Kurfürstentum und München Kurfürstliche Residenz!

Dann war das Leben in den Werkstätten und Verkaufsgewölben, auf den Märkten, in den Kirchen und Bierwirtschaften ungestört weitergegangen. Nur sprach man des Öfteren von fremden Greueln, schimpfte auf die Lutherischen oder auch über den kaiserlichen Generalissimus Wallenstein, dessen Soldateska, wie es hieß, grausam hauste. Und weil dieser Wallenstein des gnädigen Herrn Kurfürsten Konkurrent und Widerpart im katholischen Lager war, freuten sich die Münchner sehr, als im Sommer anno 1630 die Kunde kam, der Kurfürst habe die Absetzung Wallensteins durchgesetzt.

Ernsthaft war der Kriegsspektakel erst im Herbst 1631 geworden, als die Kuriere mit der Nachricht von Tillys schwerer Niederlage bei Breitenfeld ankamen und als es bald darauf bekannt wurde, dass die schwedische Armada unter ihrem König Gustav Adolf unaufhaltsam südwärts vordrang. Dass die Schweden auf München, das Herz der katholischen Liga, zielten und dass sie hier nichts Gutes vorhatten, war nicht mehr zu übersehen. Plötzlich schien der Krieg eben doch kein Schauspiel zu sein, dem man von der sicheren Loge aus zusehen konnte!

Die Cilly ist Kuchenmadel beim Bierzäpfler Frothammer am Schrannenplatz. Es gibt in München um diese Zeit an die siebenhundert Bierzäpfler, und es werden neben den beliebten Pfälzer Weinstuben auch immer mehr Brauereien gegründet.

Dicht beim alten Weißbier-Brauhaus der Herzöge ist anno 1589 das Hofbräuhaus an der Stelle des ehemaligen Hühnerstalls und des abgerissenen Badhauses der Alten Feste entstanden. Hier wird nun Braunbier in der Art des beliebten Einbeckschen oder »Ainpöckischen« Bieres gebraut, kurz *Bock-Bier* genannt. Und wo vor Jahr und Tag die Löwengrube der Herzöge neben dem Frauenbergl gewesen, steht jetzt die Löwenbrauerei. Auch der Hacker und der Eberl sieden gutes Bier, ganz zu schweigen von den Franziskanern, Augustinern und Paulanern (diese seit 1628). Zahlreich sind auch die großen Gasthäuser, gleich dem Grünen Baum an der Isarlände, dem Indersdorfer oder dem Geyersperger. Aber das angesehenste Haus ist doch das vom Frothammer gegenüber dem Rathaus.

1631 Wenn die Cilly rotgeweinte Augen hat, so kommt das nicht vom Rauch des Herdes und auch nicht vom Zwiebelduft, der aus brutzelnden Pfannen zur Kupferesse aufsteigt. In der vergangenen Woche hat ihr Joseph dem Rumoren der Werbetrommeln und den Versprechungen der Feldwaibel nicht länger widerstehen können und hat Handgeld genommen. Er ist Pikenier im bayerischen Regiment Preysing geworden, das bei der Armee Tillys an der Donau steht. Und dabei hätte der Joseph ein so schönes Auskommen gehabt. Er ist Bräuknecht drüben im Hofbräuhaus gewesen und hat in dem neuen Sudhaus am Platzl gearbeitet. Wie schön ist das gewesen, wenn der Joseph mit dem Bierwagen beim Frothammer vorfuhr, und die Cilly stand unter der Tür und bewunderte die bayerische Urkraft, mit der ihr Joseph die Banzen schwang.

Jetzt ist der Joseph Pikenier, zudem reden die Leut von nichts anderem als von einer großen Schlacht, die an der Donau geschlagen werden würde. Ist das kein Grund für rotgeränderte Augen?

Die gewölbte Trinkstube ist rötlich erleuchtet, ein paar Ölfunzeln schimmern durch den Dunst. An den weißgescheuerten Tischen sitzen enggedrängt die Münchner Bürger. Drüben im erhöhten Alkoven stecken sogar ein paar Herren des Äußeren Rates – die Zunftmeister Paul Parsdorfer, Martin Valpichler und Georg Perhammer – ihre Köpfe zusammen. In der Wirtschaft summt es wie in einem Bienenkorb.

Wann immer es sich machen lässt, erscheint das erhitzte Gesicht der Cilly an der Kucheltür, damit sie ein paar Fetzen von den Neuigkeiten aufschnappt. Es kommt ihr deshalb auch sehr gelegen, als ihr die gutmütige alte Köchin Wally zwei Zinnteller mit riesigen Portionen Schweinebraten in die Hand drückt. »Dös bringst an Pfisterbäck und an Lebzelter Egetter«, sagt sie, und sie wendet sich wieder dem Herd zu, an dem sie unumschränkt regiert.

Die Cilly drängt sich durch die Gaststube, vorbei an den Männern in ihren langschößigen Tuchröcken, in den modischen

Stulpstiefeln, weißen Leinengollern oder Spitzenkrägen, auf die lose, lange Haarzotteln fallen. Überall wird politisiert und vom Krieg gesprochen. Fäuste schmettern auf die Tische, und rote, von Bier und Streitgespräch erhitzte Gesichter starren sich an. »Wenn der Tilly den Schweden bei Donauwörth net aufhält«, schreit der Pfisterbäck, »dann is alles g'fehlt! Dann könn ma ei'packa!«

Eben wollen sie alle über den schwarzseherischen Pfisterbäck herfallen, als ein neuer Gast die Stube betritt. Es ist ein schlanker Herr im weiten Tuchmantel, der den buntbefiederten Krempenhut abseits von den schlichten Filzhüten der Bürger aufhängt. Vorsichtig stellt er sein Windlicht ab und löscht es. Die Straßen sind unbeleuchtet und oft schadhaft; auch ist es immer noch üblich, die Abfälle auf die Gassen zu werfen. Man tut also gut daran, abends mit Laterne auszugehen.

Während sich der bunte Vogel aus seinem Umhang schält, wird er schon von allen Seiten angerufen und gegrüßt. »Ah, der Herr Hoflakai Blinzinger gibt uns de Ehr! Do setzn S' Eahna zuawe, Herr Lakai!« Die Münchner neigen zwar nicht zur Unterwürfigkeit, aber umso mehr zur Neugier. Und der Herr Blinzinger kommt aus der Residenz und weiß die letzten Neuigkeiten.

Er begibt sich jedoch gravitätischen Schrittes in den Alkoven, wo die Herren des äußeren Rats sitzen. Die Cilly nutzt die Gelegenheit und läuft auch dorthin, um nach den Wünschen des Herrn Hoflakai zu fragen.

»Darf man hören, Herr Hoflakai«, fragt der Rat Parsdorfer, »ob neue Botschaft von der Donau eintroffen is?«

»Gewiss darf man dies, Herr Rat. Nur leider: die Kunde stößt übel auf. Der Schwed ist in Donauwörth eingerückt und hat den Donaustrom unbelästigt überquert.«

»Was?! Über der Donau sind sie schon?«, ruft der Rat Valpichler entsetzt. »Davon weiß ja der Magistrat noch nichts!«

»Am 6. April is es passiert. Der Tilly sperrt jetzt den Lechübergang bei dem Flecken Rain. Aber der Wallenstein liegt mit seiner Armada nach wie vor untätig im Böhmischen. Er antwortet auf alle Hilferufe unseres gnädigen Herrn Kurfürsten nur mit Ausflüchten.«

Der Ratsherr Perhammer nickt tiefsinnig. »Da hammas! Jetzt zahlt's der Wallensteiner dem Kurfürsten hoam, dass ihn der vor zwoa Jahr hat absetzn lassn. Und die Bayern, unsa guate Stadt München voraus, wern de Suppn auslöffeln müassn.«

»Ich hab noch mehr Neuigkeit für die Herren Räte!«, fährt der Lakai geschwätzig und eitel fort. »Seine kurfürstliche Gnaden haben den Residenten der Stadt, Saint Etienne, zu sich ins Feldlager befohlen und außerdem Befehl gesandt, auf keinen Fall die hochheiligen Gebeine Sankt Bennos aus der Stadt zu entfernen. Auf solche Weis soll die Stadt vor Pestilenz und Brandschatzung bewahrt werden.«

»Dös is a g'scheiter Beföhl!«, lobt der Rat Valpichler, aber der Lakai lächelt nur mokant: »Ja – nur leider umsonst! Während wir hier reden, packt nämlich die gnädige Frau Kurfürstin und ihr Gefolge die Kutschen, um zum Erzbischof Lodron auf die Hohensalzburg zu flüchten. Die Reliquien des heiligen Benno aber hat man in aller Stille schon gestern vorausgesandt.«

»O jegerl! O jegerl!«, jammert der Parsdorfer.

»Wenn die kurfürstliche Durchlaucht die Lage so schwarz sieht«, forscht Herr Perhammer, »was g'schiecht dann mit dem ganzen kostbaren Silber- und Goldzeug in der Residenz? Wo bleibt der Staatsschatz? Und die Kunstkammer? Was soll mit de Kanonarohr im Zeughaus und mit de Pulvervorrät unternomma werdn? Soll dö vielleicht da Schwed erbn?«

Jetzt beginnt der Hoflakai zu flüstern, so dass Cilly ihren Kopf zwischen die der Herren stecken muss, um zu verstehen.

»Einen Teil der Schätze hat ja der Kurfürst bereits auf die salzburgische Feste Werfen geschafft. Was die Kunstkammer anbelangt, das weiß ich vom kurfürstlichen Inspektor Kreitmeier persönlich, so werden die Sachen teils verborgen, teils in Kirchen ausgelagert. Über das Versteck der Kanonenrohre darf ich nicht sprechen, obschon ich es könnt.«

»Heilige Muatta Gottes! Jesses Maria'nd Joseph!«, seufzt der Rat Parsdorfer. »Dös schaut ja sauber aus!«

Das Kuchenmadel Cilly rennt flennend zur Küche und sorgt für die Verbreitung der Neuigkeiten.

1632 Am 15. April 1632 wagt Gustav Adolf den Übergang über den Lech. In der wütenden Schlacht, die dort entbrennt, wird der bayerische General Tilly tödlich verwundet und sterbend von seiner zerschlagenen Armee nach der Festung Ingolstadt gebracht. Während die nachstoßenden Schweden die Wälle Ingolstadts bestürmen und ihre Artillerie feurige Linien an den Himmel über der Donaustadt malt, haucht der alte »Muttergottesgeneral« sein Leben aus. Der Kurfürst wirft sich mit den Resten der bayerischen Truppen ins feste Regensburg. Der Weg nach München ist für die Schweden frei.

Im Lager vor Ingolstadt empfängt der Schwedenkönig in Gegenwart des Pfalzgrafen Friedrich den Münchner Residenten Saint Etienne, den der Kurfürst gesandt hat, um für seine Hauptstadt München um Schonung und Neutralität nachzusuchen. Der König ist sehr ungnädig. Er findet, »dass der Bayer sehr verschraufte Reden führt und niedrige Gedanken hegt«. Auch verlangt er mit harten Worten, dass die Liga die Waffen streckt, und stößt wilde Drohungen wider München, diese Hochburg der Papisten, aus.

Die Kunde von diesen erschütternden Ereignissen kommt am Morgen des 16. April durch einen reitenden Boten nach München und löst große Verwirrung aus. Der Rat tritt zusammen, und Bürgermeister Ligsalz lässt durch Ratsboten die Begebenheiten in den Gassen ausschellen. Auch fordert er die Bürgerschaft auf, sich auf die Ankunft der schwedischen Feinde vorzubereiten.

Während der Rat noch tagt und das Gebimmel der Boten in den Gassen verhallt, wird bekannt, dass der Bruder des Bürgermeisters, Mühlrichter Ferdinand Ligsalz, die wichtigsten städtischen Urkunden, in zwei Fässern verborgen, nach Salzburg bringt und dass verschiedene Patrizierfamilien angefangen haben, ihre Kostbarkeiten und ihr Geld aus München fortzuschaffen.

Die Leute debattieren laut auf den Plätzen. Am Anger hält Julius Burggraf die Besichtigung der Bürgerwehr ab. Der Goldschmied Ferdinand Czaky schwingt mutig das Banner. Aber Leute wie der Pfisterbäck zeigen auf die altertümlichen Mauern, Türme und Tore der Stadt hin und beweisen jedermann, dass solche Befestigungen den modernen Waffen nicht mehr standhalten können. Allmählich breitet sich eine gedrückte Stimmung aus. Viele laufen nach Hause, raffen ihre Wertgegenstände zusammen und sehen sich nach Verstecken um. Vor den Klöstern: bei den Franziskanern, den Augustinern, Paulanern und dem großen Jesuitenkolleg, fahren Planwagen vor. Kisten, Truhen und schwere Ballen werden aufgeladen. Durchs Sendlinger und Neuhauser Tor rollt Fuhrwerk um Fuhrwerk, Kutsche um Kutsche südwärts davon: nach dem Oberland, nach Tirol oder gar nach Italien.

Die kleinen Leute, Handwerker, Zunftgenossen und Geschäftsleute von minderem Vermögen graben nachts in den Hausgärtlein Töpfe mit Münzen und goldenen Kettchen oder Ringen ein. Die Kirchen sind von Betern überfüllt, Bittgänge finden statt, und vor dem seiner Reliquien beraubten Bennoaltar in der Frauenkirche knien Tag und Nacht fromme Weiber.

Bald wird es Ernst. Die schwedische Armee hat die Belagerung von Ingolstadt aufgegeben, nachdem dem König das Pferd unterm Leibe erschossen worden ist. Jetzt wälzt sich der Feind sengend und brennend durch die Hallertau. Meilenweit stehen Dörfer und Höfe in Flammen. Greuelberichte überstürzen sich. Um diese Zeit schreibt der unselige Kurfürst Maximilian I. an seinen Bruder nach Köln:
Was aber das arme Bayerland anbelangt, wierden Euer Liebden es nit mehr kennen und ohne Mitleiden nit ansehen können. Dergleichen Krudelität ist in diesem Krieg noch nit erhört worden.

Am 10. Mai steht Gustav Adolf in Landshut. Dort erscheint abermals, vom Kurfürsten gesandt, Saint Etienne, der nun nicht nur als bayerischer Resident von München, sondern auch in seiner

Eigenschaft als französischer Sondergesandter spricht. Der Münchner Rat Küttner begleitet ihn.

Der Schwede hat ein Geheimbündnis mit dem französischen Kardinal Richelieu geschlossen und muss also etwas Rücksicht auf die französische Meinung nehmen. Diese aber geht dahin, dass München katholisch und bayerisch bleiben solle: Das Bayern des Kurfürsten Maximilian hat sich als sehr brauchbares Gegengewicht gegen die habsburgischen Erblande des deutschen Kaisers erwiesen.

Wieder empfängt Gustav Adolf den Gesandten in Gegenwart des Pfälzer Kurfürsten und »böhmischen Winterkönigs« Friedrich, der ja ein Todfeind Bayerns ist. Der Empfang verläuft sehr stürmisch. Saint Etienne muss abziehen, ohne etwas für München erreicht zu haben. Er schließt sich dem Gefolge des Königs an und nimmt schweren Herzens an dem weiteren Vormarsch der Schweden teil.

In der Gegend von Moosburg äußert sich Gustav Adolf ebenso erstaunt wie zornig darüber, dass immer noch keine Abordnung des Münchner Stadtrates erschienen ist, um die Übergabe anzubieten.

Das hat seinen Grund darin, dass in München wieder einmal der Kampfesmut hohe Wogen schlägt. Die Bürgerwehr hat sich gerüstet, die Wälle sind mit Kanonen bestückt worden, und da ganze Scharen von Bauersleuten aus den nächstgelegenen Kirchdörfern Au, Haidhausen, Ramersdorf, Perlach, Pasing und Schwabing hinter die Stadtmauern geflüchtet sind, hat der Kommandant Julius Burggraf ein Regiment von vier- bis fünfhundert Mann aus Bauernburschen aufgestellt. Auch die Dachauer und Wolfratshausener Landfahnen sind mit rund tausend Mann in München eingerückt. Die Türme haben Ausguckposten erhalten, und in der Nacht machen Scharwachen die Runde.

Da kommt plötzlich das Gerücht auf, Gustav Adolf habe in Landshut gedroht, München niederzubrennen und es zur Vergeltung für Magdeburg dem Erdboden gleichzumachen. Allgemeine Entmutigung greift um sich, die Landfahnen ziehen wieder ab, die Bauern verlaufen sich, und die Bürgerwehr hat keine Lust mehr, die mittelalterlichen Mäuerchen zu verteidigen. Jetzt glaubt man vernünftigen Männern wie dem Pfisterbäck und denkt an einen Vergleich mit den Schweden. Zudem schickt Saint Etienne aus Freising Botschaft, es sei höchste Zeit, eine Abordnung auszusenden, und so beschließt der hohe Rat in aller Eile, noch in der Nacht die beiden Bürgermeister Ligsalz und Barth, den äußeren Rat Paul Parsdorfer sowie den kurfürstlichen Rat Johann Küttner von Künitz auszuschicken, um für die Stadt gnädige Bedingungen zu erhandeln.

Als sich die Herren am Morgen des 15. Mai Freising nähern, sehen sie schon von weitem die langen Staubfahnen über den Straßen wehen. Seufzend senden sie ihre Blicke zu den Freisinger Domtürmen empor, die ja auch der Mutter Gottes geweiht sind, gleich denen Münchens.

Finnische Reiter des Feldmarschalls Horn bringen die Münchner Ratsabordnung zum König vor das Gasthaus zum Hirschen, wo sich eben die Kavalkade des Königs zum Aufbruch rüstet. Gustav Adolf ist ein mittelgroßer Herr mit vollem, rotwangigem Gesicht, schütteren, blonden Locken und blondem Spitzbart. Er trägt ein schlichtes blaues Samtwams mit Lederkoller, darüber eine goldfarbene Schärpe. Und der dunkeläugige Herr mit den wallenden braunen Locken, dem riesigen Federhut und dem weiten Spitzenkragen scheint der schreckliche Herzog Bernhard von Weimar zu sein. Und der dort, der Schmale, Lange mit dem hochmütigen Gesicht und dem gestärkten Stuartkragen, der so lässig mit dem Degengehenk spielt – das kann kein anderer sein als der Todfeind Bayerns: der Pfalzgraf, ehemaliger Kurfürst und »Winterkönig« Friedrich!

Doch der Schwedenkönig empfängt die Münchner Räte nicht. Sie müssen mit demütig gezogenen Hüten neben den Pferden der hohen Herren herlaufen und auf ihre Stunde warten. Die wird bitter genug werden.

Nach vielen Stunden sehen die völlig erschöpften Ratsherren hinter den Isarauen die Türme ihrer lieben Münchnerstadt emporsteigen. Die Tore und Mauern werden deutlich, und der Föhn zaubert das ganze Alpenpanorama als Hintergrund hervor. »Ah!«, sagt Gustav Adolf, als er die Stadt betrachtet, »dies München scheint wie ein goldener Sattel auf der elenden Schindermähre Bayern zu sein! Wohlan, wir wollen den Sattel besteigen!«

In der Gegend von Garching wird am Abend des 15. Mai Lager aufgeschlagen. Hier empfängt der Schwede den Saint Etienne und die Räte in seinem Prunkzelt. Für die Stadt sinkt die Nacht zum 16. wie ein Albdruck nieder.

Am Morgen des 16. Mai 1632 schrecken die Münchner aus einem unruhigen Schlaf empor, als der Wächter auf dem Petersturm Alarm bläst. Die Nacht über hat der Turmwastl die Feuer auf den Isarhöhen bei Ismaning und in der Fröttmaninger Heide beobachtet. Jetzt sprengen bewaffnete Reiter die Straße vom Dorfe Schwabing herab.

Die schwedischen Vorreiter werden von der Wache eingelassen und traben durch menschenleere Gassen zum Rathaus. Sie bringen die Übergabebedingungen. So hat Gustav Adolf also doch Milde walten lassen und von der Zerstörung Münchens abgesehen! Aber die Kontribution ist hart und unerschwinglich. Die Stadt soll als Lösung von Brand und Plünderung die Summe von 300 000 Reichstaler bezahlen. Wenn man bedenkt, dass München um diese Zeit etwa 24 000 Einwohner hat und dass die jährlichen Steuereinnahmen von ganz Schweden nur an die 200 000 Reichstaler betragen, so mag man ermessen, welch ungeheure Forderung die Summe darstellt. Aber für den Augenblick bedeutet selbst diese Kapitulation eine Rettung vor Schlimmerem, und sie wird daher angenommen.

Am nächsten Tag um 10 Uhr vormittags soll der Einmarsch der Feinde beginnen. Drei Regimenter zu Fuß und zwei zu Pferd werden in die Stadt kommen; nur 24 Stunden bleiben zur Vorbereitung. Ein ameisenhaftes Gewühl hebt an. Schwedische

Feldrichter kommen an die Isarlände, wo die Tölzer Flößer ihre Holzstapel aufgeschichtet haben. Mit allem verfügbaren Fuhrwerk müssen die Münchner das Floßholz in die Stadt bringen und in großen Scheiterhaufen auf dem Schrannenplatz vor dem Rathaus, vor den Franziskanern und vor den Eingängen der Residenz aufschichten. Andere fahren hochgebuckelte Fuder Stroh und Heu herzu. Aus dem Zeughaus werden Pulver, Teer und Werg gebracht und fassweise neben die Holzstöße gerollt. Dann beziehen grimmig aussehende schwedische Wachen mit brennenden Lunten Posto. Die Ratsboten schellen aus, dass beim geringsten Anzeichen von Widersetzlichkeit mittels dieser Feuerstöße die Stadt niedergebrannt werden wird.

Wieder folgt eine angsterfüllte Nacht. Dann steigt der 17. Mai strahlendblau herauf. Die Glocken beginnen zu läuten, und um halb zehn schmettert der Turmwastl von der Höhe des Petersturms sein Signal: Die Schweden kommen!

Die Cilly kauert im Kreis der Mägde in der Küche vom Frothammer und heult herzerweichend im Chor des Weiberschwarmes mit, der sich dort wie ein erschrecktes Hühnervolk zusammengedrängt hat. Die resolute Wally, eine stämmige Münchnerin von jenem Schlag, der immer den Kopf oben behält, hat den dicken Arm um Cillys Schultern gelegt und redet ihr mütterlich zu. Und der Hausl, ein knollennasiger Kerl mit gutmütigem Gesicht und Händen wie Suppenteller, brummt drohend dazu. »Naa! Da kannst sagen, was d' willst, Wally!«, schluchzt die Cilly, »jetzt is aus und gar! Und der Joseph kimmt aa nimmer!« »Ah, der kimmt scho wieda! Und wenn net – is aa koa Schad! So aa liederlichs Mannsbild kriagst leicht wieda.«

Draußen erklingt Trommelwirbel, das Trappeln der Rosse nähert sich, vereinzelt schmettern Hornsignale und Kommandorufe. In der Küche wird es still, aber ein Biermädel schiebt doch zaghaft den Vorhang von den Butzenscheiben und lugt hinaus. Die Fenster von der Küche gehen zur Peterskirche hinüber, von der Gaststube aus, die heute ganz leer ist, müsste man genau auf den Schrannenplatz und zum Rathaus sehen können, wo der gräuliche Holzstoß geschichtet ist.

Bald drängen sich die Mädchen und Frauen an den Fenstern und schauen neugierig dem Einzug der Schweden zu. Räder rasseln, vierspännig rollen die kleinen Leder- und Bronzekanonen vorüber, Fahnen wehen im Wind des wolkenlosen Maitages, und vor lauter Schauen vergessen die Mägde das Heulen. Es kommt sogar schon wieder zu einer leisen Unterhaltung, zu Kichern und verlegenem Lachen.

»Pfundskerl sans!«, sagt die Marie, »lauter schöne Leut!«

»So was sagt ma net vom Feind!«, rügt die Bassstimme des Frothammer, der zur Schranne hinüberspitzt. »Und scho glei net, wenns 300 000 Taler von uns wolln!«

»Ui!«, rufen die Mädchen jetzt, »dees is da König! Der da auf'm Schimmi mit dem blauen Seideng'wand!«

Die Schweden ziehen vom Isartor durchs Tal zur Schranne und dann über die Weinstraße und durch die Obere Schwabinger Gasse zur kurfürstlichen Residenz, wo der König und der Pfalzgraf Friedrich zunächst Quartier nehmen. Trompeter sprengen in Begleitung von Ratsboten durch die Gassen und verkünden, dass sofort alle Waffen abzuliefern und Zusammenrottungen zu vermeiden seien. Nachdem der Feind auch die Tore besetzt hat, darf niemand mehr ohne Passzettel hinaus oder herein.

Nun kommen die Münchner Bürger zögernd aus den Häusern und werfen Piken, Steinschlossmusketen und Schwerter zuhauf. Der Goldschmied Ferdinand Czaky vollbringt ein besonderes Heldenstück, indem er die Fahne der Bürgerwehr noch rasch aus dem Zeughaus holt und an seinem Leib verbirgt. So trägt er sie in sein Gewölbe und rettet sie vor den Schweden.

In der Neuhauser Gasse, wo die reichsten Kaufmannshallen sind, haben einige finnländische Reiter zu plündern begonnen. Doch die schwedischen Feldrichter waren dazwischengekommen, hatten einige der Gewalttäter festgenommen und abgeführt. Am Mittag zimmern sie auf dem Schrannenplatz, gleich hinter dem Schandesel, einen Galgen. Trommelwirbel erschallen.

»Siehgst as!«, grollt der Metzger Harrer, der mit dem Czaky und dem Pfisterbäck aus den finsteren Bögen späht, »jetzt fangans scho o mit de Hinrichtunga! Da wern d' Leit aufg'hängt!«

»Schaug do g'scheit hi!«, antwortet der Bäck, »des san ja schwedische Soldaten, de wo s' aufhänga. De ham plündert!«

Auf den schwarzen Tag des feindlichen Einmarschs folgen andere, die schon wieder lichter aussehen. Der König hat den größeren Teil der Truppen in die nahegelegenen Dörfer und ins offene Feldlager vor das Schwabinger und das Neuhauser Tor gelegt. Oberst Hebron, ein Katholik, ist zum Stadtkommandanten ernannt und beim Stubenwirt einquartiert worden.

Allmählich entpuppen sich auch die gefürchteten Schweden als Menschen. Zuerst waren wilde Gerüchte durch die Gassen gegeistert. Da hieß es: Der Pfälzer Friedrich und der Herzog von Weimar wollten die Residenz unterminieren und in die Luft sprengen, aber Gustav Adolf habe solchen Unfug streng verboten. Ein Brand, den der gehässige Pfalzgraf Friedrich in der Hofburg habe anlegen lassen, sei von schwedischen Soldaten gelöscht worden.

Nach zwei Tagen ist das Leben und Treiben in München beinah wieder friedlich. Die Soldaten verhökern auf dem Schrannenplatz und am Kornmarkt ihre reiche Kriegsbeute, die sie in Franken und Oberbayern gemacht haben. Da drängen sich nun die Münchner und feilschen um Vieh, Leinwand, Geschirr, silberne und goldene Kelche, Pelze, Kleider und Bettzeug. Die Münchner Biersieder führen das braune Märzenbier fuderweise auf den Schwabinger und Neuhauser Anger hinaus, wo die Masse der schwedischen Truppen lagert. In den Zelten der Marketender geht es hoch her. Das »Feldmaß« (1 1/2 Liter) kostet 10 Kreuzer.

In der Neuhauser Gasse, wo der Verkehr hin und her wogt, promenieren die Frauenzimmer aus den Badhäusern und den

Vorstadtschänken Arm in Arm mit den riesigen Dalekarliern, den himmellangen Gotländern. Kopfschüttelnd und entrüstet tuschelnd sehen die ehrbaren Bürgersfrauen auch andere Mädchen mit schwedischen Soldaten herumstehen und scherzen. Die Mädchen verständigen sich mit Gebärden und die Schweden in gebrochenem Deutsch, aber offensichtlich versteht man sich ganz gut.

Auch die Cilly vom Frothammer hat nun keine rotgeweinten Augen mehr, sondern aufgeregte rote Backen, weil ihr ein schnauzbärtiger Wachtmeister vom blauen Regiment deutlich den Hof macht.

Nicht alles aber ist Friede und Versöhnung. Draußen im offenen Land soll es schrecklich zugehen. Schwedische Streifkommandos haben das Schloss Schleißheim ausgeplündert, es seiner Gemälde und Kostbarkeiten beraubt und beinahe in eine Ruine verwandelt. Der Herzog von Weimar, der schwedische Hofmarschall von Crailsheim und vor allem der »Winterkönig« Friedrich von der Pfalz lassen aus der Kunstkammer, aus den Sälen der Residenz und sogar aus den Kirchen die besten Stücke fortschaffen. Inzwischen gehen die Ratsherren bettelnd von Tür zu Tür und flehen die wohlhabenden Bürger an, ihre vergrabenen Geldtöpfe und Truhen hervorzuzaubern, damit die Stadt wenigstens einen Teil der geforderten 300 000 Reichstaler aufbringen kann. Auf solche Weise kommen 104 340 Taler in bar und ein Wert von 40 568 Talern in Edelmetall zusammen.

Am Himmelfahrtstag besucht der schwedische König die Messe in der Frauenkirche. Mit seinem Gefolge von Fürsten und Generalen steht er am Bennoaltar, und er bemerkt, halb verwundert, halb beeindruckt, die große Verehrung, deren sich dieses Heiligtum bei der Bevölkerung erfreut. Man führt eine Messe auf, die der große Orlando di Lasso vor einem Menschenalter für die Hofkirche geschrieben hat. Als man dies dem König mitteilt, äußert er den Wunsch, das Grab Orlandos auf dem Franziskanerfriedhof (beim heutigen Nationaltheater) zu sehen. Bei einem

Besuch in der Michaels-Hofkirche führt der Rektor des Jesuitenkollegs den König, und er verwickelt ihn in einen so gelehrten Disput über Glaubensangelegenheiten, dass der Schwede ausruft: »Wäre ich katholisch, so wollt ich keine anderen Priester um mich als Jesuiten!«

Er ist überhaupt während seines Münchner Aufenthalts sichtlich milder gegen die katholische Seite geworden. Die menschliche, herzliche und offene Atmosphäre der Stadt rührt ihn offenbar an. Schließlich werden die Münchner und ihre Besatzung so gut Freund, dass im Hof der Alten Burg ein Wettfechten zwischen ihnen stattfinden kann, bei dem die Bürger besser abschneiden als im Krieg.

Aber trotz aller Bemühungen in der Stadt, in Augsburg und beim Kurfürsten ist es dem Rat nicht gelungen, mehr als die Hälfte der geforderten Kontribution zusammenzubringen. Als Gustav Adolf in der Morgenfrühe des 7. Juni endlich abrückt, lässt er zweiundvierzig Geiseln verhaften, die ihm für die neutrale Haltung der Stadt und den Rest des Geldes gutstehen sollen. Unter den Bürgern, die im Tross der Schweden aus den Toren ziehen müssen, befinden sich die Mitglieder des äußeren Rates Parsdorfer, Rapp, Reischl, Valpichler und Perhammer. Auch der reiche Lebzelter Egeter, die Wirte Indersdorfer und Geyersperger und an die zwanzig Ordensgeistliche von den Jesuiten, Augustinern, Franziskanern und Kapuzinern gehen als Gefangene mit.

Im Herbst dieses Unheiljahres bricht die Pest aus. In den Monaten September bis Dezember 1632 müssen wöchentlich zwischen zweihundert und zweihundertfünfzig Wohnungen gesperrt werden. Die Rosengasse wird zugemauert, und man schafft insgesamt fünfzehnhundert Menschen auf den Pestfriedhof.

Um der Seuche Einhalt zu gebieten, erhört die Kurfürstin, die auf der sicheren Hohensalzburg Zuflucht gefunden hat, die Bitten der Münchner und schickt die Reliquien des heiligen Benno wieder zurück. Feierlich werden die Gebeine des Heiligen zum Isartor hereingetragen. An ihrem alten Platz im Bennoaltar der

Frauenkirche werden sie ausgestellt und – siehe da! – die Gewalt der Seuche ist von diesem Tag an gebrochen. Dieses Ereignis wird auf dem Freskenkranz des roten Isarturmes dargestellt. Sankt Benno aber erhält den Namen *Thaumaturgus* – Wundertäter.

1638 Im Jahr 1638 lässt der Kurfürst, aus Dankbarkeit gegenüber der Patrona Bavariae, der Mutter Gottes, die München und das Bayerland von Pest und Kriegsnot errettet hat, auf dem Schrannenplatz gegenüber dem Rathaus eine zwanzig Fuß hohe korinthische Säule aufstellen. Auf die Kapitellplatte kommt jene Marienfigur, die bis dahin den Hochaltar der Frauenkirche geschmückt hat. Am Fuß dieser Mariensäule werden vier aus Erz gegossene geharnischte Engel angebracht, die mit ihren Waffen eine Natter, einen Basilisken, einen Drachen und einen Löwen niederzwingen – zum Zeichen dafür, dass Pest, Hungersnot, Krieg und Ketzerei in Bayern allezeit unterliegen sollen.

Am 7. September 1638 wird dieses schöne Denkmal eingeweiht. Die kurfürstlichen Hatschiere bilden ein blitzendes Spalier, alle Bruderschaften, Zünfte und Vereinigungen ziehen mit Fahnen, Kreuzen und wehenden Paramenten von der Liebfrauenkirche herüber. Die Chorherren in weißen Spitzenröcken, blauen, roten und violetten Sutanen folgen, und unter dem Traghimmel schreitet der Bischof Veit Adam von Freising.

Und der Bischof spricht jene Worte der Einweihung, die urkundlich erhalten sind und später im Sockel der Säule eingemauert werden:

Gott dem Allergütigsten und Höchsten, der Jungfrau, der milden Frauen und mächtigsten Beschützerin Bayerns, setzet dieses immerwährende Denkmal für die Nachkommen, wegen der Erhaltung des Bayerlandes, der Stadt, des Heeres und Seiner Selbst, seines Hauses und seiner Hoffnungen dankbar bittend ihr Pflegesohn MAXIMILIAN I. *Kurfürst von Bayern.*

1651 Bayern ist – trotz der zweimaligen Überflutung durch die Schweden anno 1631/32 und die Franzosen und Schweden anno 1646/47 – verhältnismäßig besser weggekommen als andere Gegenden des Reichs. Von etwa 5000 Städten und Flecken Bayerns sind 900 völlig niedergebrannt und ausgeplündert, die anderen sind arm geworden. Denn 38 Millionen Gulden hat das Land für die dreißig Jahre Krieg aufgebracht. Feldzüge, Hungersnöte und Pest haben die Bevölkerung allenthalben dezimiert: Das einstmals reiche, strahlende Augsburg mit seinen annähernd 80 000 Einwohnern birgt kaum mehr 25 000 Menschen in seinen Mauern; Landshut, eine Perle unter den Städten, hat statt 12 000 nur noch etwa 4000 Bewohner. Und von den 24 000 glücklichen Bürgern Münchens, die den Bau der Neuen Residenz wachsen sahen, gibt es nur mehr 15 000.

Kurfürst Maximilian I., der als einziger Fürst den Dreißigjährigen Krieg überlebt hat, versucht seinem Lande zu helfen, so gut es geht. Er entlässt die bayerische Armee bis auf wenige hundert Mann und bemüht sich mit aller Kraft um den Wiederaufbau des Landes. Der nasskalte Herbst des Jahres 1651 rafft den 79-jährigen auf einer Wallfahrt in der Oberpfalz hinweg, und die Sorge für Bayern bleibt seinem erst fünfzehnjährigen Sohn Ferdinand Maria.

Ein Jahr später wird der für volljährig erklärte junge Kurfürst mit einer der schönsten Frauen seiner Zeit, der Fürstin Henriette Adelaide von Savoyen, vermählt. Diese bezaubernde Dame, die wie aus dem Märchenbuch kommt, bringt eine unendliche Schar italienischer und französischer Musiker, Dichter, Hofgeistlicher, Stuckateure, Maler, Bildhauer, Architekten und zahllose adelige Nichtstuer an den Münchner Hof mit. Ihr hübsches Köpfchen ist voll krauser Vorstellungen und hochfliegender Pläne. Sie ist im Süden aufgewachsen, in der bunten, üppigen und kunstfrohen Atmosphäre des Hofes von Turin, der zwischen Toskana, Provence und Burgund ganz im Kraftfeld der romanischen Kultur liegt. Die Kurfürstin schreibt selbst elegante italienische Komödien. Sie träumt von Fuchsjagden, Schlittenfahrten, phantastischen Gondelpartien, Turnieren, Feuerwerken, Maskenfesten in französischen Parks und neuen, lichten, von Farben strahlenden Schlössern und Räumen.

Der junge Kurfürst dagegen gerät mehr seinem Großvater, dem frommen Wilhelm V., nach: Er ist sehr religiös, zurückgezogen, ein wenig einsam und beinahe schüchtern.

Aber Henriette Adelaide nimmt die Zügel fest in die Hand. Dies Bayern und dies München werden ihr Zeichen tragen! Noch bluten Stadt und Land aus tausend Wunden der Kriegs-, Pest- und Hungerszeit. Aber nun soll eine Wirklichkeit entstehen: Mit tausend Feuerbränden bricht über Bayern und die Stadt München das herrlichste Barock herein.

Schon seit langer Zeit ist, eigentlich gegen den Willen der Stadtobrigkeit und gegen verschiedene Erlässe der Fürsten, in dem Winkel zwischen Isar, Giesinger Berg und Neudeck eine ausgedehnte Siedlung entstanden. Zuerst waren es nur die paar Häuseln von kleinen Leuten, die an der Isarlände, bei den Mühlen oder Schmieden ihr Brot fanden. Als dann unter Herzog Wilhelm dem Frommen die Maxburg, das Herzogspital und vor allem das große Jesuitenkolleg gebaut wurden, kamen zahlreiche auswärtige Tagwerker, Mörtelmischer und Steinträger dazu. Maximilian I. baute bis 1619 an der Neuen Residenz, und nach dem Schwedeneinfall von 1632 wurde der ganze Befestigungsstern Münchens erneuert und verbessert – alles riesige Bauvorhaben, die eine Menge fremder Leute nach München zogen. Und viele davon haben sich mit ihren bescheidenen Mitteln angebaut. Die Ziegel kamen bis von Erding, und die Fuhrleute nahmen Salz als Gegenladung mit.

Da der Rat seinerzeit, belehrt durch die Erfahrungen bei der Annäherung Gustav Adolfs, befohlen hatte, all die Bretterhütten und Häuseln, die direkt unter die Türme, Gräben und Mauern der Stadt hingedrängt waren, abzureißen und sogar die höheren Häuser am Isarufer des Schussfeldes wegen abzutragen, sind auch viel Leute von der linken Flussseite in die Au hinübergezogen, und so ist die Armleutestadt vor der Stadt entstanden. Man hat so hemmungslos drauflosgebaut, dass eine Verordnung des Kurfürsten vom 8. September 1625 die Errichtung neuer Gebäude in der Au von Leumund und Vermögen abhängig machte. Der Sohn eines Auers musste den Nachweis dafür erbringen, dass er Weib und Kind ernähren konnte, und ehrliche Männer aus der Stadt mussten für ihn bürgen – anders wurde er nicht mehr geduldet. Auch durfte keiner ein wildes Handwerk – ohne Zunftbrief und Zulassung – beginnen und damit die Einheimischen beeinträchtigen.

Aber trotzdem ist das kurfürstliche Kastenamt nie mit den Auern fertig geworden. Die Häusl und Hütten mehren sich wie die Leute, und wenn die Herren Beamten einmal zur Kontrolle an den Enten- oder Mühlbach kommen, gibt es wieder eine Reihe Behausungen mehr. Die kleinen Leute am Fluss fühlen sich inmitten ihrer Hühnerställe, Geißenzucht und winzigen Kuhställe so wohl wie die Herren Bürger in den bemalten Patrizierhäusern der Kaufingerstraße oder die Hofleute in der Residenz.

In letzter Zeit ist es auch nicht mehr so genau genommen worden. Jetzt wohnen in der Au Niederländer, Italiener, Franzosen und Tiroler in brüderlichem Verein. Die Frau Kurfürstin lässt gewaltig bauen und umreißen, da braucht man Tagwerker, Kärrner und Handlanger, die ja auch irgendwo hausen wollen.

1657

Gleich als die schöne Savoyerin nach München gekommen ist, hat sie erklärt, sie könne in den nach bayerischem Geschmack eingerichteten Räumen der Residenz nicht wohnen. Es begann mit einer kleinen Zimmerflucht, die im savoyardischen Geschmack neu eingerichtet, umgebaut, bemalt und bestuckt wurde. Da gibt es jetzt eine Bibliothek, ein Liebes- und ein Rosenzimmer, Prinzen- und Prinzessinnengemächer und Damenzimmer. Das Erlesenste an vergoldeten Plafonds, an damastbespannten Wänden, kassettierten und geschnitzten Decken, an Marmorkaminen und Kristalllüstern ist eben gut genug.

Doch das war nur ein Anfang. 1657 kommt die neue italienische Oper am Salvatorplatz dazu – nach dem Vorbild eines Theaters in Vicenza. Und gleich darauf braucht das Kurfürstenpaar ein neues Turnierhaus im Hofgarten, das mehr als tausend Zuschauer fasst. Der Zenoni Amadeo zum Beispiel, der jede Sorte von Arbeit annimmt, ist ein Jahr, nachdem er bei der Salvatoroper Mörtel gerührt hat, als Anstreicher am Starnberger See tätig und grundiert das neue Prunkschiff *Bucentoro*.

Nun besitzt die Kurfürstin also Prinzen- und Prinzessinnengemächer, nur leider bekommt sie keinen Prinzen – keinen Thronfolger. Da hat die Frau Kurfürstin wieder einen italienischen Orden ins Land gezogen, den »Theatinern« ein schönes Kloster am Schwabinger Tor gebaut und gelobt, dass dazu die schönste Barockkirche kommen solle, wenn sie der Herrgott endlich segne. Ist das eine Freude in München, als am 11. Juni 1662 die Kanonen krachen, die Glocken läuten und der Erbprinz Max Emanuel geboren wird!

Im Jahr darauf wird mit dem Bau der Theatinerkirche begonnen – natürlich wieder im prächtigsten bologneser-römischen Stil. Der Architekt der Kurfürstin, Signor Agostino Barelli, liefert die Zeichnung. Kurfürst Ferdinand Maria, gnädig gestimmt durch die Geburt des ersehnten Prinzen, erlaubt ferner seiner baulustigen Gemahlin, das Schloss Nymphenburg zu errichten, das ebenfalls Signor Barelli entwirft.

Neue, gewaltige Bauplätze wachsen empor, immer mehr Arbeiter strömen in die Münchnerstadt und siedeln mangels anderer Wohngelegenheiten irgendwo in den Vorstädten. Auf solche Weise ist die Au zu einer kleinen Stadt aus Bretterbuden und Hütten geworden, aus der die alten Mühlen, Klingenschmieden und Papiermühlen ganz verloren herausragen.

1670 Im Sammerviertel der Au ist ein Fabrikkomplex rund um das Haus der kurfürstlichen Seidenmanufaktur entstanden. Die Leute, die hier arbeiten, sind zum Teil italienische Werkleute, die der gegenwärtige Leiter der Manufaktur, Signor Lukas van Uffele aus Venedig, aus seiner Heimat mitgebracht hat. Die andern sind Südfranzosen, die mit den Lyoner Webern auf Befehl der Kurfürstin angesiedelt wurden. Und so gibt es etwas wie eine unsichtbare Trennwand zwischen den übrigen Auern und diesem Viertel.

Am Sonntagnachmittag erscheint hoch zu Ross der kurfürstliche Leibmedikus, Herr Dr. Becher, ein geborener Pfälzer, begleitet von dem derzeitigen Leiter des bayerischen Seidenwesens, Revisionsrat Georg Jobst. Sie kommen von den Paulanern auf der Neudeck herunter und streben geradewegs auf die schönen Gebäude der Manufaktur zu. »Wisset, Herr Rat«, spricht der Leibmedikus, »ich hab mir g'sagt, ich kann mehr Gutes und Nützliches für das Land tun, wenn ich mich mit der Nationalökonomia beschäftig, wie also es ja auch der große Colbert in Frankreich tuet. *Merkantilismus* exerzieren, *cher ami*, ist *très acceptable* – besser, als wenn ich etwan im Spital etliche alte Weiber ein Vierteljahr länger dem Tod vorenthalten oder wenn ich einigen Bauern aus dem Urin prophezeit haben würde!«

»*Sine dubio, Monsieur*«, erwidert der Herr Revisionsrat in der geschraubten Redeweise, die augenblicklich für besonders fein gilt. »Ihr habt Eure *Meriten*! Ich sag es lange schon mit *Vehemenz*, alles, was unsere *versierten Dames* tragen: Sammet, Damast, Seiden und Spitzen, sowie Stoff und Bänder aller *couleurs*, das mag in München ebensogut fabriziert werden wie in Genua, Florenz oder Paris. Und wie *exempla docent*: es tut's auch, Monsieur.«

»Dann denket Ihr also nicht wie der Herr Vizekanzler Kaspar von Schmid, der die Sentenz von sich gegeben, ihm seien hundert wohlhabende Bauern in Bayern lieber als sechshundert Tuchmacher.«

»Das ist *insolent* und *blamable*! Der Monsieur Vizekanzler sieht die Sach nit anders als *financialiter*: Die Bauernschaft bringt eben gerad wieder 628 000 Gulden Jahressteuer, und die Tuchfabrik braucht noch *Subsidia*!«

Stolz schauen die beiden Hofherren auf die großen Manufakturgebäude der Tuchfabrik, um die ringsherum ganze Straßenzeilen von Werkmannshäuseln entstanden sind. Man hört, da es ja Sonntag ist, von der Wiesenplane am Isarufer Gitarrenspiel und fremdländische Lieder. Da sitzen die Italiener mit ihren Mädchen, den Strumpfwirkerinnen, Damastweberinnen und Klöpplerinnen.

Noch einmal zügelt der Leibmedikus seinen Gaul. Er weist auf das Sammerviertel hinüber. »Wie wir vor rund zehen Jahren angefangen haben, Herr Rat, da ward das erste Fabrikhaus im Garten des Münchner Handelsmannes Paulus Parsdorfer auferbaut. *Parbleu, mon ami:* Wir mussten an die drei, vier schwarz errichtete Häusl rasieren, ehe wir anheben konnten.«

»Und itzto müssen wir die *Vorstadt-Canaille* abermals rasieren, Monsieur«, lächelt der Rat. »Auf dem großen Wiesenplan dort drüben wollt Ihr doch *expandieren* und ein neues Domizilium für die Spitzenklöppelei hinstellen?«

»Der *Camp* gehört der kurfürstlichen Kammer und niemandem sonst. Hab mich genau orientiert. Kein Mensch hat verbrieftes Recht auf Weide oder Baurecht. Ist kein Schade, wenn der gnädigste Herr Kurfürst ein Bauverbot erlässt und den *Peuple* hier ein wenig in Kontroll nimmt. Sind viel Bettelleut allhier, die der löblichen Bürgerschaft in der Stadt drinnen zur Last fallen.«

Der Herr Revisionsrat Jobst schüttelt seine Spitzenmanschetten und zupft das duftige *Chabot à la mode* zurecht. »Ja, ja, Monsieur, da habt Ihr wohl recht! Viel Gesindel haust überm Fluss, das mir zu gar nichts nutzbar scheint …«

Aber darin täuscht sich der Herr Revisionsrat gewaltig. Es wohnen in der Au und in Untergiesing auch viele rechtschaffene Leute, ohne deren Mithilfe weder die neue Oper noch die Theatinerkirche oder das Lustschloss Nymphenburg entstünden. Und zudem fügt es das Schicksal, dass die hochmütige Hofgesellschaft schon in der übernächsten Nacht um die Hilfe der braven Werkleute aus der Au schreit.

Noch am Abend des 8. April ist der Kurfürst nach Braunau abgereist, um dort den Bau der Festungswerke zu besichtigen. Kurfürstin Henriette Adelaide, die ursprünglich ihren Gemahl bis Altötting begleiten wollte, verschob ihre Abreise jedoch, weil die kleine Prinzessin unpässlich war. In der Nacht vom 9. zum 10. April 1674 – anderntags wollte man aufbrechen – begab man sich frühzeitig zu Bett.

1674 Es ist noch nicht Mitternacht, und in dem riesigen Komplex der Residenz haben die meisten Lichter zu brennen aufgehört. Jetzt schläft die Stadt; nur von fern klappert der Tritt der Scharwache vor den Residenzportalen, und noch entfernter vernimmt man manchmal den Stundenruf der Münchner Nachtwächter: »Hört ihr Herrn und lasst euch sagen …«

Die erste Kammerfrau der Kurfürstin, Fräulein de la Perouse, hat sich in dem von der Kurfürstin und den Kindern bewohnten Flügel der Residenz auf ihr Zimmer zurückgezogen und ausgekleidet. Das Bett ist, ähnlich wie jenes der Kurfürstin, in einem von Stores verhängten Alkoven eingebaut. Das junge Fräulein legt sich in ihrem langen Nachtgewand in die hohen Kissen. Auf dem Nachttischchen flackert die Kerze, die ihr rötliches Licht zuckend auf die Täfelung wirft. Mag sein, dass Fräulein de la Perouse über ihren Gebeten eingeschlafen ist. Jedenfalls geschieht es, dass die brennende Kerze weich wird, sich neigt und schließlich auf den Vorhang kippt, der das Himmelbett umhüllt. Wie ein böses Gelächter laufen die Flammen den mürben Stoff hinauf und greifen gierig nach Kissen, Tapeten und Deckentäfelung.

Es ist ein Glück für Fräulein de la Perouse, dass gleich nebenan eine fiebernde Kammerzofe nicht schlafen kann, den Feuerschein bemerkt und sofort in das Zimmer stürzt. Ihr gellender Aufschrei rettet Fräulein de la Perouse das Leben.

Und nun begehen die beiden Mädchen einen großen Fehler. Anstatt Lärm zu schlagen und die Residenz zu alarmieren, suchen sie den Schaden zu vertuschen und den Zimmerbrand mit ihren Waschkrügen zu löschen, bis das prasselnde, nun schon im Gebälk und auf den Täfelungen glühende Feuer sie überzeugt, dass hier alle Versuche vergeblich sind. Es ist aber jetzt auch gar nicht mehr notwendig, Lärm zu schlagen und um Hilfe zu rufen. Aus den anliegenden Kammern stürzen die Zofen, aus den Damenzimmern laufen Kammerfrauen und adelige Fräulein, vielfach Italienerinnen und Französinnen, die kaum mehr Zeit gehabt haben, Überwürfe über die Hemden zu legen.

Mademoiselle de Créange stürzt mit bloßen Füßen zu den Gemächern der Kurfürstin, pocht höflich und reißt dann unter Missachtung aller Etikette einfach die Tür auf.

Votre Altesse, pardonnez, mais … le feu …, stammelt sie.

Le feu!, schreit die schöne Kurfürstin in ihrem Berg von Daunen und springt aus dem Bett.

Schon hört man aus der nächtlichen Residenz Stimmen hallen. *Feurio!*, *Au feu!* und *Fuoco!* wird geschrien, über die Treppen und Gänge trappeln die Schritte. Irgendwo kreischt eine hysterische Frau. Und dabei denkt niemand daran, Licht zu machen, nur der unheimliche, drohend auf- und abflackernde Schein des Brandes, der sich offenbar rasch durch die Damengemächer voranfrisst, erhellt die gespenstische Szene.

Les enfants!, schreit die Kurfürstin entsetzt und rennt dann, begleitet von der noch immer barfüßigen Créange, in die Kinderzimmer hinüber, wo der Kurprinz Max Emanuel und sein kleines Schwesterlein schlafen. Acht oder neun barfüßige, nur mit Hemden bekleidete Hofdamen – mit Lockenwickeln im Haar und ohne Korsett, Puder, Spitzen und Schminke seltsam und fremd aussehend – folgen der Hohen Frau. Sie retten gemeinsam die kurfürstlichen Kinder und tragen sie in das etwas abseits gelegene Zimmer des Hofmeisters, des Marquis de Beauvau, der durch den unvermuteten Eintritt der Kurfürstin in nicht geringe Verlegenheit gebracht wird. Herr de Beauvau weiß noch gar nichts von der Gefahr und sitzt verschlafen in den Kissen. Ihn belästigt die tödliche Peinlichkeit, in Gegenwart der Kurfürstin nur ein Hemd zu tragen, viel mehr als der Brand der Residenz.

Auf den Gängen, die vom goldenen Audienzsaal herabführen, begegnet eine Kammerfrau mit aufgelösten Haaren einem französischen Hofbeamten, der schreiend mit ausgestreckten Armen daherläuft. Später stellt sich heraus, dass dem Helden Qualm in die Augen gekommen ist und dass er erblindet zu sein glaubt. Die aufgestörte Hofdame jedoch meint in ihrer Aufregung, dass der Mann ein Gewehr auf sie anlegt, und sie stürzt unter schrillen Hilferufen davon, was die allgemeine Verwirrung der Residenzbewohner noch vermehrt. Schon jagt das Gerücht durch die Zimmer, ein unvermuteter Überfall habe stattgefunden, und die Hofleute und Bediensteten laufen wie die Irren durcheinander.

Marquis de Beauvau, der nach zahlreichen wohlgesetzten Komplimenten und Entschuldigungen endlich die aufgeregte Kurfürstin dahingebracht hat, sich umzudrehen und ihm zu ermöglichen, in seine Beinkleider zu fahren, wirft nun schnell einen Schlafrock über und begibt sich, mit gnädigster Erlaubnis der Hohen Dame, auf den Gang, um nach dem Rechten zu sehen. Das Feuer hat sich inzwischen durch das zweite Stockwerk gefressen und ist in das Dachgeschoss hinaufgeflammt, wo es reichlich Nahrung findet. Der Dachstuhl entlang der Schwabinger Gasse steht bereits als große Flammenzeile in der Nacht. Ein Feuerstrom wälzt sich gegen die Reiche Kapelle und zum Kapellenhof. Aus dem sogenannten Kaisertrakt stürzt ein Hofherr, Graf Wahl, und er meldet, dass die reichen Kunstkabinette in Flammen stünden. Marquis de Beauvau sucht in dem allgemeinen Durcheinander ein paar beherzte Männer zu finden, die willens sind, zu retten oder löschen zu helfen. Aber nun stellt sich heraus, dass die in den Tagen Maximilians I. aufgestellten Wasserbehälter leer, die Feuergeräte verrottet oder abhanden gekommen sind. Endlich trifft der Marquis seinen vierundzwanzigjährigen Sohn Henry und beauftragt ihn, Hilfe aus der Stadt zu holen. So groß aber ist die Verwirrung, dass niemand die Schlüssel für die versperrten Tore der Residenz findet und dass Henry de Beauvau erst die Türen aufbrechen muss, um hinauszugelangen.

Auf den Straßen stehen eine Menge Bürger und gaffen, aber keiner denkt daran zuzupacken. Auf dem Petersturm schlägt die Feuerglocke pausenlos, und die Feuerhörner tuten allenthalben.

Doch die Zünfte sind in ihren Häusern versammelt, und die Bürger halten ihre Löscheimer vor den eigenen Häusern bereit. Selbst als der Bruder des Kurfürsten, Herzog Maximilian Philipp, aus der flammenden Residenz eilt und durch die Gassen läuft, um Leute für die Rettungsarbeiten zu werben, stößt er allenthalben auf Ablehnung: »Ja mei, Durchlaucht«, sagen die Bürger, »mir müassn Obacht gebn, dass dös Feier net auf d' Stadt übergreift. Mir könna net furt, weil mir Feierwach halten müassn. Dös is a alt's Herkomma!« Die Münchner halten also Feuerwache und sehen zu, wie die Residenz abbrennt.

Der junge Beauvau ist nun bis zum Herrn Bürgermeister in Schlafmantel und Zipfelmütze vorgedrungen, der ebenso ungehalten wie ängstlich ist.

»Wenn Sie schon nicht helfen wollen«, sagt Beauvau, »dann lassen Sie wenigstens die Tore öffnen, damit die Arbeiter aus der Au geholt werden können.«

»Ihr Verlangen, Herr Marquis«, antwortet der Bürgermeister, »ist durchaus ungewöhnlich. Laut Ratsverordnung san de Tor von abends zehn bis in der Fruah um siebene g'schlossen zu halten. Wo kemma mir denn hin, wenn man da einfach alle möglichen Leut einalassn?«

Eineinhalb Stunden vergehen, ehe dem Bürgermeister und dem Rat die Erlaubnis abgerungen ist und der junge Beauvau endlich die Torschlüssel erhält. Die Auer Tagwerker, all die Bautaglöhner, Weber der Manufaktur und auch die Bettler stehen schon dichtgedrängt vor dem Isartor und strömen, als der Wachtkommandant aufsperrt, in die dunklen Straßen. Nicht alle kommen mit der Absicht zu helfen. Für viele ist das eine schöne Gelegenheit, etwas zu erben.

Inzwischen haben sich die Residenzbewohner geholfen, so gut es ging. Marquis d'Espinal birgt im letzten Augenblick die Juwelen der Kurfürstin, und Graf Fürstenberg räumt mit einigen Lakaien die kurfürstliche Schatzkammer aus. In einem anderen Teil der Residenz brechen die Flammen in einige Säle voller Kunstgegenstände und wertvoller Gemälde. Hier verbrennt unter anderem das von Kurfürst Maximilian erworbene Dürerbild »Himmelfahrt Mariae«. Als nun von der Straße her die Leute aus der Au und allerhand anderes übles Vorstadtgesindel eindringen, verschwinden zahllose Wertgegenstände, die das Feuer noch verschont hat.

Ein Glück ist nur, dass kein Wind weht und der Brand auf das Schloss beschränkt bleibt. Die feurigen Ströme nähern sich dem Herkulessaal durch die Räume des kurfürstlichen Paares von der einen und durch die Ahnengalerie über den Hatschiersaal von der anderen Seite, aber hier schafft ihnen der italienische Baumeister Zuccali, einer der wenigen Besonnenen, mit einigen Auer Werkleuten ein Hindernis, indem er ein paar Zimmer einreißen lässt. An der Feuermauer des Kaisersaals machen die Flammen endlich halt.

Die Kurfürstin ist bleich und verstört, zitternd vor Fieber und Kälte. Sie und die kurfürstlichen Kinder werden von Marquis d'Harancourt und anderen Adeligen durch den gedeckten Gang längs der Stadtmauer in das nahe Kloster der Theatiner gebracht. Gegen sieben Uhr früh bringt der zerzauste Hofstaat die Fürstin in die alte Herzog-Max-Burg, von wo aus man berittene Boten an den Kurfürsten sendet.

Das Feuer erlischt gegen Mittag des 10. April. Bereits am 11. trifft Kurfürst Ferdinand Maria mit Postpferden wieder in München ein.

Der Verlust an Kunstschätzen scheint am schlimmsten zu sein. Die Restaurationsarbeiten werden von Baumeister Zuccali auf rund 30000 Gulden, der Wert der verlorenen Inneneinrichtung aber auf mehr als 300000 Gulden geschätzt. Der beim Brande so bewährte Enrico Zuccali, Spross einer Graubündner Maurerfamilie, kommt nun bei Hofe in große Gunst – auf Kosten des bisher führenden Architekten Barelli. Ferdinand Maria überträgt Zuccali den Wiederaufbau der Residenz, die Vollendung von Nymphenburg und den weiteren Bau der Theatinerkirche. Es ist, als sei in jener flammenden Brandnacht mehr in Asche gesunken als der Prunk und die Pracht eines Schlosses. Die tief erschütterte Kurfürstin Henriette Adelaide kränkelt seitdem und findet nicht mehr zu der Lebensfreude ihrer früheren Tage zurück. Schon am 18. März 1676 stirbt die schöne Frau. Am 26. Mai 1679 folgt ihr der Kurfürst im Tode nach. Der Erbe heißt Max Emanuel.

1683

Über Münchens Dächern ertönen die Glocken; in schweren Schlägen donnern die Geschütze auf den Wällen. Heute, im Spätsommer 1683, bricht die bayerische Armee ins Feld auf. Es geht wider die heidnischen Türken, die gegen Wien anrücken und die Kaiserstadt schon in weitem Ring umschlossen haben. Bis ins Bayerische herein, an die Salzach und ins Innviertel, streifen die wilden Sipahis, und sie brennen die einsamen Höfe ab. Seit Wochen predigen die Jesuiten, die Kapuziner und Augustiner in allen Kirchen der Stadt: »Auf! Auf, ihr Christen …«

Die Werbetrommeln sind gerührt worden, die weißblaue Armee hat wieder eine Bedeutung wie einst unter dem großen Maximilian.

Draußen vor dem Schwabinger und dem Neuhauser Tor reihen sich Zelt an Zelt und Regiment an Regiment.

Von der Residenz reitet der Hofstaat die Burggasse hinab zum Marienplatz, wo Kopf an Kopf die Bürger warten. Das große

Geviert um die Mariensäule ist von abgesessenen Dragonern umringt. Dorthin sprengt der junge Kurfürst Max Emanuel. Die Soldaten jubeln ihm lärmend zu und schwenken die weitkrempigen Federhüte. Die Abordnungen der bayerischen Regimenter schwingen grüßend die Fahnen.

Nun schweigen die Glocken, die Kanonen verstummen, und tiefe Stille liegt mit einem Mal über dem Platz. Als der Kurfürst die Knie beugt und mit gefalteten Händen vor der Madonna niedersinkt, geht es wie ein Rauschen durch die Menge. Männer, Soldaten, Weiber und Kinder sinken nieder. Schweigend betet der Fürst inmitten seines Volkes. Dann aber hebt er die helle Stimme und spricht das Ave-Maria. Ganz München wiederholt die Bitte: »Heilige Mutter Gottes, bitt' für uns, jetzt und in der Stunde unseres Absterbens – Amen!«.

Am Nachmittag setzen sich die bayerischen Truppen in Bewegung. Sie ziehen durch die Stadt. Die Trommeln rasseln und die Trompeten schmettern, als es von der Neuhauser Gasse und der Schwabinger Seite her zum Marienplatz, durchs Rathaustor ins Tal und zur Isarbrücke geht. Hinter dem Giesinger Berg verschwindet die Armee langsam.

Die alte Wabn vom Rat Valpichler läuft mit einigen anderen Betschwestern noch an diesem Tag ins Sankt-Clara-Klösterl am Anger, wo seit ein paar Jahren eine heiligmäßige Nonne namens Clara Hortulana lebt. Diese junge Magd des Herrn stammt aus Embach. Sie zählt noch keine fünfundzwanzig Jahre, hat aber schon Visionen und Gesichte. Von dieser heiligmäßigen Clarissin kann man vielleicht etwas erfahren, wie die Türkengaudi ausgeht. Aber Clara Hortulana sieht nur den Teufel in allerhand phantastischen Gestalten wider das Abendland ziehen, und sie prophezeit stürmische Zeiten.

Die Nachrichten aus dem Osten setzen noch oft die Glocken und die Kanonen Münchens in Bewegung. Im September kommt ein Kurier und meldet die wunderbare Befreiung Wiens, wobei die Bayern unter ihrem Kurfürsten wahre Wunder an Tapferkeit vollbracht haben. Max Emanuel kehrt aber nicht heim.

Er will noch mehr Ruhm gewinnen. Zudem wirbt er um die Kaisertochter Maria Antonia, die als einziges Kind Kaiser Leopolds und einer spanischen Prinzessin Anspruch auf das bevorstehende spanische Erbe hat. Wenn da die Bayern zum Zuge kämen! Da wäre es ein für allemal aus mit den engen Verhältnissen, und auch Bayern könnte im Konzert der Großmächte mitspielen.

München wäre dann freilich nur noch eine kleine Landstadt: Auf den spanischen Erben warten Städte wie Brüssel oder Madrid als Residenzstädte. Die Münchner haben nicht so viel Ehrgeiz. Sie wollen lieber ihre kurfürstlich-bayerische Ruh als eine königliche oder kaiserliche Unruh. Doch auch sie freuen sich, als die Kuriere neue Siegesmeldungen aus dem Türkenkrieg heimbringen – und gar, als anno 1687 die Botschaft von der gewonnenen Entscheidungsschlacht von Mohacs eintrifft. Jetzt nennen sogar die Türken den Bayern schon den *Blauen Kurfürsten.* – Aber der Auer Lucki hat durch einen Marodebruder Nachricht geschickt, dass Tausende bayerischer Landeskinder den Tod gefunden haben und dass Hunger, Krankheit, Winterkälte und Strapazen den weißblauen Truppen schwer zusetzen.

1688

Bald darauf, im Herbst 1688, nachdem der Blaue Kurfürst noch die Festung Belgrad erstürmt hat, hört man, dass er die Beute und die Gefangenen selbst nach München bringen werde. Im Oktober zieht er unter Glockengeläut und Kanonendonner mit ungeheurem Pomp in München ein. In einer vergoldeten Kutsche folgt ihm seine Gemahlin, die Kaisertochter.

In der Liebfrauenkirche findet ein feierliches Tedeum statt, dann überreicht Max Emanuel dem Stadtpfarrer unter dem Jubel der Bürgerschaft die allerschönste von den 55 Türkenfahnen, die er im Felde gewonnen hat. Das ist die Beute, die München als Anteil bekommt.

Mit den heimkehrenden Truppen sind auch einige hundert gefangener Türkenkrieger nach München gebracht worden. Da stehen die Leute kopfschüttelnd in den Gassen und starren die fremdländischen Vögel an: Zerlumpt, mit Pluderhosen, bunten Westen, Turbanen und Fezen, aber auch in weggeworfene bayerische Uniformstücke gekleidet, meist barfuß und mit wilden, schwarzen Haarbüschen werden die armen Kerle vorbeigetrieben. »Ja schaugts as no o!«, schreit der Lebzelter Kammerloher. »Dass so wos überhaupts rumlaaft!«

»Und de Augn!«, bestätigt der Rotgerber Huber, »wia feurige Kohl'n, einfach zum Fürchten! Du, Lebzoilter: Vo dene, wann di oana dawischt!«

»Gell«, flüstert die alte Wabn erschrocken, »dös san gor koane Christenmenschen?« Als man ihr dies bestätigt, bedauert sie die armen Burschen innig und erklärt, sie wolle für sie beten.

»Die Brüada kemma uns schö teier«, stellt der Lebzelter fest. »I kenn oan vom Hofkammeramt, der hat g'sagt, dass de Turkln außa da Vapflegung beim Hofbauamt 2 Kreuzer, im Forstkastenamt z' Forstenriad beim Baamfälln glei gar 8 Kreuzer und wanns Stoanatragn z' Lusthoam draußn sogar 10 Kreuzer im Tag kriagn. Da möcht ma ja glei selber a Türk sei!«

Die gefangenen Türken werden nutzbringend eingesetzt. Architekt Zuccali hat in Lustheim bei Schleißheim mit dem Bau eines »kleinen Kasinos« begonnen. Der Kurfürst plant auch einen großen Schlossbau im Stile von Versailles bei Schleißheim und will einen Kanal von der Residenz bis dorthin graben lassen, um unter Flötenklängen und Saitenspiel auf reich geschmückten Gondeln rudern zu können. Im *Türkengraben* sind schon etliche hundert Gefangene bei der Arbeit. Andere sind ans Forstamt abgestellt, den Forstenrieder Urwald im Umkreis von fünf Wegstunden auszuroden. München wächst und soll Atemluft bekommen.

1700 Max Emanuel spannt die Fittiche seines Geistes immer weiter, seine Träume fliegen hoch, und die Folge ist, dass seine politischen und wirtschaftlichen Unternehmungen die Möglichkeiten des bayerischen Volkes zu übersteigen und den Boden der Realität zu verlassen beginnen.

In Schleißheim soll unter Zuccalis Leitung ein Versailles vor den Toren Münchens entstehen, koste es, was es wolle. Doch nicht genug damit, der Kurfürst hat sich auch den italienischen Architekten Viscardi verschrieben, der das von Ferdinand Maria begonnene Nymphenburger Schloss modernisieren und durch Flügelbauten, Eckpavillons, Arkadengalerien, Wasserkünste und französische Parkanlagen vollenden soll. Und das alles mutet der Held Max Emanuel seinem Land zu, dem er eben das Opfer von dreißigtausend Gefallenen und fünfzehn Millionen Gulden Kriegskosten für die Türkenfeldzüge abgefordert hat. Es ist schwer für ein Volk, von einem strahlenden Helden regiert zu werden.

Max Emanuel hat, wie es sich für einen rechten Helden gehört, in der letzten Zeit auch eine Reihe von Schlägen des Schicksals empfangen. Die Kaiserstochter ist im Kindbett gestorben, und er hat sich drei Jahre nach diesem Todesfall mit einer polnischen Königstochter vermählt. Inzwischen hat sich der Held zugunsten des Erbprinzen in das diplomatische Ränkespiel eingeschaltet, das allenthalben um die Erbschaft des dahinsiechenden, söhnelosen Spanierkönigs entbrannt ist. Und wie er eben die beste Aussicht hat, Universalerbe zu werden, da stirbt 1699 zu Brüssel, wo man schon die Statthalterschaft angetreten hat, der kleine Prinz – wie man flüstert, am Gift der Österreicher.

Um jetzt wenigstens die Niederlande für sich zu retten, muss Max Emanuel Anschluss bei einer der Großmachtgruppen finden. Er tritt auf die Seite Frankreichs und Ludwigs XIV. Das muss natürlich dem Bayernland, das so dicht vor Österreich-Habsburgs Haustüre liegt, übel bekommen. Der Bruder des Helden, der Kölner Erzbischof und Kurfürst Joseph Klemens, sagt, dem Max Emanuel sei ein Heustadel in den Niederlanden anscheinend lieber als eine bayerische Stadt.

Es kommt, wie es nicht anders kommen kann: Der englische Herzog John Churchill von Marlborough und der kaiserliche Feldherr Prinz Eugen von Savoyen vereinigen ihre Armeen an der Donau und schlagen am 13. August 1704 bei Höchstädt die Franzosen und die Bayern aus dem Felde. Das Land ist verloren, so wie es damals in der Schwedenzeit nach der Niederlage Tillys am Lech verloren war. Am Abend der Schlacht schreibt Emanuel auf einer Trommel sitzend der Kurfürstin: *Retten Sie sich und unsere Kinder! Das ist das einzige, was wir noch haben. Wir haben heute alles verloren. Gott sei bei Ihnen. Mit mir geht's dem Rheine zu!*

1704

Wie in den Tagen des Schwedeneinfalls vor siebzig Jahren ergießt sich die Soldateska der Sieger über Ober- und Niederbayern. Die einrückenden Truppen sind vielfach aus den neuen Balkanbesitzungen Österreichs rekrutiert: schnauzbärtige Panduren und wildäugige Kroaten, ungarische Husaren und dalmatinische Jäger. Innerhalb weniger Wochen werden 7675 Brandstätten im Lande gemeldet. Die Zahl der Gewalttaten, Plünderungen und Morde ist nicht festzustellen.

Der kaiserliche Administrator Graf Löwenstein befiehlt, dass ab sofort jeder Hausvater wöchentlich fünfeinhalb Gulden zusätzlich als Kriegssteuer zu bezahlen und außerdem zur Verpflegung der Soldaten beizutragen habe. Die Herren Soldaten leben im eroberten Land recht gut: Sie sollen täglich ein Pfund Fleisch, zwei Pfund Brot und eine Maß Bier bekommen; zudem müssen ihre Pferde mit Heu und Hafer traktiert werden.

Noch befindet sich die Kurfürstin Theresia Kunigunde mit den Kindern, darunter der Erbprinz Karl Albrecht, in der Münchner

Residenz. In ihrer Not und Bedrängnis schickt sie ihren Geheimsekretär Neusömmer ins kaiserliche Feldlager nach Landau an der Isar. Doch wird dem Gesandten dort vom römischen König Joseph bedeutet, ein Kurfürst von Bayern sei hierorts nicht bekannt, den habe es früher einmal gegeben … Trotzdem gelingt es nach einiger Zeit, den Vertrag von Ilbersheim auszuhandeln, der bestimmt, dass die kurfürstliche Familie in München unbelästigt bleiben und einige Rentämter zu ihrem Unterhalt zugewiesen bekommen soll. Freilich ist Voraussetzung, dass die Festungswerke von München geschleift, die Waffen der Zeughäuser ausgeliefert und die restlichen Truppen entlassen werden. Was bleibt der Kurfürstin anderes übrig als zuzustimmen?

Auf diese Weise wird der Landeshauptstadt München die Besetzung durch den Feind noch eine Weile erspart. Die Kurfürstin hat inmitten solcher Aufregungen einem Kind das Leben geschenkt, und sie ist gesundheitlich sehr angegriffen. Auf Anraten ihrer Ärzte flieht sie aus dem rauen Münchner Winter in den freundlicheren Süden, nach Venedig. Die beiden älteren Kinder, Erbprinz Karl Albrecht und Prinz Philipp, lässt sie in München. Die Österreicher haben in den vergangenen Monaten seit der unseligen Schlacht von Höchstädt aus dem Lande herausgepresst, was sie nur konnten. An offiziellen Steuern sind allein sieben Millionen Gulden eingezogen worden, wovon freilich der Herr Kaiserliche Kameralpräsident Graf Mollard eineinhalb Millionen bei seiner Privatbank in Venedig deponiert. Der Zorn der Bauern und Bürger gegen die Besatzung ist im ganzen Land ungeheuer. Überall regt sich der Wille zum Widerstand, Waffen werden verborgen gehalten, heimliche Zusammenkünfte finden statt. Schon träumt das Bayernland von Aufstand und Befreiung, da kommt der Hofkammerrat des Kurfürsten Max Emanuel, ein Freiherr von Lier, in geheimer Mission mit allerhand Briefen ins Land und stellt sich so töricht an, dass ihn die Österreicher in Donauwörth verhaften.

Den Kaiserlichen gehen die Augen auf. Sie rufen die zum Teil schon auf dem Marsch nach Italien befindlichen Truppen wieder zurück und ziehen die Zügel noch straffer an als bisher. Jetzt ist auch Münchens Schicksal besiegelt. Am 15. Mai 1705 erscheint völlig unerwartet für die Münchner ein kaiserlicher Truppenteil unter dem Feldmarschall Graf Gronsfeld vor den Wällen und fährt Geschütze auf. Stürmisch beginnen die Glocken zu läuten, die Tore werden in Eile geschlossen, die Bürgerwehr tritt flugs unter Gewehr und sammelt sich an ihren gewohnten Plätzen: bei den Augustinern, auf dem Anger und am Marienplatz. Vor der Residenz formieren sich die letzten vierhundert Soldaten der bayerischen Armee. Die Kapitäne der drei Bürgerwehrkompanien, Hauptmann Mayr, der Weinwirt Jäger vom Tal und der Leutnant und Eisenhändler Senser, eilen aufs Rathaus, wo sich der Rat versammelt. Unterdessen pocht schon der Parlamentär des kaiserlichen Generals ans Schwabinger Tor. Er bringt ein kurzes Handschreiben des Grafen Gronsfeld, in welchem der General alle Schonung und Rücksichtnahme bei sofortiger Übergabe, im Falle des Widerstandes jedoch »Bombardement, Blutbad und Plünderung« verspricht.

Das Ultimatum des Generals Gronsfeld ist bis zum Morgen des 16. befristet, dann soll das Bombardement anheben. Pünktlich um die anberaumte Frühstunde öffnet sich das Schwabinger Tor, und der Hohe Rat, geführt vom Bürgermeister Vacchiery, erscheint im Festgewand. Ein Parlamentär mit weißer Fahne schreitet voraus, der Bürgermeister überreicht die Stadtschlüssel auf silbernem Tablett, während von der nahen Stadtbefestigung die Missfallenspfiffe der Unentwegten schallen.

Gegen Mittag ziehen die Österreicher mit klingendem Spiel und blanken Waffen in die Stadt ein. Die Straßen sind von murrenden und böse aussehenden Bürgern gesäumt, lautes Schimpfen ist zu hören, und anscheinend sind manche noch immer zum Widerstand entschlossen.

Ehe man sich's versieht, entstehen allenthalben wüste Tumulte. Der Eisenhändler Floßmann steht auf dem Sockel der Markensäule und fordert die Gaffer auf, ihm beim Aufhängen der Panduren zu helfen. In der Heiliggeistkirche hält der Geistliche Rat Gartner eine wilde Predigt wider den gotteslästerlichen

Kaiser, und vor der Kirchentür von Sankt Peter redet Kooperater Muzenhardt den Leuten zu, sich nichts gefallen zu lassen. Der Thürlbader Daniel Wüst steht vor seiner Badstube am Schlichtingerbogen und hat an die zweihundert Bürger um sich versammelt. Sein Badermesser in der Rechten, berauscht er sich an seinen eigenen Worten und achtet nicht im Geringsten darauf, dass die Kroaten schon vom Marienplatz herantraben. Nur gut, dass die verfluchten »Krawotten« kein Bayerisch verstehen!

Am wildesten aber gebärdet sich der Weber Lidtel. Der springt in der Kaufingergasse einen kaiserlichen Feuerwerker an, der hoch zu Ross die Haustüren entlangtrabt und mit Kreide die Nummern für die Quartiere anschreibt. Mit einem wütenden Aufschrei reißt er den Kaiserlichen aus dem Sattel und lässt ihn liegen. Dann freilich verdrückt er sich, erschrocken über seine Tat.

Die Unruhe in der Stadt veranlasst Graf Gronsfeld, die Privatquartiere aufzugeben und die kaiserliche Truppe geschlossen in die Herzog-Max-Burg, in die Torwerke und den Alten Hof zu legen. Jetzt halten sich die Österreicher auch nicht mehr an die Versprechungen hinsichtlich Rücksichtnahme und Beachtung der Stadtrechte. Radikal werden die Kunstkammern, die Residenz und auch Privathäuser ausgeräumt. Was man brauchen kann, wird beschlagnahmt: die Pulvervorräte und Geschützrohre der Zeughäuser, die Kostbarkeiten der kurfürstlichen Kabinette, ja sogar die Damasttapeten der Residenz. Und wer immer im Rufe steht, ein besonders treuer Bayer zu sein, hat mit Verhaftung zu rechnen: Den Geheimsekretär Neusömmer führen sie gleich nach Linz fort, ein anderer kurfürstlicher Sekretär, Ulrich Beckensteller, flüchtet verkleidet nach Freising, und er wird dort von den Franziskanern unter einem Ordenshabit versteckt. Hauptmann Mayr und andere Patrioten gehen noch in der Nacht in die Flecken des Oberlandes.

Es sieht ganz so aus, als solle Bayern eine kaiserliche Provinz und München eine eroberte Stadt werden – nicht anders als Belgrad und Temesvar. Als einige Wochen später die von Venedig heimkehrende Kurfürstin unterwegs von Kaiserlichen angehalten wird, sagt man ihr, sie dürfe Bayern nicht mehr betreten. Die kurfürstlichen Prinzen in der Residenz werden als Gefangene festgehalten. Erbarmungslos pressen die kaiserlichen Finanzbeamten Steuern, Abgaben und Leistungen aus der Stadt und aus dem Land.

»Des ham ma jetzt vo dera blöden Übergab!«, murrt der Thürlbader, als er den Herrn Advokaten Vetter rasiert. »Hätt ma uns g'wehrt!«

»Es ist noch nicht aller Tage Abend!«, erwidert der Advokat geheimnisvoll, sieht sich in der Baderstube um, und da niemand da ist außer dem Eisenhändler Floßmann, dem man vertrauen darf, flüstert er dem Bader zu: »Ihr sollt amal nach der Sperrstund zum Jägerwirt ins Tal kommen, Bader. Klopft aber an die Hintertür!«

Der Thürlbader zwinkert verständnisinnig mit dem rechten Auge. »Bin schon im Bilde!«, antwortet er hochdeutsch.

Nach der Ernte des Sommers 1705 beginnt die Erhebung der Bauern zuerst in der Oberpfalz. Dann bilden sich unter Anführung des Schreibers am Pflegegericht Pfarrkirchen, Sebastian Plinganser, und des Studenten Georg Meindl von Braunau bäuerliche Heerscharen, die sich *Kurbayerische Landesdefensoren* nennen. Am 17. November überrennen diese Truppen mit Hilfe der Bürger Stadt und Festung Burghausen. Es fallen Braunau und am 4. Dezember Schärding. Da die Kaiserlichen gezwungen waren, für die italienischen Feldzüge Truppen abzuziehen, stehen nur etwa siebentausend bis achttausend Mann in Bayern, die vor der Lawine der beinah vierzigtausend Unterländer Bauern über den Inn zurückgehen und vor den vorstoßenden Bayern die Hauptstadt München nur noch durch ein festes Lager bei Anzing, drei Meilen östlich der Stadt, decken können. General de Wendt sichert die Stadt mit schwachen Kräften, während die Hauptmasse der Österreicher unter General Kriechbaum die Anzinger Stellung hält.

Seit einiger Zeit haben auch die patriotischen Männer Münchens zusammengefunden. Zu den Verschworenen gehören fast alle ehemaligen Bürgersoldaten, die Zunftgenossen, aber auch andere Leute, gleich dem Geistlichen Rat Gartner, dem Kooperator Kuechel und dem Hofkoch Engelhardt. Der Thürlbader Daniel Wüst versäumt keine der heimlichen Zusammenkünfte, die bald im Mälzboden des Weißen Bräuhauses vom Hallmayer, bald in den Hinterstuben vom Weinwirt Kittler oder vom Jägerwirt im Tal stattfinden.

Am 19. Dezember ist die Nacht dunkel und sternenlos. Da eilt der Bader, ohne Laterne sich durch die Gassen tastend, wieder hinunter zum Jägerwirt, pocht an das bewusste Pförtchen und sagt, als drinnen eine barsche Stimme nach dem Begehr fragt, die Parole: »Lieber bayerisch sterben, als kaiserlich verderben.« Es wird ihm aufgetan, und er tritt in den finsteren Gang.

In dem niederen, verräucherten Lokal flackern einige Kerzenstümpfe. Sie geben ein rötliches, gespenstisches Licht. Soeben hat der kurfürstliche Sekretär Heckenstaller einen angeblichen Aufruf Max Emanuels verlesen, der, obschon von dem patriotischen Sekretär gefälscht, einen gewaltigen Eindruck auf die Versammelten gemacht hat. Da sitzen sie eng aneinandergedrängt: wuchtige Mannsbilder in ihren langschößigen Röcken, meist mit der langen, zotteligen Haartracht der Zeit, mit engen Gamaschenhosen und Schnallenschuhen, unter denen sich Lachen vom abgeschmolzenen Schnee gebildet haben. Die warmen Mäntel hängen an den Haken der Stube.

»Also zur Sache!«, mahnt der Kittler-Wirt, »Sammelplatz san demnach 's Augustinerkloster und da Anger. D' Studenten treff'n si ebenfalls am Anger, und die Hofleut stehnga in da Residenz.«

»Und was mi anbelangt«, wirft der große Brauer Hallmayer ein, »so sorg i dafür, dass des Wasser vom Glockenbach in dera Nacht ablassen is, damit de Landesdefensoren in d' Stadt einakönna!«

»Alles in Ordnung!«, stellt der Hofkoch Engelhardt fest. »Mir in da Residenz ham Gott sei Dank unsane Büchsn und Pulversack guat versteckt. I ko aa no an d' Studenten G'wahr ausgebn.«

Am Tisch, wo die Häupter der Verschwörung beisammenhocken, heben die beiden Ratsherren und Eisenhändler Floßmann und Senser beinah gleichzeitig die Köpfe. »Red du!«, sagt der gemächlichere Floßmann, worauf Rat Senser erklärt, er und Floßmann würden zu dem guten Zweck unentgeltlich Gewehre, Pulver, Blei und Schanzzeug stiften.

»Wissts as, Leut«, sagt der Jägerwirt, »es is koa Wunder net, wenn si de Bauern z'sammtean. Zwölftausend junge Burschen wolln de Kaiserlichen aufm Land rekrutiern, und jede Nacht beinah falln de pandurischen Reiter über de G'höfta her und reißn de junga Leit aus de Bettn, treibn s' furt wia 's Vieh, damit de Herrn eahnan vafluachten Kriag weitaführn könna. Aba iatzt is Schluss und gar. De Oberlandler ruckan aus. Am Heilinga Abend stehngas vor Minka.«

Er setzt sich nieder und trinkt einen kräftigen Schluck. Der Posthalter Hierner von Anzing ergreift das Wort. Er berichtet, dass die Kaiserlichen bei Anzing Schanzen aufwerfen, was ihnen aber nichts helfen wird; denn vom Plinganser ist Nachricht gekommen, dass er am Heiligen Abend mit seiner niederbayerischen Bauernarmee von Osten her auf die Hauptstadt rücken werde. »Iatzt ham ma s' in da Zanga!«, triumphiert der Posthalter. »Wann dann die Bürgersleut de Tor aufmacha und mithelfa, kann nix schiafgeh!«

Alle Einzelheiten werden festgelegt. Die Verschworenen werden die Gelegenheit der Christmette benützen und mit geladenen Gewehren unter den Mänteln in die Kirchen gehen, die zugleich Sammelpunkte sein sollen. Das Kosttor und das Sendlinger Tor will man überrumpeln und auftun, und zugleich sollen Raketen vom Neuhauser Tor und vom Haus des Rates Senser emporsteigen, um den beiden heranrückenden Armeen der Landesdefensoren das Zeichen zum Angriff zu geben.

»Da ko eigatli nix mehr passier'n!«, lacht der Thürlbader und prostet dem Jägerwirt zu. »Für mi san die kaiserlichen Haderlumpen so vui wia verlor'n.«

Am selben 19. Dezember, an dem die Verschwörer ihre Pläne schmieden, meldet der Posthalter Münchens der Kaiserlichen Administration »submissest und in gehöriger Besorgnis, dass aus dem Oberland alle Post und Stafetten ausbleiben, was ein gar bedenklich Zeichen ist«. Und der Abt von Benediktbeuern schickt Botschaft an die Österreicher, dass aufrührerische Bauern aus Tölz, der Jachenau und dem übrigen Isarwinkel sein Kloster überfallen, den Klosterrichter mit Schlägen traktiert und aus dem klösterlichen Zeughaus Gewehre, Pulver und zwei kleine Kanonen fortgeführt haben. Der Kaiserliche Administrator Graf Löwenstein-Wertheim ist also gewarnt.

Tatsächlich fängt die Erhebung im Oberland schon an. Vom Tölzer Franziskanerkloster aus haben die Führer der Bauernschaft einen Aufruf hinausgeschickt, der die Dorfgenossen zu den Waffen ruft. Am 23. Dezember wollen sich die Landesdefensoren zu Hohenschäftlarn sammeln.

Zu Fuß, mit Rössern und Wagen strömen an die 2769 bewaffnete Landleute zusammen, und es sind auch genug ehemalige Offiziere, Beamte und Soldaten dabei. Die Bewaffnung ist ebenso uneinheitlich wie phantastisch. Man sieht von der gerade geschmiedeten Sense über den zackenbesetzten Morgenstern und den urtümlichen Zwiehander bis zum Tölzer Stutzen und zur Vorderladerflinte so ziemlich alles, was Menschen in den vergangenen Jahrhunderten dazu benützt haben, sich gegenseitig ins Jenseits zu befördern.

Von München her ist der Weinwirt Jäger unter großer Gefahr eingetroffen, und er gibt die Beschlüsse der Verschworenen und die Zusagen der Unterländer des Plinganser bekannt, was allgemeine Befriedigung auslöst.

Inzwischen haben lärmende Bauernhaufen, die von Kloster Schäftlarn herüberkommen, den kurbayerischen Hauptmann Mayr in ihre Mitte genommen und präsentieren ihn nun der Versammlung als den Obergeneral des Aufstandes. Der brave Hauptmann übernimmt angesichts der völlig ungeschulten und undisziplinierten Schar den Befehl mehr gezwungen als freiwillig. Auch seine Kameraden, die Leutnante von Lange und Abel, schütteln nur die Köpfe, als sie die künftigen Befreier Münchens verhandeln sehen.

Jeder hat seinen eigenen Sinn, jeder gibt Ratschläge und jeder ist ein Mordskerl für sich allein – aber alle auf einen Haufen zusammengeführt machen noch keine Truppe, mit der man operieren kann. Vor allem die Tölzer Schützen, die ganz unter dem Einfluss des Jägerwirts stehen, der aus Tölz stammt, fordern in ihrem überschwellenden Mut den geraden und sofortigen Marsch gegen die Hauptstadt. »In der Christnacht«, wiederholt der Jägerwirt immer neu, »müassen mir vor de Tor steh, weil de Münchner damit rechna!«

Vergeblich hält Hauptmann Mayr dem entgegen, dass man erkunden und vorsichtig die Flanken sichern müsse; umsonst sagt er den starren Bauern eine Katastrophe voraus: er wird bedroht, und es kommt zu wüsten Auftritten. Aber die Einwände des Hauptmanns haben doch wenigstens einen Teil der Bauern nachdenklich gemacht. Als der Morgen des 24. Dezember kalt und verschneit über die Wälder kriecht, da kommen aus den Scheunen, Stadeln und Heuhütten Schäftlarns fast um tausend Mann weniger heraus, als am 23. hineingekrochen waren. Die sind nachdenklich geworden und im Schutz der Nacht heimgeschlichen. Unter denen, die das Bauernlager verlassen haben, befindet sich auch der kurfürstliche Pfleger Johann Joseph Oettlinger aus Starnberg. Doch dieser Herr nimmt nicht den geraden Weg hinüber zum Starnberger See, sondern reitet in hoher Eile isarabwärts in Richtung München. Er ist fest entschlossen, der kaiserlichen Administration in der Herzog-Max-Burg Meldung über die Schäftlarner Vorfälle und die geplanten Unternehmungen zu machen.

Das Bauernheer, nun etwa 1900 Mann stark, zieht an diesem frostigen und nebligen 24. Dezember auf demselben Weg, den der Verräter genommen hat. Langsam nähert man sich Baierbrunn, wo die Vorhut auf den Posthalter Hierner aus Anzing stößt, der die bestürzende Kunde bringt: Sebastian Plinganser und seine Unterländler Bauernarmee können noch nicht so bald vor München eintreffen, sie werde aber bei nächster Gelegenheit Nachricht senden.

Wieder bricht ein lautes und stürmisches Palaver aus. Hauptmann Mayr besteht auf sofortigem Rückzug; als gelerntem Soldaten ist ihm nun das Unsinnige dieser schlecht vorbereiteten Sache klar. Doch er kommt mit diesem Befehl bei den Tölzern übel an. Die stehen ganz unter dem Einfluss des Jägerwirts, und der kennt nur eines: voran und auf München marschieren, wo die Mitverschworenen in der Christmette losschlagen wollen! Die kann man nicht im Stiche lassen.

Da der Hauptmann trotzdem Einwände macht, wird er seines Kommandos enthoben, das nun an die Führer der bäuerlichen Dorfgemeinschaften übergeht beziehungsweise sich ganz auflöst. Der Haufe nimmt wieder seinen müden und regellosen Marsch isarabwärts auf. Die Dämmerung bricht früh herein, über dem Forstenrieder Wald hängen milchige Nebelschwaden, und von den Isarhöhen sieht man ganz weit unten den Schattenriss Münchens liegen. In Solln sprengt abermals ein Unheilsbote daher, es ist der junge Sohn des Kittlerwirts, und er schwingt beschwörend die Arme. »Halt!«, ruft er den Bauern zu, »all's ist verratn! An ganzn Haufa Leit hams verhalt, und d' Garnison ist im Alarmzustand!«

Aus den Reden des jungen Menschen geht hervor, dass am Nachmittag des 24. Dezember plötzlich Alarm getrommelt worden ist und dass kaiserliche Truppen die Tore und wichtigen Türme besetzt hätten. Scharwachen erschienen beim Rat Senser und beim Eisenhändler Floßmann und verhafteten die Männer. In den Häusern verdächtiger Personen sind Waffen gefunden worden, und Bürgermeister Vacchiery ließ durch Ratsboten von Haus zu Haus sagen, die Bürgerschaft möge sich still verhalten, der heutigen Christmette fernbleiben und keinen Tumult erregen, falls vor den Toren geschossen würde.

Das ist deutlich genug. Hauptmann Mayr rät nochmals dringend zur Umkehr, aber die Tölzer setzen ihre Köpfe durch, und auch der Jägerwirt spricht für den sofortigen Angriff. Dazu ist um diese Stunde das Unternehmen auch schon nicht mehr ohne Verluste abzubrechen; denn in Schäftlarn ist ein Teil der Bauernarmee über die Isarbrücke zum rechten Ufer hinübermarschiert, und er nähert sich bereits über Harlaching der Auer Vorstadt.

Die Nacht verschluckt langsam das letzte graue Licht, da erscheinen die ersten Bauerntrupps auf der Giesinger Höhe. Von spähenden Buben der Au wird dieses Ereignis sofort in der Vorstadt gemeldet, worauf ein Trommler Wirbel zu schlagen beginnt. Die Auer mit ihren primitiven Waffen haben schon hinter den Türen gewartet, und sie rennen nun auf die Gassen hinaus, vereinen sich lärmend mit den Isartalern und werfen eine österreichische Feldwache zum Fluss zurück. Eine Weile warten die Angreifer, ob sich in der Stadt drüben nichts rühre. Doch es bleibt dort seltsam still, und selbst um die verabredete Mitternachtsstunde steigen keine Raketen, fallen keine Schüsse, grollt kein Getöse anhebender Kämpfe auf. Da greifen die Bauern und die Auer mit Wut die Festungswerke an, die auf dem rechten Ufer die beiden Brücken schützen. Sie nehmen nach kurzen, heftigen Schießereien alle Schanzen und den Roten Turm.

Unterdessen hat auch die Hauptmacht der Bauern von Solln her auf dem linken Isarufer das Dorf Sendling erreicht, und sie geht nun zum Sturm über. Schreiend und schießend wälzt sich der wilde Haufe talwärts auf das Sendlinger Tor zu, von dessen Wehrgängen ihm jedoch donnernd Salve auf Salve entgegenschlägt.

Die Nacht geht unter planlosen Schlägereien und unter dem Geböller der kleinen Kanonen dahin. Im Morgengrauen des 25. Dezember erscheint plötzlich die Armee des Generals Kriechbaum auf den Gasteighöhen. Die Infanterie geht in Gefechtsformation unter Trommelwirbel und wehenden Fahnen auf die Isarbrücken los, und da die Bauern vergessen haben, die bereits eingenommenen Schanzen besetzt zu halten, überschreiten sie auch den Fluss und jagen die hundert Tölzer Schützen aus dem Roten Turm. Gleichzeitig reitet eine große Abteilung Kavallerie durch eine Furt, und sie nähert sich langsam den Sendlinger Höhen.

Schon auf den Gasteighöhen hat General Kriechbaum durch eine Anzahl Kanonenschüsse der Münchner Besatzung kundgetan, dass er im Anmarsch sei. General von Wendt lässt nun durchs Isar- und durchs Schiffertor einen Ausfall machen und säubert leicht die Gegend des Glockenbachs und die Isarufer. Der Rest der versprengten Bauern sucht sich auf die Sendlinger Anhöhe zu retten, wo nun auch der Haupttrupp eilig Stellung bezieht.

Aber diese bäuerliche Hauptmacht ist nicht mehr sehr stark. An die fünfhundert Mann haben beim Auftauchen der pandurischen Reiter ihr Heil in der Flucht gesucht und alle Waffen weggeworfen. In heilloser Unordnung rennen sie um ihr Leben dem Forstenrieder Wald entgegen, den die meisten auch erreichen.

Der Jägerwirt, der Hauptmann Mayr, die übrigen Offiziere und an die achthundert Bauern verschanzen sich hinter den Mauern des Sendlinger Friedhofs. Und dort oben auf der kalten, vom Winterwind umheulten Sendlinger Höhe vollzieht sich der letzte Akt des Trauerspiels …

In der Neuhauser Straße, gleich hinterm Tor, werden die Verwundeten der Bauern in Reihen auf die blanke, schneeüberstäubte Erde gelegt: ohne Zudecken, ohne Verbände, ohne Essen und Trinken lässt man sie stundenlang frieren – wie der kaltherzige Bürgermeister Vacchiery am 28. Dezember 1705 in einem Briefe mitteilt: »um den Bürgern ein Zeichen zu geben, was mit Aufrührern geschieht.«

Die Münchner ducken sich verängstigt unter ihre Dächer und wagen es kaum, die Fenster oder die Türen einen Spalt breit zu öffnen, um das Rumoren der Kanonen und das Knattern des Gewehrfeuers zu vernehmen, das von der Sendlinger Seite herabkommt. Dort oben haben die Bauern unter Führung ihrer Offiziere dreimal um Pardon gebeten; sie sind aufgefordert worden, waffenlos aus dem Dorfe ins freie Feld zu kommen, haben es getan und sind dreimal verräterisch zusammengehauen worden. Jetzt verstummt das Wummern der Geschütze: Tödliches Schweigen senkt sich über Sendling. Den Hauptmann Mayr und seine beiden Leutnants tragen Panduren schwer verwundet auf Bahren in die Stadt; den Jägerwirt, der sich im Keller der Sendlinger Wirtschaft versteckt hatte, haben die »Krawotten« aufgestöbert. Sie bringen ihn unter Püffen und Schlägen gefesselt zum Falkenturm, vor dem eine starke Wache aufzieht.

Am Ende der Stadt, in dem ruhigen Winkel zwischen Stadtmauer und Residenz (heutiger Max-Joseph-Platz) liegt das alte Franziskanerkloster mit seiner schmalen, steilgiebeligen Kirche, die umringt ist von ihren gotischen Kapellen und Kreuzgängen. Ein kleiner Friedhof mit Beinhaus und einem künstlich aufgeschütteten Kalvarienberg schließt sich auf der einen Seite an. Gegen die Residenz zu liegen das wuchtige Bräuhaus, das Bierstübchen und der Block des Klosters mit seinen Blumen- und Gemüsegärten. Das Ganze ist durch eine hohe Mauer von der übrigen Stadt getrennt. Der innere Kreuzgang endet in einem winzigen Torhaus, in dem Frater Michael Pletz, der Pförtner, haust.

Der Frater ist ein besinnlicher, gutherziger Mensch, der in seinen vielen Mußestunden alle bedeutsamen Ereignisse, die er gleichsam als Zuschauer miterlebt, in sein »Merkbüchlein« einschreibt. Als er am Morgen des zweiten Weihnachtsfeiertages sein Türlein aufsperrt und vor das Kloster lugt, grüßt ihn gleich die alte »Kerzlerin«, die ihren Stand mit Wachsstöcken, Kerzen und Rosenkränzen gegenüber dem Kloster aufgeschlagen hat. Sie eilt auch, so schnell die alten Füße sie tragen, auf den Frater los und berichtet ihm die neuesten Gerüchte aus der Stadt. Da sind also der Hauptmann Mayr und seine Leutnants in ein Verlies des Falkenturms geworfen worden, obschon sie aus vielen Wunden bluten. Und bei Sendling hat man an die tausend Bauern totgeschlagen, nur etwa vierhundert sollen gefangen sein.

Die Alte plappert und tratscht, sie weiß bereits mehr Dinge, als sich zugetragen haben. Schon flüstert sich das Volk von München den Namen eines gewissen Balthasar Maier aus Kochel zu, Schmied soll er gewesen sein, ein Riesenkerl von Mannsbild und einer der Bauernführer. Dieser Schmied von Kochel, den es vermutlich nie gegeben hat, soll nach der Legende, die sich bildet, das Sendlinger Tor zu wiederholten Malen mit einer Wagendeichsel beinahe eingerannt haben, ehe er heldenhaft streitend auf dem Sendlinger Friedhof sein Leben ließ. Und wenn es den braven Kochel-Schmied auch nicht gegeben hat, so ist er doch ein volkstümlicher Heros, wie Max Emanuel ein fürstlicher ist.

Aber dann flüstert die alte Kerzlerin dem Frater Michael ein anderes böses Geheimnis zu: Die Kaiserlichen durchsuchen die ganze Stadt nach den Verschwörern, insbesondere aber fahnden sie nach den Häuptern, dem Kittlerwirt, dem Hofkoch Engelhardt und dem Brauer Hallmayer. Doch niemand weiß, wo diese drei geblieben sind.

Frater Michael freilich weiß recht wohl, wo die drei Leute stecken: im Franziskanerkloster nämlich, wo sie noch in der Christnacht um Asyl nachgesucht haben. Und so sitzt der wackere Bruder die nächsten Tage recht unbehaglich in seiner Pförtnerloge, beruhigt sich aber, als bis zum Abend des 29. Dezember kein Mensch die Klosterruhe stört.

Da geschieht es, dass gegen neun Uhr, wie es schon stockfinster ist, Waffengeklirr und Marschtritt hörbar werden und ein harter Degenknauf an die Franziskanerpforte hämmert. Frater Michael streckt den Kopf aus der Luke und fragt nach dem Begehr. Ein Fähnrich mit dreißig Mann und der kaiserliche Platzmajor stehen draußen, Fackeln lodern gespenstisch, und die Herren Offiziere verlangen streng nach dem Pater Guardian. Besonders der Fähnrich ist, nach des Fraters späterem Merkbucheintrag, »ein gar nüssiges und bissiges Mändl«.

Vom herbeigerufenen Guardian fordert der Platzmajor die sofortige Auslieferung des Hochverräters Kittler. Soldaten umstellen inzwischen Kloster und Brauerei, der bissige Fähnrich dringt rücksichtslos in die Freiung ein.

Der Pater Guardian, ein behäbiger, würdiger Herr, dessen rundliche Figur in dem engen Kreuzgang die weitere Aussicht versperrt, verhandelt mit den Offizieren und wedelt derweil hinter seinem Rücken mit dem Schlüsselbund. Frater Michael begreift sogleich, was gemeint ist und drückt sich, nachdem er unauffällig den Schlüsselbund an sich genommen hat, in das Kloster. *Ich lauff also, was ich kunnt*, schreibt Frater Michael hernach in sein Merkbuch, *öffne mittels des Schließls das Siechenzimmer von hinten und bring die Schutzbefohlenen, alsda sind: der Kittlerwirt, der Hofkoch Engelhardt und der Weiße Bräumeister Hallmayer, in fliegender Eil in ein sicheres Versteck ... Indes wird der Tumult und das Getös immer größer, wozue auch Herr Graf von Seeau – der Beigeordnete des kaiserlichen Statthalters – kommet und uns große Bedrohung anthuet, falls wir den Kittler nit stellen, man uns aus dem Kloster verjagen, ja selbigs gar zum Steinhaufen machen werde. Sie visitierten das Kloster allenthalben und stellten an alle Stiegen ihre Soldaten.*

Schließlich bleibt nichts übrig, als den armen Kittlerwirt auszuliefern. Da die Österreicher jedoch kein Wörtlein vom Engelhardt und vom Hallmayerbräu gesagt haben, bleiben diese beiden auch weiterhin verborgen. Damit sind die Offiziere zufrieden, und sie ziehen mit ihrem Gefangenen ab. Über das Ende Kittlers schreibt Frater Michael in sein Merkbüchel:

Am 29. Januaris 1706 trat selbiger seinen letzten Gang durch die winterliche, menschenerfüllte Burggasse an. Er war ein schöner, langer und starker Mann in der Fülle der Kraft. Herzhaft ist er auf den Platz durch den Alten Hof, so sonst eine Freyung ist, gegangen zum Blutgerüst zu Füßen der Mariensäule, wo sein Haupt als letztes fiel, nach denen seiner Mitverschworenen Clanze, Aberle und Rat Senser. Der Kittler ist nur 31 Jahre alt geworden.

Über das Ende des Jägerwirts gibt es eine amtliche Notiz in den Akten der Administration.

München, den 17. März 1706. Diesen Vormittag ist Johann Jäger, Weinwirt allhier, 38 Jahre alt, wegen des Lasters der beleidigten Majestät, absonderlich aber, weilen er bei der verdammten Rebellion ein Rädelsführer, und an dem Blutbad der Bauern ein Ursacher gewesen, mit dem Schwert hingerichtet worden, der tote Körper publice gevierteilt, der Kopf auf den Isarturm, die vier Teile aber, wie schon mit dem Kittler geschehen, im Burgfrieden aufgesteckt, auch dessen Vermögen konfisziert worden … Actum ut Supra.

1714 Endlich wird nach langen, wechselvollen Kriegsläuften am 7. September 1714 Friede geschlossen, und am 16. Januar 1715 rückt die Kaiserliche Administration mit ihren Truppen aus München und Bayern ab.

Nach mehr als zehnjähriger Abwesenheit kehrt Kurfürst Max Emanuel in sein Land zurück, und er sieht zum ersten Mal nach so langer Zeit seine Gemahlin und die groß gewordenen Kinder wieder. Trotz aller Leiden, die er seinem Volk bereitet hat, ist die treue Liebe seiner Untertanen standhaft geblieben. Das spürt er gleich bei seiner Ankunft auf bayerischem Boden, als ihm eine Abordnung des Münchner Rates entgegeneilt und ihm, zu seiner großen Überraschung, eine Kiste übergibt, in welcher sich die wichtigsten Kostbarkeiten des kurfürstlichen Hausschatzes befinden. Zehn Jahre lang hatte der Münchner Rat mit Kenntnis zahlreicher Bürger diese Kleinodien versteckt gehalten und treu für den Fürsten bewahrt.

Mitte April läuten alle Glocken Münchens, der Rat und die Bruderschaften stehen mit Kreuz und Fahnen unterm Neuhauser Tor, die Geistlichkeit wird von einem greisen Geistlichen Rat angeführt. Viele Leute weinen und schluchzen, der Geistliche Rat wird mitten in seiner Begrüßungsansprache von Tränen überwältigt und kann nicht mehr fortfahren. Dann aber bricht sich der Jubel Bahn, die Münchner Bürger spannen Max Emanuel die Pferde aus und ziehen seine Kutsche lachend und weinend zur Residenz.

Am Mittag gibt der Rat der kurfürstlichen Familie ein Festbankett im Rathaus. Zum Dank für die Erlösung aus fremder Besatzungszeit vollenden die drei bayerischen Stände – Adel, Geistlichkeit und Bürgerschaft – die Dreifaltigkeitskirche, über deren Portal eine lateinische Inschrift in Form eines Chronostichon angebracht wird: *Deo trIno Con DIDere Voto – tres boICI statVs.*

Liest man die groß geschriebenen Buchstaben zusammen, so ergibt sich die lateinisch geschriebene Jahreszahl 1714, das Jahr der Befreiung.

Max Emanuel ist zurückgekehrt als der, der er war: ein strahlender Held, der von Großmacht und dem Triumph seines Hauses träumt. Millionen-Schulden liegen auf seinem armen Land, Stadt und Land stöhnen noch unter den Wunden, die ihnen der unsinnige Spanische Erbfolgekrieg geschlagen hat – da ist der Kurfürst schon dabei, die nächste Verwicklung einzufädeln und für den folgenden Akt der Tragödie die Regie zu übernehmen.

1724

Diesmal lockt eine andere Krone: Wenn Kaiser Karl VI. das Zeitliche segnet, gibt es keinen männlichen Nachkommen im Erzhause Habsburg mehr, und das ungeheure Erbe Österreichs muss an eine der Töchter fallen. Also schließen wir unseren Frieden mit Habsburg und sehen wir zu, dass Bayern sich dem Erzhaus verschwägert! 1722 feiert der bayerische Erbprinz Karl Albrecht Hochzeit mit Amalie, der Nichte des Kaisers. Trotz des Ehevertrags, der Ansprüche auf das zu erwartende Erbe ausschließt, ist das Samenkorn zu höchsten Hoffnungen gesät. Aber Max Emanuel sieht auch noch andere Wege zur bayerischen Großmacht. 1724 wird die Hausunion mit den Wittelsbachischen Vettern von der Pfalz geschlossen, so dass eine Linie die andere beerben kann. Wenn also durch das Aussterben der Habsburger etwa die Niederlande und durch den pfälzischen Erbfall die Rheinpfalz zu Bayern kämen – es ist nicht auszudenken, welche Rolle ein derart vergrößertes Bayern spielen könnte!

Es sind barocke Pläne, so barock wie die riesigen Allongeperücken und die von Goldborten und aufgenähten Edelsteinen steifen Röcke oder die vom Überschwang gesprengten Grundrisse der Kirchen, die von starken Kräften gebrochenen Architrave, die gleichsam durch die Gewölbe zum Himmel hinausstoßenden Deckengemälde der Schlösser.

Max Emanuel hat in dem Jahrzehnt seines Unglücks wirklich nichts dazugelernt, es sei denn im äußeren Lebensstil. Lange ist er in Brüssel und später in Compiègne nahe Paris gewesen, und er hat nahe der Sonne von Versailles und im Schatten des Sonnenkönigs Ludwigs XIV. dürftigen Hof gehalten. Was er dort gelernt hat, exerziert er nun, nach München heimgekehrt, mit den Mitteln eines vom Kriege geplünderten Landes.

Die französischen Komödianten kosten den Hof jährlich zwanzigtausend Gulden, die Aufführung zweier Opern mit dem ganzen bizarren Prunk des Barock allein zweihunderttausend. Riesige Summen verschlingt die Erweiterung der Gemäldegalerie Schleißheim, für die Max Emanuel sogar in den mageren Jahren zu Brüssel schon Bilder von Rubens, van Dyck und anderen niederländischen Meistern erworben hat. Aber die Niederlande sind auch das klassische Land der Tapeten- und Gobelinwirkerei, und so lässt Max Emanuel aus Frankreich und Belgien Tapetenwirker und Seidenweber kommen, die zuerst am Rindermarkt, später in der Nähe der schon bestehenden Auer Tuchfabriken untergebracht werden.

Die Sticker erhalten in der Auer Fabrik volle Verpflegung, jährlich drei Klafter Fichtenholz von der Isarlände, außerdem zwölf Pfund Kerzen und als Jahreslohn anfangs dreihundert, seit dem 1. September 1721 sogar vierhundert Gulden. Doch müssen sie davon noch selber die Wolle und Seide einkaufen, und nur die Gold- und Silberfäden werden von der Hofkammer gestellt. Für diese keineswegs fürstliche Bezahlung schaffen die Seidenweber und Gobelinwirker in den folgenden Jahren die herrlichen Wandteppiche für Schleißheim und Nymphenburg, auf denen Schlachten, Hofszenen, Jagden und allegorische Darstellungen zu sehen sind. Eine dieser Serien wird im Herkulessaal der Residenz aufgehängt.

Natürlich muss sich auch Max Emanuel nach der Decke strecken. Die Bauten der beiden Riesenschlösser werden in etwas bescheideneren Ausmaßen fortgesetzt. Schleißheim, das einst ein zweites Versailles werden sollte, und Nymphenburg, dem die Bernini-Pläne des Pariser Louvre-Umbaus zugrunde liegen sollten, gehen nun aus den Händen Zuccalis in die des bayerischen Architekten Effner über.

In den Niederlanden hat Max Emanuel einen elfjährigen verwachsenen Zwerg als Hofnarren gehabt, einen gewissen François Cuvilliés. Doch war der Kurfürst aufgeschlossen genug, die seltene Begabung des armen Jungen zu erkennen. Er hat ihn nach Paris und nach Italien geschickt und auf seine Kosten zum Architekten ausbilden lassen. Dieser Cuvilliés kommt nun anno 1724 nach München, ein Jahr später tritt er an die Seite Effners, und er reißt immer mehr von den künstlerischen Unternehmungen an sich. Cuvilliés gehört schon der neuen Nachkriegsgeneration an, nicht mehr dem Geschlecht der barocken Titanen. Die Jugend ist leichter, verspielter und graziöser. Ihr Stil ist das Rokoko. Sie trägt nicht mehr die schwere Perücke, sondern den zierlichen Haarbeutel.

Im Jahr 1726 hat der Held Max Emanuel die Augen für immer geschlossen. Der Sohn und Erbe, Karl Albrecht, ist schon ganz ein Mensch des Rokoko: liebenswürdig, aber nicht tiefgehend, tändelnd, aber nicht ausdauernd, voller großer Pläne, jedoch ohne den kraftvollen Schwung des Vaters.

1727 lässt die Kurfürstin Amalie den Grundstein zur Kirche Sankt Anna auf dem Lehel legen, wo der neue Orden der Hieronymiter-Eremiten seinen Einzug in München hält. Bei der Ausschmückung dieser Kirche arbeiten zum erstenmal zwei Künstlerbrüder in der Landeshauptstadt, die sich bei der Ausschmückung des

Freisinger Doms (1724), in Maria Einsiedeln (1726), zu Sankt Emmeram in Regensburg und in Kloster Metten einen Namen gemacht haben. Es sind der Maler Cosmas Damian Asam und sein Bruder, der Bildhauer und Stuckateur Egid Quirin.

Und nun kommt auch Cuvilliés voll zum Zug. Schon 1728 ist er von der kurfürstlichen Hofkammer in allen künstlerischen Entscheidungen dem älteren Effner gleichgesetzt worden. Als nun 1729 wieder ein Residenzbrand zahlreiche Räume verwüstet, bekommt Cuvilliés den Auftrag, die Neugestaltung der Zimmerfluchten zu übernehmen. Er schafft die sogenannten *Reichen Zimmer*, die *Grüne Galerie* und das *Miniaturenkabinett* als wahre Wunderwerke zierlicher, graziöser und harmonischer Form- und Farbkunst. Zu dieser Arbeit holt sich Cuvilliés einen Stab von trefflichen Gehilfen: Da ist der Auer Bildhauer Dietrich, der Böhme Mirofsky, der Italiener Moretti.

Geld scheint wieder einmal keine Rolle zu spielen. Die Hofkammer weist an: für Gold, Seiden, Sammet und Damast 71 805 Gulden; Mirofsky kassiert für die Holzschnitzereien im Schlafzimmer 10 000, für die Grüne Galerie 7200 und für das Spiegelkabinett 7000 Gulden; daneben reichen der Vergolder Lauro Bigarello, der Stuckateur Johannes Zimmermann aus Wessobrunn und der Münchner Bildhauer Georg Baader ihre Rechnungen ein. Auch die Bronze- und Gussarbeiten des Niederländers Wilhelm de Groff sind nicht billig, und Meister Cuvilliés selbst bezieht seit kurzem Gehalt als bayerischer Hofarchitekt.

1734 So herrlich wird die wiederhergestellte Residenz, dass der Bamberger Hofbaumeister Michael Küchel, der im Auftrag seines Fürstbischofs die besten europäischen Schlossbauten besichtigt, an seinen Herrn schreibt:

Ich glaub nit, dass man was Schöners und von besserm gusto in der Welt zu sehen bekommen könnt, als die neuen Zimmer mit dem Vorsaal und der dreyfachen Bibliothec, in welchen jeder etwas recht guetes lernen und an innwendigem Werkh nichts abgeht. (Brief vom Mai 1737)

Fast gleichzeitig mit diesen Aufträgen geht die große Renovierung der Heiliggeistkirche durch die Gebrüder Asam vonstatten. Bald darauf wird der Neubau der Sankt-Anna-Kirche des Damenstifts der Salesianerinnen in Angriff genommen, wo wiederum die Asams wirken. Die reizvollste Aufgabe erhält François Cuvilliés anno 1734, als Karl Albrecht für seine Gemahlin Amalie im Nymphenburger Schlosspark die Amalienburg als Mittelding zwischen Damenboudoir und Jagdhaus aufführen lässt. Cuvilliés stellt in der Amalienburg ein Phantasieschlösschen in der Art eines graziösen Pavillons hin, ein Wunder an Intimität, eine Traumkulisse für Schäferspiele und Hofgetändel.

Diese höfische Baulust lässt auch die Adeligen und die reichen Bürger nicht ruhen. Überall in der Stadt wachsen schöne Palais und Bürgerhäuser empor, die Meister Effner, Cuvilliés und Asam haben alle Hände voll zu tun. In der Theatinerstraße wird das Palais Preysing (1727 bis 1734), in der Prannerstraße das Palais Gise gebaut, und am Promenadeplatz entstehen die Paläste Törring und Königsfeld (späteres Erzbischöfliches Palais, 1735 bis 1737). Der schöne Porcia-Palast wird errichtet. In der Damenstiftstraße lässt sich Graf Lerchenfeld ein stattliches Palais errichten, aber auch die Bürger lassen Gebäude im neuen Rokokostil entstehen, wie das Haus in der Ledererstraße, das Haus Gunezrhainer am Promenadeplatz und den schönen Besitz der Gebrüder Asam in der Sendlinger Straße (1740), gleich neben dem »Bürgerkirchlein« Sankt Johann Nepomuk, ebenfalls von den Asams.

München scheint ein einziger Bauplatz zu sein, überall blühen Kirchen und Schlösser, Palais und Patrizierhäuser mit ihren hellen Farben und zierlichen Schnörkeln empor; die Stadt befindet sich in einem Rausch von Reichtum und Pracht.

1740 Aber das Jahr 1740 zieht gleich einer Gewitterfront herauf. Am 20. Oktober stirbt Kaiser Karl VI., der letzte männliche Habsburger. Er geht in dem Glauben dahin, durch die Verträge der Pragmatischen Sanktion die Erbfolge seiner seit 1736 mit Franz von Lothringen verheirateten Tochter Maria Theresia gesichert zu haben. Doch sein Tod verweht alle beschriebenen und gesiegelten, alle feierlich beschworenen und geheiligten Papiere. Das Preußen Friedrichs des Großen rüstet sich zum Einfall in Schlesien, Frankreich steht kampfbereit, und das kleine, ehrgeizige Bayern Karl Albrechts meldet die Erbansprüche der Kaisernichte Amalie an.

Jetzt scheinen sich die kühnen Wünsche des toten Max Emanuel zu erfüllen: Im Februar 1742 wählen die Kurfürsten den Bayern Karl Albrecht zum Kaiser. München jubelt, ist es doch abermals Kaiserstadt geworden. Man hofft auf den Einzug ausländischer Gesandter und baut eilfertig neben der kurfürstlichen Seidenmanufaktur in der Au, die nun schon beinah hoffähig geworden ist, ein Wohnhaus für den türkischen Gesandten.

Dann bricht der Frost über alle Rokokoträume herein und zerstört ihre Blüten. Wenige Tage nach der Kaiserwahl Karl Albrechts rücken vom Inn her die Pandurenregimenter des österreichischen Feldmarschalls Khevenhüller. Wieder überschwemmen Kroaten, Panduren, Bosnier, Böhmen und Slowenen das arme Land. Ende Februar ziehen unter Trommelwirbeln und Trompetensignalen die österreichischen Truppen in München ein. Aus Frankfurt schreibt der eben gekrönte Kaiser Karl VII. Albrecht nach München:

Meine Krönung ist gestern vor sich gegangen, mit einer Pracht und einem Jubel sondergleichen, aber ich sah mich zur gleichen Zeit von Stein- und Gichtschmerzen angefallen. Krank, ohne Land, ohne Geld, kann ich mich wahrlich mit Job, dem Mann der Schmerzen, vergleichen.

Der Sohn Max Emanuels erntet von der Politik der Illusionen dieselben Nackenschläge wie sein Vater. Und das Land bezahlt wieder einmal die Zeche. Mord, Brand und Krieg wüten rings um München, das Elend ist groß.

Vor den Pforten der prächtigen Schlösser und Palais, vor den Portalen der strahlenden Rokokokirchen sitzen die Krüppel. Die zerlumpten Bettler strecken die mageren Arme nach Almosen aus; die Spitäler sind voll von Siechenden und Verwundeten, und zu Hunderten streunen verwilderte Waisenkinder durch die Straßen der Stadt. Mitten aus dem Herzen des leuchtenden Rokoko steigt der Schrei: Ist da niemand, der sich der Not erbarmt?

Nicht Fürsten und nicht Patrizier hören die Klage der Armen: Sie rührt einen einfachen Mann aus dem Volk. Johann Michael Poppel ist der Sohn eines Fassbinders aus der Au. Er hat in Freising »auf geistlich« studiert, ist aber dann Lehrer zuerst am Waisenhaus in Freising, später in Erding geworden. Seit der Krieg im Land ist, lebt er wieder in seiner engeren Heimat in der Au vor München, wo er im Hause des Gerichtsdieners Christian Nussbaum wohnt.

Dieses Haus ist noch vor dem Dreißigjährigen Krieg mit Holz und Flechtwerk gebaut, mit Mörtel beworfen und, als es nach mehr denn hundert Jahren ziemlich baufällig aussah, anno 1733 unter Aufwand von 160 Gulden und 52 Kreuzern renoviert worden. Es liegt in der Gmain, nahe der Isarbrücke und beinah im Schatten der schweren Holzkonstruktion, die gegen Abend das Licht wegnimmt. Der Amtmann und Gerichtsdiener Christian Nussbaum, der die niedere Gerichtsbarkeit über die Bezirke Au, Untergiesing und Haidhausen ausübt, bezieht jährlich sechzig Gulden Gehalt, muss aber davon acht Gulden an den Stockknecht abgeben. So ist Herr Nussbaum sehr auf Nebeneinnahmen angewiesen. Zum Beispiel hat er eine Anzahl so genannter *Brotbauern*, Landleute auf Besitzungen, auf denen eine gewisse Scharwerksdienstbarkeit, wie Fuhr-, Hand- und Spanndienst, ruht. Da nun der Amtmann die Scharwerksleistung verteilt, vergleichen sich die Brotbauern privat, indem sie ihm Korn, Eier, Schmalz oder Fleisch liefern und stillschweigend von allen Dienstleistungen für das Hofkastenamt, für das Forstamt oder beim Straßenbau verschont bleiben.

Die früheste Darstellung Münchens in »Schedels Weltchronik« von 1493

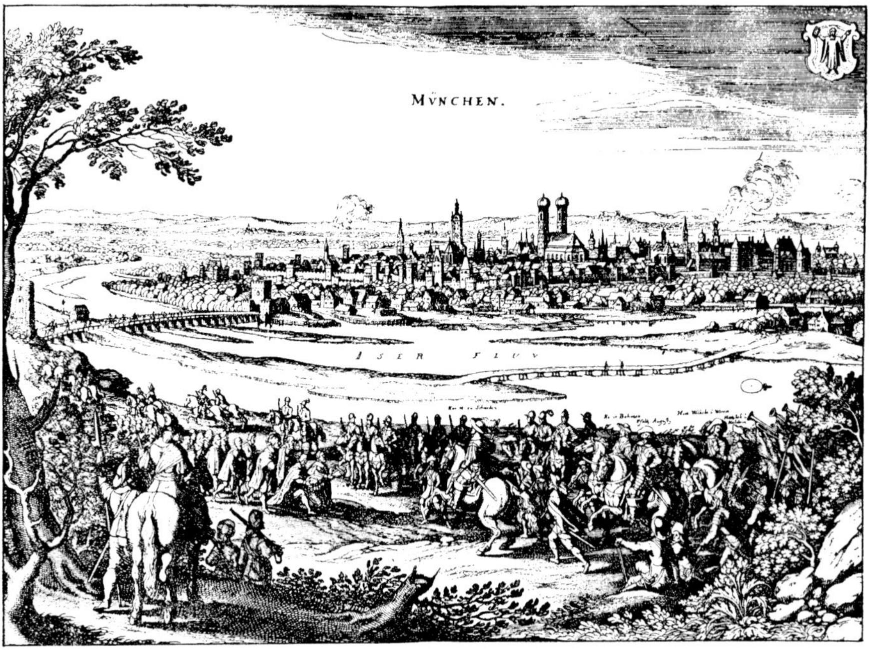

Die Stadt München vom Nockherberg aus gesehen. Ein Stich von M. Merian aus dem mittleren 17. Jahrhundert

Ein Tandler in der Krämerstraße in der Au, 1907

Auf der Theresienwiese fordern rote Demonstranten die Freilassung des Auer-Attentäters, 1919.

König Ludwig III. bei der Fronleichnams-prozession, 1914

Blick über den Lenbachplatz vom alten Botanischen Garten aus, 1889: Goethe-Denkmal, Maxburg, Frauenkirche, Synagoge, Heim der Künstlergesellschaft »Allotria«

Links: München von oben mit Blick zur Frauenkirche, um 1880

Rechts: Zeppelin über München, um 1935

Karl Valentin in seinem Gruselkabinett, um 1930

Die Erinnerungstafel für die Toten des 9. November 1923 an der Feldherrnhalle

1945 war München ein Trümmerfeld: Blick von der Feldherrnhalle auf die Theatinerstraße

Das München der Sechzigerjahre, Blick auf den Stachus (Karlsplatz)

Das Olympiagelände mit Stadion, 1972

Der Englische Garten als grüne Oase Münchens

Das Oktoberfest. Parade auf dem Odeonsplatz, im Hintergrund ist die Theatinerkirche zu sehen

Eine weitere Nebeneinnahme des Gerichtsdieners in der Au sind die Verpflegungsgelder der Verhafteten und Gefangenen. Für jeden erhält er täglich fünfzehn Kreuzer Kostgeld. Wenn man aber am Gerichtshaus an der Gmain vorübergeht, sieht man die Gefangenen auf den Holzbänken vor dem Gefängnis in der Sonne sitzen, Karten spielen und Tabak »trinken«. Die Auer Weiber bringen ihren Männern und Buben das Bier und die Brotzeit in dieses erträgliche Gefängnis, und der Herr Gerichtsdiener spart das Verpflegungsgeld.

1743

Das alles sind für Johann Michael Poppel altgewohnte Bilder. Er kommt meist von der Quellenstraße herab, wenn es auf den Abend zugeht und die Schatten der Brücke schon über die Vorderfront des Gerichtshauses fallen. Dann sieht Poppel auch das am Flussufer auf moosigem, feuchtem Grund erbaute armselige Schulhaus, das man vor mehr als hundert Jahren dort hingestellt hat, weil dieser Grund für das Vieh zu nass und als Weide daher unbrauchbar gewesen ist. Für die Kinder der armen Auer Taglöhner jedoch erfüllt die Hütte mit ihren zwei Zimmern seit drei Generationen ihren Zweck.

Die Teilnahme am Unterricht ist freiwillig. Damit auch die Armen unentgeltlich die Schule besuchen können, sind durch die Münchner Schulmeisterordnung von 1564 die Klostervorstände und der Magistrat verpflichtet, für die ausreichende Besoldung der Schulmeister zu sorgen. Der Tarif beträgt dreißig Kreuzer im Vierteljahr pro Kind, das Lesen und Schreiben lernt; versteigt sich aber eine gewisse Anzahl auch noch in die Rechenkunst, so muss dafür extra bezahlt werden.

Mit hundertsechzig bis zweihundert zerlumpten, teilweise verlausten und ungewaschenen, aber auch unerzogenen und verwilderten Kindern in zwei winzigen Räumen tagtäglich Unterricht zu halten ist ein mühseliges Geschäft, dem der Schulmeister nur durch strengen Gebrauch der Rute gerecht werden kann. So ertönt fast ständig das Klagegeheul von der Schulmeisterhütte herauf, was unter den wartenden und am Ufer herumlungernden Kindern stürmisches Gelächter oder Protestgebrüll auslöst.

»Mein Gott, was für eine verwirrte Zeit!«, denkt Johann Michael Poppel. »Da werden prunkende Schlösser, Paläste und Patrizierhäuser gebaut, die Kirchen strahlen in Pracht und Farbe, und die Jugend des Volkes verkommt in der Wildnis, die mitten unter uns ist. Für sie ist kein Geld da.«

Wenn Poppel von der Quellenstraße her seiner Behausung naht, dann ist sein Tagwerk meist beendet. Er gibt Privatunterricht. Die Vorstadt jenseits der Isar ist heute nicht mehr nur Armen- und Industrieviertel. Mit den zahlreichen Gewerbebetrieben sind auch wohlhabendere Leute eingezogen. Sie schicken ihre Kinder natürlich nicht in die öffentlichen Schulen, wie jene am Isarufer unten, und sogar die zwei Klosterschulen in der Au sind ihnen nicht vornehm genug. Die reichen, sehr besorgten Eltern lassen ihren Sprösslingen Privatunterricht erteilen.

So kommt Poppel als Lehrer in das Haus des Manufakturinspektors Clemens Heiß, zum Hutmacher Wolfgang Lut, zum reichen Rosenkranz- und Kreuzelmacher Mathias Perlhammer und ins Gasthaus Jackl am Berg zur Familie Joseph Päll in der Quellenstraße 12. Da beim Jackl am Berg viele Fuhrleute von der Salzstraße einkehren und Brotzeit machen, gibt es auch für den armen Schulmeister Poppel reichlich zu essen, und die gute Wirtin Päll packt ihm stets die Überbleibsel aus der Wirtschaft in sein »Bschoad-Tüachl«. Das hängt sich Meister Poppel nach beendetem Unterricht der Päll-Kinder an seinen Zwieselstecken. Die tobende, raufende Kinderschar am Flussufer hält plötzlich inne. Irgendeiner der schmutzverschmierten Strolche hat den herankommenden Schulmeister erblickt und gerufen: »Aufhör'n! Da Poppel-Vata kommt!« Schreiend und lachend laufen die Kinder auf Johann Michael Poppel zu, der stehen bleibt und ihnen entgegenschaut. Der lange, magere Rothaarige, der den Haufen anführt, ist ein Waisenkind, dessen Eltern an der Pest gestorben sind; das kleine Mädel mit den zottelig herumflatternden Haaren hat seine Familie durch die Kriegsläufte verloren. Eines Tages tauchte sie in der Au auf. Ein paar ganz Kleine, die nicht Schritt zu halten vermögen, beginnen nun wie geschlagene Hunde zu heulen. Denn Johann Michael Poppel bringt den armen Kindern jeden Tag etwas zu essen, und wer zu spät kommt, hat Angst, die besten Happen in fremden Mäulern verschwinden zu sehen. Umringt von seinen stürmischen Anhängern sucht Poppel ein Plätzchen am Ufer zwischen Weidenbüschen und Steinbrocken und beginnt den Inhalt seines Bschoad-Tüachls zu verteilen. Nachdem die Kinder die paar Bröcklein verschlungen haben, fängt er wie stets mit dem Unterricht an. Er erzählt eine biblische Geschichte, zieht später eine Fibel hervor und lässt die Buchstaben benennen oder einige größere Knaben Worte buchstabieren. Ein blasses Mädel von etwa elf Jahren exerziert seine bescheidenen Rechenkünste, und der ganze zu Poppels Füßen gelagerte Kreis summt und schwatzt vor Lerneifer.

Aber es wird bald kühl, und im Westen, über den Türmen der Theatinerkirche drüben, steigt blauschwarzes Regengewölk herauf. »Iatzt werd's bald Winta!«, seufzt ein stupsnäsiger Bub. »Wo genga ma denn hi, wann da Schnee liegt?«

Das ist die Frage, die Johann Michael Poppel schwere Sorge macht. Im Sommer dieses schrecklichen Kriegsjahres ging es ja noch. Man konnte am Isarufer oder im zugigen Schuppen des Kastenamts bleiben, auch bei den Paulanern in der Neudeck war man schon untergekrochen, und man hatte die Kinder im Mälzhaus versammelt – doch das ist alles nichts, wenn der kalte Wind mit Eis und Schnee kommt. Dabei werden es immer mehr landstreichende verwaiste Buben und Mädel. Sie laufen aus den verwüsteten Dörfern der Umgebung einfach der Stadt zu, von der sie sich Rettung erhoffen.

»Seids nur stad!«, tröstet Poppel seine Schar. »I werd scho was findn, wo ma unterkriacha könna!« Aber er weiß selbst nicht, wie das Problem so ganz ohne Geld und Unterstützung zu lösen sei.

Johann Michael Poppel fasst sich ein Herz und bespricht die Sache mit seinem Hausherrn, dem Gerichtsdiener Christian Nussbaum, und weil der Mann auch Mitleid mit den armen verwahrlosten Kindern hat, räumt er dem Schulmeister gegen geringen Mietzins seine große Stube ein und verspricht, mittels seiner Brotbauern für Beheizung und Verpflegungszuschuss zu sorgen. Bedingung ist freilich, dass der Gerichtsherr des Bezirks, Freiherr Franz Karl von Wiedemann, damit einverstanden ist.

Poppel scheut auch diesen Bittgang nicht und erhält tatsächlich die Erlaubnis, sich auf seine Weise der elternlosen Kinder anzunehmen. Nur als er etwas von Geldzuschuss und Unterstützung murmelt, zuckt der Freiherr nur die Schultern und meint, der Hof habe mit dem vermaledeiten Krieg Ausgaben genug.

Das schreckt aber den Wohltäter nicht ab. Am Sankt-Andreas-Tag, dem 30. November 1743, sucht er sich die dreißig ärmsten und kleinsten Waisen aus der Horde heraus, führt sie zuerst in die Kirche Mariahilf in Untergiesing, hört mit ihnen die Messe und betet inständig um das Gelingen seines Werkes. Dann marschiert er an der Spitze der Kinderschar in die große Stube des Gerichtsgebäudes in der Gmain, wo er schon Waschzuber und Tücher vorbereitet hat. Die Waisen werden gründlich gewaschen, ihre Haare geschnitten und entlaust. Bei seinen reichen Bekannten, den Eltern seiner Privatschüler, hat er eine Anzahl Kleidungs- und Wäschestücke zusammengebettelt. Mit diesen kleidet er die kleinen Landstörzer neu ein.

»So, Kinder«, sagt er dann, befriedigt von der Verwandlung, welche seine Schützlinge erfahren haben, »von jetzt an seids da herinn dahoam, und i bin euer Vata. Z' essen werdn ma scho allawei was herbringa!« Stürmischer Jubel bricht aus, die Kleinen hängen sich dankbar, lachend und weinend, an ihn.

In der folgenden Zeit steht Johann Michael Poppel zwischen Spott und Anerkennung, zwischen Hohn und Bewunderung. Die einen sagen: der Kerl spinnt, die anderen nennen ihn einen frommen und heiligmäßigen Mann. Einige wohlhabende Leute, denen die Bettelplage längst auf die Nerven gefallen ist und die schon oft dagegen murrten, dass man keinen Schritt auf der Straße tun, keine Kirche betreten und keine ruhige Stunde im Hause mehr haben könne, ohne von zerlumpten, ausgehungerten Kindern umringt und angebettelt zu werden, finden den Gedanken gut, die kleinen Waisen öffentlich zu betreuen. Andere dagegen meinen, wo käme denn die Welt hin, wenn alle Menschen von Unterstützung leben und studieren wollten. Denn die Betreuung Poppels erstreckt sich auch auf Unterricht und Erziehung. Wo aber nimmt man eines Tages die billigen Taglöhner, die Gelegenheitsarbeiter und Scharwerker her, wenn die Leute so aufgeklärt und gebildet werden?

So erlebt Poppel bei seinen Bittgängen auch manchen Hinauswurf, und er muss viele Beschimpfungen einstecken. Wenn er sehr entmutigt heimkehrt, so genügt ihm ein Blick in die strahlend vertrauenden Augen seiner Waisen, um auf seinem Wege fortzufahren. Als 1749 der Krieg zu Ende und die ärgste Not gebändigt ist, verschafft sich Johann Michael Poppel durch den ihm wohlgesinnten Gerichtsherrn, den Freiherrn von Wiedemann, die Erlaubnis für eine öffentliche Sammlung. Er schickt seine Waisenkinder in die Häuser der Adeligen, der hohen Geistlichkeit und der reichen Bürger. Überall wird dem frommen Werk wohltätige Unterstützung zuteil. Die aufgebrachten Summen ermöglichen es, an den Bau eines eigenen Waisenhauses nahe der Mariahilfkirche zu denken.

Im Jahr 1751 steht das neue Haus. Das gute Herz der Münchner ist nun angerührt, fromme Stiftungen fließen so reichlich zu, dass das Waisenhaus mehrere Klassen einrichten, Gehilfen anstellen und Lehrstuben für Lesen, Rechnen, Spinnen, Stricken und Nähen einrichten kann. Und es bleibt noch so viel Geld übrig, dass Poppel die Summe von 4822 Gulden als Reserve hinterlegen kann.

1745 Der unglückliche Kaiser Karl VII. Albrecht ist 1745 gestorben. Sein bayerisches Kurfürstentum hat er seinem achtzehnjährigen Sohn Max III. Joseph hinterlassen, einem gutmütigen, beinah bürgerlich schlichten Mann, der den besten Willen hat, seinem schwer mitgenommenen Land Hilfe zu bringen. 32 Millionen Gulden Staatsschuld lasten auf Bayern, und das Elend ist groß. Max III. Joseph steht gewissermaßen an der Schwelle zweier Zeitalter: Das alte, feudale der glanzvollen Fürsten, in dem der Landesherr absolut und höchst egoistisch regierte, begegnet den Ideen der Aufklärer, die den höchsten Nutzen für die größtmögliche Zahl Menschen erstreben.

Auch die hohen Tage Meister Cuvilliés sind vorüber. Die heitere, spielerische Formen- und Farbenfreude des Rokoko hat aufgehört, Ausdruck der Zeit zu sein. Als Cuvilliés von einem Studienaufenthalt aus Paris zurückkommt, ändert er die Pläne zur Renovierung der Fassade der Theatinerkirche klassizistisch ab. Nur das bereits bis ins Detail entworfene und schon im Bau befindliche neue höfische Operntheater in der Residenz wird noch im alten Stil weitergebaut und auch als Rokokotheater vollendet (1752 bis 1760).

1759 gibt der junge Kurfürst seine Zustimmung zur Gründung einer Bayerischen Akademie der Wissenschaften in München, die auch ein Gebäude im klassizistischen Baustil bezieht (Alte Akademie). In dieser Akademie arbeiten vor allem die Historiker an den zahlreichen Bänden der *Monumenta Boica*, welche die Urkunden des Landes allgemein zugänglich machen. Der Hofbibliothckar A. Felix Öfele bringt die dickleibigen Bände der *Rerum Boicarum scriptores* heraus, und hier lernen und arbeiten die jungen Geschichtsschreiber wie Westenrieder, Zaubzer und Fronhofer. Zu den Mitgliedern dieser Pflegestätte von Künsten und Wissenschaften gehören auch der Augustinerchorherr Eusebius Amort, ein ausgezeichneter Geograph und Astronom, und der wackere Gelasius Hieber, der ein Jahr vorher schon in München die Zeitschrift *Parnassus Boicus oder der neueröffnete Musen-*

berg zur Förderung von Wissenschaft und Kunst in bayerischen Landen gegründet hat.

Selbst die so sehr im Argen liegenden Schulen werden vom Licht der Aufklärung durchdrungen. Franz Xaver Hofmann müht sich um eine bessere Unterrichtsmethode in den Volksschulen, und er schreibt (1772):

Ich hab Gott die Ehr zu geben, nach langer und viel angewendeter Mühe endlich die Kunst erfunden, ein Kind in wenigen Tagen oder vielmehr in wenigen Stunden gründlich das Deutschlesen zu lehren.

Im Waisenhaus Poppels in der Au wird diese neue »Lautiermethode« durch den Paulaner Claudius Hagen eingeführt. Und als im Zuge der Aufklärung anno 1773 der Jesuitenorden in Bayern aufgehoben wird und die sieben Millionen Gulden des Jesuitenvermögens dem Staat verfallen, geht man daran, die alten Jesuitengymnasien, auch das Gregorianum, zu neuzeitlichen Realschulen zu machen.

Die Welt wird nüchterner und kühler, das neue Gestirn der Vernunft gibt zwar Helle, aber keine Wärme.

Aber noch besteht der überkommene religiöse und bürgerliche Lebensrhythmus der Stadt, die alte Ordnung formt noch das Jahr. Mensch, Zeit und Raum sind in Harmonie, alles hat seinen Platz und seinen Tag. In der Neujahrsnacht öffnet der Bürgersmann die Fenster, um das neue Jahr hereinzulassen. Am Dreikönigstag findet dann die Winterdult statt, und die Herren des Inneren Rates veranstalten eine Schlittenfahrt. Das ist die Zeit, wo man vor den Kirchentüren Rauchkerzln kauft und Kreide, Wasser und Rauchkörner weihen lässt. Durch die Vorstädte ziehen die Sternsinger. Am Lichtmesstag, dem 2. Februar, stellt man Dienstboten ein oder aus, und vor den Kirchtüren gibt es geweihte Wachsstöcke zu kaufen.

Der nächste Meilenstein des Jahres ist Ende März oder Anfang April, wenn ganz München hinaus zur Neudeck strömt, um mit den Paulanern das heilige Vaterfest zu feiern. Korbweise bringen die Münchnerinnen Bienenwachs und »Vaterkerzen« zur Einsegnung. Aber die Männer freuen sich auf den Anstich des Märzenbieres nach der Messe. Noch dazu verkaufen die Paulanermönche ihre Maß um einen Pfennig billiger als alle anderen Bräuhäuser, und sie geben fünf Quartel. Gerade dieses heilige Vaterfest mit seinem Starkbier, das den Frühling eröffnet, gilt den Münchnern viel. Eine Bestimmung des Kurfürsten Max III. Joseph sagt dazu:

Am 2. April, als dem Fest des heiligen Franz von Paula, reitet der Kurfürst in Gefolge mehrer berittener Kavallerie und unter Begleitung einer Abteilung seiner Leibgarde der Hatschiere zu Pferde um 10 Uhr von der Residenz aus zur Vorstadt Au, steigt vor dem Paulanerkloster ab, besucht die Väter daselbst und wohnt dann um 11 Uhr einer heiligen Messe in der Kirche bei. Dasselbe geschieht auch von der Kurfürstin und den Prinzessinnen, die danebst den Hofdamen, begleitet von einer Abteilung Hatschiere, dahin fahren, um eine heilige Messe zu hören.

An den Ostertagen findet eine allgemeine Prozession der Bürger zum Leprosenhaus am Gasteigberg statt, wo in der Kirche das vierzigstündige Gebet gehalten wird. Der Vorabend von Christi Himmelfahrt wird mit Mummenschanz begangen. Ein Geselle verkleidet sich als Teufel mit einem zottigen Pelz und wird von der Jugend mit Gabeln und Stöcken bis zur Alten Hofburg gejagt, wo er einen Trunk erhält. Dort legt er seinen Teufelspelz ab, der mit Heu und Stroh ausgestopft, an einem Seil auf den Nordturm der Frauenkirche gezogen und dort über Nacht ausgehängt wird. Am Himmelfahrtstag zieht das Volk eine schönbemalte Christusfigur zu einer Öffnung im Gewölbe der Frauenkirche empor, während gleichzeitig die Teufelsgestalt brennend vom Kirchturm geworfen wird.

Pfingsten wird mit dem Wasservogelspiel in Nymphenburg gefeiert, wo unter Anteilnahme des Hofes ein als Schwan verkleideter Bursche im Kanal »getauft« wird. Am Nachmittag aber wandern die Münchner zum Kirchlein Sankt Nikolaus in Schwabing hinaus. Dort steht ein großer Wirt, und gleich daneben liegt der Siechenkobel mit den armen Leprosen. Der zeitgenössische Chronist Stimmelmayr weiß darüber zu berichten:

Auch kommen die Bauernburschen reitend in roten Joppen und grü-

nen Hüten an Pfingsten zur Stadt herein ... Bei dem dasigen Pfleger des Schwabinger Leprosenhauses ist gutes, weißes Bier zu trinken. Auch haben die Siechen ein kleines Häusel an der Straße neben den Angern, wo sie Almosen von den Vorübergehenden sammeln. Der Anzug der Siechen zu Schwabing sowohl wie am Gasteigberg ist von dunkler Farbe, über den sie einen schwarzen Mantel bis zu den Knien tragen. Über dem Mantel tragen sie einen weißen, breiten Kragen von Leinwand, ebenso geben die Weibsbilder mit Mantel und Überkragen und haben hohe, spitzgupfige Hüte, wo nicht auch einen weißen Schleier bis zu den Knien. In der Hand haben sie eine hölzerne Pritsche ... welcher sie durch die Bewegung ein Getös und die Leute zum Almosengehen veranlassen ...

Über Fronleichnam mit seiner gewaltigen Prozession geht es der Sonnwend entgegen, wo nach altem Herkommen noch die Feuer brennen. Am 15. August ist Frauentag. Man wallfahrtet nach Thalkirchen zum Ablass hinaus und isst die guten Zwetschgen-Bavesen beim Alten Wirt. Der Sankt-Michaels-Tag (29. September) ist der Termin für den Abschluss von Miet- und Pachtverträgen, dann kommt das Gregorifest der Kinder, alle Vierteljahr gehen die Quatembermänner um, die Schlosserbuben halten das Jacklschutzen vor den Bürgerhäusern, die Metzger haben noch ihren Sonderbrauch im Metzgersprung, und alle sieben Jahre tanzen die Schäffler. Das Jahr aber vollendet sich bald, wenn der Nikolaus durch die Gassen geht, wenn die Raunächte an den Dächern rütteln. Dann ist die Christnacht nicht mehr weit, da in den Häusern die Lichter vor den Krippen brennen. In der Augustinerkirche wird beim Gesang alter Krippenlieder ein wächsernes Jesuskind in einer richtigen Wiege geschaukelt, und daheim warten schon die »Rauchzwecken« und das Kletzenbrot.

So atmet und pulsiert das Leben der Stadt im altgewohnten Rhythmus, und die Menschen sind dessen zufrieden.

Im Juni 1763, kurz nach Vollendung des Residenztheaters, kommt ein Salzburger Musikus namens Leopold Mozart mit seinen beiden Wunderkindern Nannerl und Wolfgang Amadeus nach München. Der Hof und die Münchner Bürger schließen die reisenden Musikanten gleich ins Herz und halten sie für drei Wochen fest. Das elfjährige Nannerl schreibt über den Münchner Aufenthalt an die Mutter:

Zu München hab ich gesehen das ninfenburg, das Schloss und den garten und die vier Schlösser, nemlich amalienburg, badenburg, bagotenburg und die eremitage. Amalienburg ist das schönste, worinnen das schöne bett ist und die küchel, wo die kurfürstin selbst kocht hat. badenburg ist das größte, wo ein sall ist von lauter spiegeln, das bad von marmor. Bagotenburg ist das kleinste, wo die Mauern von moralika ist und die ermitage ist das sitzamste, wo die capel von muschel ist …

Der Kurfürst lädt die Gäste ins Nymphenburger Schloss ein, und der siebenjährige Wolfgang Amadeus spielt zum Entzücken des Hofes auf dem Klavier. Es sind sogar eigene Kompositionen dabei.

1769

Das Jahr 1769 hat eine Missernte im Land gebracht. Die Vorräte der Müller und Bäcker sind bis zum Winter beinah aufgebraucht, und die Brotpreise beginnen rasend zu steigen. Wer Geld besitzt, deckt sich rechtzeitig mit Mehl ein, aber die Masse der kleinen Leute hat kein Geld und lebt von der Hand in den Mund. Als der Januar und der Februar mit hartem Frost über die Stadt kommen, gibt es kaum mehr etwas Essbares zu normalen Preisen zu kaufen. Kornwucherer haben die Lage vorausgesehen und schon im Herbst alle greifbaren Getreidevorräte aufgekauft und eingelagert. Diese Spekulationen verschärfen die Not, und die Preise klettern in schwindelnde Höhen.

Vage Gerüchte darüber dringen in die Residenz, und der Kurfürst fragt verschiedene Male seine Räte, ob alle Hilfsmaßnahmen ergriffen seien. Man erwidert ihm in aller Devotion, dass er keine Sorge zu haben brauche; dem Volk werde durch amtliche Maßnahmen genügend Unterstützung zuteil. Die Wirklichkeit sieht freilich anders aus. Da sich in dem kleinstaatlichen Deutschland ein Ländchen vom andern durch Zollmauern absperrt und die Getreidespekulanten noch dazu eine rechtzeitige Einfuhr verhindern, grassiert der Hunger in manchen Gegenden Bayerns so stark, dass die Leute anfangen, Baumrinde zu essen und an Hungertyphus erkranken. Auch in München fallen arme Frauen vor Entkräftung auf den Straßen um.

An einem Samstag im März fährt Kurfürst Max Joseph mit großem Hofgefolge zur Herzogspitalkirche. Hatschiere in ihren silberbetressten Galaröcken auf Schimmeln sprengen der kurfürstlichen Kutsche voran. Während sich der kurfürstliche Hof in der Kirche befindet, sammeln sich die Hungernden in der Herzogspitalgasse, und selbst die Kaufingerstraße und der Marienplatz sind voller armer Leute. Niemals vorher hat man in München gewusst, wie viel Elende, Bettler, Hungerleider und arme Teufel in den Gassen und Vorstädten hausen. Jetzt sieht man sie beisammen: abgezehrt, mit eingefallenen, bleichen Gesichtern, in Lumpen und phantastischen Umhängen; sie strecken die dürren Arme empor und empfangen den kurfürstlichen Hofzug mit lautem Geschrei: »Hilfe, gnädigster Herr! Hilfe, mir vahungern!«

Der Fürst, ein behäbiger, rundlicher Herr im schlichten Rock, bekommt große Augen, als er dieses Schauspiel sieht. Minutenlang findet er keine Worte, und er starrt nur ungläubig auf sein Volk, von dem er so wenig gewusst hat. Dann füllen sich seine gutmütigen Augen mit Tränen, die ihm bald über die vollen Backen kullern. Er steht in der langsam fahrenden Equipage auf und hebt die Arme. »Beruhigt euch, meine Kinder!«, ruft er. »Ihr werdet Brot bekommen, ich verspreche es euch.« Und als ihm in der Kaufingerstraße, am Marienplatz und vor der Residenz immer aufs Neue der Ruf entgegenschlägt: »Hunger! Wir verhungern!«, beteuert er nochmals: »Meine lieben Kinder, ich will euer Vater sein und für euch sorgen!«

Diesmal lässt er sich nicht von den wohlgesetzten Worten seiner Räte beruhigen. Sie sagen ihm, es sei kein blanker Heller in den Kassen, aber Max Joseph ordnet an, die Juwelen der Schatzkammer zu verkaufen und in Holland einen Kredit von 700000 Gulden aufzunehmen. Während hungernde Massen die Residenz umlagern, befiehlt der Kurfürst, alle Speicher der Stadt und der umliegenden Hofgüter zu öffnen und Getreide an die Leute zu verteilen. Außerdem ordnet er umfangreiche Hofjagden bei Schleißheim, Forstenried, Dachau, in der Jachenau und bei Garching an. Die erlegten Hirsche, Wildschweine, Rehe und Hasen werden vom kurfürstlichen Zerwirkgewölbe kostenlos an die armen Münchner verteilt.

Der sonst so stille Max Joseph entwickelt plötzlich eine unerwartete Energie. Und das ist gut so, denn schon haben sich wieder Getreidespekulanten in das Geschäft eingeschaltet und den ungarischen und italienischen Weizen an sich gebracht, um durch Zurückhalten die Preise zu steigern. Da lässt Max Joseph zwei der ärgsten Wucherer festnehmen, ihnen den Prozess machen und sie hinrichten. Endlich sind auch Verträge mit dem schwäbischen und fränkischen Kreis zustande gebracht, die den freien Durchgang von Lebensmitteln nach Bayern erlauben. Eines Tages ist der Münchner Marienplatz wieder von ganzen Legionen schneeweißer Mehlsäcke, von Kolonnen praller Kornsäcke gefüllt, so dass nur schmale Gassen für die einkaufenden Müller, Bäcker und Hausväter bleiben. Die Preise sind durch kurfürstlichen Erlass herabgesetzt, das Volk kann wieder kaufen.

Wenn Max III. Joseph jetzt in seiner offenen Kutsche durch die Stadt fährt, winken und jubeln ihm die Leute überall zu; sie nennen ihn künftig den »Vielgeliebten« oder den »Guten«.

1774

Aus dem Wunderknäblein Wolfgang Amadeus Mozart ist unterdes ein Genie geworden. Da er von seinen verschiedenen Konzertreisen anno 1762, 1763 und 1766 beim kurfürstlichen Hof in bester Erinnerung steht, lädt man den nun Neunzehnjährigen ein, eine Karnevalsoper für das Residenztheater zu schreiben. Am 8. Dezember 1774 treffen Vater Leopold und Sohn Wolfgang Amadeus in München ein und beziehen bei dem Kanonikus von Pernat Wohnung. Man stürzt sich mit dem Hoforchester sogleich in die Proben für »La finta giardiniera«. Sehr rasch kommt der 13. Januar heran, an dem die heitere Oper über die Bretter gehen soll.

Der Platz vor der Residenz strahlt von Pechfeuern, ununterbrochen rollen die goldglitzernden Kutschen des Adels mit den emaillierten Wappenbildern und den bunten Federbuschen vor. Lakaien in den Livreen der großen bayerischen Häuser stehen auf den Rückplätzen, die Kutscher in Schafpelzmänteln und Schiffhüten knallen mit den Peitschen, dass nicht nur die vier Wagenpferde, sondern auch die Rosse der Vorreiter zu tänzeln anfangen. Kurfürstliche Hatschiere, riesengroße Kerle in strahlenden Kürassen und weißen Uniformen und mit Rossschwänzen auf den Helmen bilden mit lohenden Fackeln Spalier, und die aus den Equipagen steigenden Herren und Damen schreiten zierlichen Schrittes zu den Portalen: Seidenfräcke glänzen von Ordenssternen, Spitzenjabots wehen, Galanteriedegen klirren, und die Damen raffen die weitgebauschten, seideglitzernden Röcke, hüllen sich dichter in Venezianerschals oder russische Pelze. Die Gänge der Residenz leuchten bis hinauf zu den vom Glanz unzähliger Kerzen weiß-golden glühenden Galerien des Residenztheaters. Heute gibt man Mozarts erste Oper …

Im grauen Morgenlicht des folgenden Tages schreibt der junge Komponist an die geliebte Mutter nach Salzburg.

München, den 14. Jänner 1775

Gottlob! Meine Opera ist gestern als den 13ten in Szena gegangen und so gut ausgefallen, dass ich der Mama den Lärm unmöglich beschreiben kann. Erstens war das ganze Theater gestrotzt voll, so dass viele Leute wieder zurück haben müssen. Nach einer jeden Aria war allzeit ein erschreckliches Getös mit Klatschen und viva Maestro Schreien. Seine Durchlaucht, die Kurfürstin und die verwitwete (welche mir vis à vis waren) sagten mir auch bravo. Wie die Opera aus war, so ist unter der Zeit, wo man still ist, bis das Ballett anfängt, nichts als geschrieen und bravo geklatscht worden, bald aufgehört, bald wieder angefangen und so fort. Nach dem bin ich mit meinem Papa in ein gewisses Zimmer gegangen, wo der Kurfürst und der ganze Hof durch muss und hab Seine Durchlaucht dem Kurfürst und der Kurfürstin und den Hoheiten die

Hände geküsst, welche alle sehr gnädig waren. Heute in aller Früh schickte der Kurfürst den Bischof vom Chiemsee her und lässt mir gratulieren, dass die Opera bei allen so unvergleichlich ausgefallen ist.

Mozart kommt noch einige Male an den Isarstrand. Bei Beginn seiner großen Reise nach Paris wohnt er vom 23. September bis zum 11. Oktober 1777 mit seiner Mutter beim Musikwirt Albert im »Schwarzen Adler« in der Kaufingerstraße; bei der Rückkehr aus dem Westen logiert er dort abermals vom 25. Dezember 1778 bis zum 16. Januar 1779. Später schreibt er für München den *Idomeneo*, und er lebt in der Stadt vom 6. November 1780 bis zum 2. März 1781. Diesmal wohnt er im zweiten Stock des Hauses »Sonneck« in der Burggasse Nr. 6. Aber so sehr Mozart auch darauf wartet, jedes Mal verhindern widrige Umstände, dass ihn der Münchner Hof als Kapellmeister oder Hofmusiker anstellt.

1777

Mit dem 30. Dezember 1777 geht nicht nur ein Jahr zu Ende: Ein ganzes Zeitalter schließt ab. In der Nacht ist der gute Kurfürst Max III. Joseph einem tückischen Leiden erlegen. Ganz Bayern trauert um ihn, München aber steht weinend und ehrlich erschüttert vor dem Herzogspital, in dem der Tote aufgebahrt liegt.

Ganz anders, als sich der ehrgeizige Max Emanuel einst die künftige Geschichte seines Hauses gedacht hat, ist es nun gekommen. Der Vertrag der *Hausunion* von 1724, der den bayerischen und pfälzischen Vettern gegenseitiges Erbrecht zusichert, tritt in Kraft – aber nicht Bayern hat die Pfalz, sondern die Pfalz hat Bayern geerbt. Der Nachfolger des söhnelosen Max Joseph heißt Karl Theodor von Pfalz-Sulzbach.

Dieser neue Herr im Münchner Haus kommt aus einer fremden, den Münchnern verdächtigen Welt: Er gilt als weltmännisch und selbstsicher, aber auch als zynisch und menschenverachtend. Lange hat Karl Theodor mit Voltaire Briefe gewechselt, und trotzdem glaubt er an das absolute Herrscherrecht. Da er von seiner wesentlich älteren Gemahlin keine Kinder erwarten kann, hat er sich mit Mätressen versorgt und wendet seine Vaterliebe zahlreichen unehelichen Kindern zu, die er mit Adelstiteln und Gütern überschüttet. Das Leben am Mannheimer Hof war glanzvoll und geistreich, und die Reise nach München, in eine Stadt des Bieres, gilt dem Kurfürsten wie ein Aufbruch in die Verbannung. Am liebsten ginge er auf die österreichischen Vorschläge ein, dieses ganze Bayern gegen ein rheinisches Königtum mit den österreichischen Niederlanden (Belgien) zu vertauschen.

1778

Am 2. Januar 1778 hält Karl Theodor mit zahlreichen Kutschen Einzug in München. Der Empfang ist gequält und steif, Sympathien kommen auf beiden Seiten nicht auf. Zuerst beunruhigt und ärgert Karl Theodor die Münchner, als bekannt wird, dass er sich ernsthaft mit Tauschabsichten trägt und sein Erbe ausgerechnet an jene Österreicher fortgeben will, die den Münchnern aus den Tagen der Sendlinger Mordweihnacht und denen der Khevenhüllerschen Besetzung in übelster Erinnerung sind. Ein wahres Glück ist es, dass sich die Herzogin Maria Anna und die Räte des verstorbenen Kurfürsten Max Joseph rechtzeitig mit Friedrich dem Großen von Preußen in Verbindung setzen und dass dieser den Österreichern auf die Finger klopft, die sie schon nach Bayern ausgestreckt haben. Den neuen Kurfürsten macht der Zwischenfall nicht beliebter.

Dann kommt das Ende des Märzmonats heran, das Heilige-Vater-Fest der Paulaner ist wieder fällig, und bei dieser Gelegenheit werden die Münchner ihren neuen Herrn ja kennenlernen. Seit ein paar Jahren brauen die Paulaner zu ihrem Heilige-Vater-Fest ein besonders starkes Bier. Der Vetter des Paulaner Bräumeisters Bruder Barnabas, der Ramersdorfer Ziegelmeister Peter Ludwig, der selbst sieben Jahre lang bei den Paulanern als Bräuknecht gearbeitet hat, sagt darüber:

Die Mönche sieden jedes Jahr 3 bis 4 Suden je zu 36 bis 37 Eimer stark ein und schenken es aus, so dass kaum jemand mehr als zwei Maß ohne Berauschung zu sich nehmen kann. Für einen Sud werden sieben Schäffel Malz verbraucht.

Dieses besonders starke und köstliche Bier lagert im Märzenkeller, der im Berg unter dem ehemaligen Lambacherhof eingebaut worden ist. Den Hof haben die Paulaner aus einem alten Beneficium erworben, das einstmals *ad sanctum Salvatorem* gehörte. Darum wird das Bier auch *Salvator* genannt; die Münchner heißen es meist »das Heilige-Vater-Öl«, wegen der Gewohnheit der Paulaner, nur in Öl gekochte Speisen zu essen. Für jedes Jahr ist es eine Staatsfrage in München: »Wie ist der Salvator ausgefallen?«

Heuer gibt es noch eine zweite Staatsfrage: Wird der neue Kurfürst den alten Brauch achten und zur Neudeck hinausziehen? Denn Max III. Joseph hat es niemals versäumt, sich bei diesem Volksfest unter die Bürger zu mengen und mit ihnen den Krug anzustoßen.

Tatsächlich gibt der Kurfürst Befehl, den Zug zum Salvatorkeller zu veranstalten, jedoch nicht aus Liebe zum Bier oder zu den Münchnern, sondern aus Neigung für die Paulaner. Karl Theodor war nämlich von seiner frommen Mutter Maria Anna schon in zarter Jugend infolge eines Gelübdes in das Ordensgewand der Paulaner eingekleidet worden, und er fühlt sich immer noch ein wenig als Mitbruder. Deshalb befiehlt er, den altüberkommenen Brauch einzuhalten.

Schon morgens um vier Uhr verkündet der Donner der Geschütze den anbrechenden Festtag. Auch der Herr Bücherzensur-Rat Lorenz Westenrieder, Mitglied der Bayerischen Akademie der Wissenschaften und einstmals Jesuit, dann Professor der Dichtkunst, schreckt aus dem Bett auf, als die Butzenscheiben zu klirren beginnen und der Kanonendonner grollt. Er ist dreißig Jahre alt, und es macht ihm nichts aus, so früh schon mit seiner Arbeit zu beginnen – deshalb erhebt er sich, und er sitzt eine halbe Stunde später am Schreibtisch. Seit einiger Zeit macht er sich Notizen für eine geplante »Geschichte Bayerns«. Er schreibt über den Charakter der Münchner:

Die Hauptzüge der Münchner sind ein biederes Wesen und eine einladende Redlichkeit. Der Ton ihrer Stimme ist angesucht, so wie ihre Bewegungen, und ihr Gang ist bescheiden und männlich. Das Frauenzimmer wird unter das Schönste in Deutschland gezählt, und es gibt überhaupt in beiden Geschlechtern und unter den gemeinsten Ständen die geistreichsten Physiognomien. Der wahre Münchner ist männlich höflich, und schämt sich, jemand eine Schmeichelei zu sagen, welche der andere nicht verdient, oder woran sein Herz nicht denkt. Er spricht über alle Angelegenheiten ohne Umweg und setzt durch seine Kühnheit den höfischen Fremden in Erstaunen, denn der Eingeborene heuchelt nicht und, wo ihm etwas missfällt, da sagt er es geradeheraus. Er beurteilt öffentlich den Vornehmen wie den Niederen. Er sagt es laut heraus, und ins Gesicht sagt er 's ihm …

Nachdem der Herr Rat eine Weile in seinem Kabinett gearbeitet hat, wird ihm der Rumor vor den Fenstern zu stark, und er legt seufzend die Kielfeder beiseite. Jetzt haben auch die Glocken zu läuten begonnen. Blechmusik lärmt im Tal. Als Westenrieder die Fenster aufstößt und sich hinausbeugt, sieht er eine Türkische Musik vorüberziehen, der die Zünfte in Festgewändern und mit wehenden Bannern folgen. Aha, da geht es schon hinaus in die Auer Vorstadt zum Salvatorfest!

Nach den verschiedenen Begrüßungsansprachen und den kirchlichen Feiern beginnt das eigentliche Volksfest. Jetzt ist der Paulanerberg von Menschenmassen umlagert. Bruder Barnabas zapft unter den aufmerksamen Augen vieler fachmännischer Münchner das erste Fass an und schenkt die Krüge voll. Überall klingen nun die Bierschlegel, überall zischt das Bier in die Krüge und schäumt über.

Nach alter Tradition stehen der Hoftafel die ersten sechzehn Maß Bier zu. Die Mönche schleppen die Maßkrüge ins Stüberl des Bräumeisters, wo die Hofleute, darunter auch der Kurfürst und seine ältliche Gemahlin, Platz genommen haben. Nussweiberl und Brezelbuben bieten ihre Waren an. Die pfälzischen Räte Karl Theodors verziehen über das lärmende und derbe Wesen des Bierfestes deutlich die Gesichter.

Jetzt schäumen die Krüge auch im Wirtsgarten und in der großen Stube, wo sonst die Klosterschneiderei ist. Westenrieder stößt mit dem Spiegelmacher und dem Pflasterer an.

»G'sundheit, Herr Rat!«, sagt der Weichselberger und trinkt.

»Aah!«, stöhnt der Meister Zischl genussvoll, als er nach längerer Zeit wieder aus seinem Maßkrug auftaucht, »dös is a Bierl!«

Musik scheppert, die Leute beginnen zu singen, und es wird gemütlich. Da spürt man plötzlich, wie ein böses Gerücht durch die Tischreihen weht. Einer flüstert es dem anderen zu, und allmählich wird die Stimme lauter, man macht aus dem allgemeinen Unwillen kein Hehl mehr.

»Hams as scho g'hört, Herr Rat?«, ruft die Wally, die beim Salvator Nüsse und bei den späteren Bierfesten Radi verkauft, dem Rat Westenrieder zu. »Da Herr Pfälzer Kurfürst hat's Bier net mögn und hat vom Bruada Barnabas an Wein valangt! Ja, hat's denn z' Minka so was scho amoi gebn: an Kurfürst, der koa Bier mog! Da samma ja sauba beinand mit dem sölln!« Allgemeine Entrüstungsrufe werden laut. Der neue Kurfürst ist für die Münchner abgestempelt, seine Beurteilung ist fertig.

»Und de Herrn Rät und Minista«, schreit der Schullehrer Gossenhofer von der Auer Knabenschule, »de ham aa nach am Wein valangt. Und dann sans durchs Kloster außi und koana hat si im Garten sehn lassen …«

»Und net oana hat mit de Leut g'redt!«, protestiert der Pflasterer Zischl. »Da könn ma uns fei auf was g'fasst macha mit dem neia Kurfürsten!«

Viele finden keine Worte und ertränken ihren Kummer im Inhalt der Krüge. Wenigstens ist der Salvator ausgezeichnet.

Die Prophezeiung des Pflasterers Zischl trifft prompt ein. Der Kurfürst regiert mit einer Hofkamarilla, die höchst unbeliebt, korrupt und hochnäsig ist. Wer immer beim Kurfürsten in Gunst stehen will, vermittelt dem ältlichen Herrn eine hübsche Tänzerin oder ein Schäferstündchen mit einer jungen Bürgerstochter. Auf solche Weise kommen allerhand dunkle Elemente in wichtige Stellen.

Um die zunehmende Kritik der Münchner in Grenzen zu halten, zieht das Kabinett Karl Theodors die Zügel scharf an. Die freiheitlichen und aufklärerischen Einrichtungen Max Josephs fallen dem Rückschritt zum Opfer. Schon am 15. März 1779 verbietet es ein kurfürstliches Mandat allen Buchdruckern, ohne Bewilligung des Zensurkollegiums irgendetwas zu veröffentlichen. Da in den Münchner Theatern Stücke aufgeführt worden sind, die sich mit der bayerischen Geschichte befassen und eines davon, »Otto von Wittelsbach« benannt, die Fabel vom Königsmord anno 1208 zum Vorwurf hat, folgt ein kurfürstliches Theaterreskript von 1781, welches die Zensur auch für die Bühne einführt. Um Gottes willen keinen Königsmord im Theater! Wie leicht könnte bei all diesen revolutionären Ideen, die aus Frankreich herüberwehen, der Mord von der Bühne ins Leben herunterspringen!

Angesichts der gefährlichen neumodischen Ideen hält Karl Theodor nun auch enge Verbindung mit Rom. Am 29. April 1782 besucht Papst Pius VI. München.

Der Erfolg des päpstlichen Aufenthalts zeigt sich unmittelbar darauf. München erhält eine päpstliche Nuntiatur, und es wird zur Hochburg des Kampfes wider die Aufklärer. Das Licht der neuen Ideen wird vor allem von einem dem Freimaurerorden verwandten Verein, der sich *Illuminaten* nennt, verbreitet. Die Professoren Weishaupt, Lori und Ickstadt, dazu der berühmte Freiherr von Knigge, der Sekretär der Herzogin Maria Anna, Utzschneider, ja fast alle fortschrittlich gesinnten Männer im Land gehören ihm an.

1784 verbietet die Regierung Karl Theodors auch diese Vereinigung. Briefe werden geöffnet, Häuser durchsucht, Schriftwechsel beschlagnahmt, angesehene Männer aus ihren Ämtern entfernt, ja sogar die Bibliotheken werden »gesäubert«: So verworfene und moderne Bücher wie die Kants oder Wielands verschwinden aus den Münchner Büchereien.

Die Woge der höfischen Erregung und Furcht schlägt schon bedrohlich an die Pforten der Bayerischen Akademie der Wissenschaften. Da ersteht dieser segensreichen Institution ein Retter in letzter Minute. Es ist ein Amerikaner namens Benjamin Thompson, geboren in Massachusetts, einstmals Oberst eines Reiterregiments, das unter britischer Flagge gegen die Aufständischen George Washingtons gefochten hat. Aus diesem Grund hat Thompson auch Amerika verlassen müssen, wo er als unliebsamer Britenfreund gilt.

Mister Benjamin Thompson hat sich als Physiker zu London einen Namen gemacht, der Kurfürst hat den Zweimetermann auf einer Reise kennengelernt und sich für ihn so begeistert, dass er ihn zum Leibadjutanten, Obristen und Geheimen Rat ernannte. Dieser 1784 in München angelangte Amerikaner überredet den Kurfürsten, die Bayerische Akademie ruhig bestehen zu lassen. Darauf nimmt die Akademie Mister Thompson feierlich als Mitglied auf. Er wird sich dieser Ehre würdig erweisen, denn auch er ist im Herzen ein Mann der Aufklärung und des Fortschritts.

1790

Es ist ein schöner, warmer Sonntag im Juni 1790, und der Wirtsgarten beim Schlosswirt zu Föhring ist voller Leute. Sie sitzen in ihren langschößigen Röcken, mit eng anliegenden Hosen, zierlichen Stulpstiefeln und Halstüchern unter den schattigen Kastanien. Die Frauen tragen faltige, sehr lange Röcke, geblümte Mieder und kleine Hütchen »à la Androsmane«. Einige jüngere Leute zeigen durch ihre Werthertracht, dass sie romantisch und freiheitlich gesonnen sind; ein paar Bürger haben die revolutionären Zylinderhüte in den Nacken geschoben. Den Zylinderhut hat der berühmte amerikanische Gesandte Benjamin Franklin nach Paris gebracht, und wer freiheitlich denkt, trägt ihn sogar in Bayern.

Die meisten Gäste kommen aus dem nur eineinhalb Wegstunden entfernten München. Die Föhringer Schlosswirtschaft ist ein schönes Sonntags-Ausflugsziel, und außerdem liegt sie im »Ausland«, auf bischöflich-freisingischem Gebiet. Da kann die kurfürstliche Polizei überhaupt nicht mitreden.

»Fanny!«, ruft der Buchdrucker Hierangl, und er schiebt seinen grauen Stutzzylinder keck aufs Ohr. »A Maß möcht i und die *Oberdeutsche Staatszeitung*!« Dieses Blatt wird in Freising gedruckt und unterliegt somit nicht der kurfürstlichen Zensur. Herr Hierangl liest jeden Sonntag die Spalten, um auf dem Laufenden zu bleiben: Man muss doch wissen, was sich da drüben in Paris alles tut. Die Münchner Zeitungen schreiben ja nur, was dem Kurfürsten genehm ist.

»Grüaß di, Hierangl!«, sagt der Spiegelmacher Weichselberger aus der Thiereckgasse, der in Begleitung seines Spezi, des Pflasterers Zischl, eben den Garten betritt. »Aha, du studierst scho wieda de revolutionären Blätter! Sauba sag i, sauba! Dös bal da Geheimrat Frank erfahrt!« Sie lachen und schütteln sich die Hände.

»Woaßt, Hierangl«, meint der Zischl, »der Zollwachter an da Freisinger Landstraß, der hot net weni gifti g'schaut, weil de Münchner heit bei dem schön Wetter glei rudelweis ins Ausland umig'wechselt san.«

»Is ja a Schand, dass so was notwendi is!«, schimpft der Buchdrucker. »Moanst mir z' Minka tatn net a liaba d' Wahrheit abdrucka, als wia den Hofschmarrn?! Aba könna ma halt net, wegn da Zensur. Da Oanzig, der wos taugt vo da ganzn Kamarilla in da Residenz, dös is der Amerikaner, der General Thompson. *Der* Mo verschafft uns an *englischen Garten* – is dös vielleicht nix?«

General Benjamin Thompson hat tatsächlich angeregt, die versumpfte Hirschau trockenzulegen – ein verwildertes, von Nebenarmen der Isar durchflossenes und von Gebüsch und Kiesbänken bedecktes Gebiet im Norden des Hofgartens. Wenn der Münchner bisher zum Großen Wirt nach Schwabing oder zum Föhringer Schlosswirt wanderte, ging er nur durch Heimgärten, Bauernfelder und Hopfengärten. Lediglich am Rand des Oberwiesenfelds gab es einen düsteren Tannenwald. Der Amerikaner aber will München nun den größten Stadtpark Europas schenken; schon sind seine Arbeitskolonnen dabei, das Wasser zu regulieren, Erde aufzukarren und Bäume einzupflanzen.

Der *Englische Garten* wird nicht mehr nach dem Muster der französischen Gartenbaukunst, wie in Nymphenburg oder Schleißheim, mit zugeschnittenen Hecken, mit Blumenornamenten, geometrischen Rasenmustern und künstlich gestutzten Bäumen prunken. Das war der Stil der absolutistischen Fürsten und Könige, das erinnerte an Versailles. Inzwischen hat man *Robinson Crusoe* gelesen und Rousseaus Ruf *Zurück zur Natur* vernommen. Im freiheitlicheren England ist es üblich geworden, Parks so anzulegen, als wären sie ganz natürlich gewachsen: mit Busch- und Baumgruppen, gewundenen Wegen, rauschenden Bächen und offenen Wiesen. Der englische Garten ist gewissermaßen ein Spiegel der neuen revolutionären Zeit, die sich nicht mehr in die geometrischen Formen des alten Feudalwesens fügen will.

1791

Am Neujahrsmorgen des Jahres 1791 liegt eine dichte Schneedecke über den Dächern der Stadt, und sie dämpft den Schritt der wenigen Fußgänger, die von der Alten Maut zur Neuhauser Gasse herüberkommen. Unter Torbögen und Hauseingängen stehen hohe Offiziere, und Soldaten warten gruppenweise in der ganzen Gasse. Mitten unter dieser Ansammlung von Militärpersonen steht der beinah zwei Meter große Generaladjutant Benjamin Thompson, und er blickt auf seine Taschenuhr.

Plötzlich tönen die Schläge der Turmuhr von den Frauentürmen. Siebenmal dröhnen sie auf.

»Es ist Zeit!«, sagt der General. »Ans Werk, meine Herren!«

Die Offiziere und Soldaten setzen sich in Bewegung und streifen fächerförmig durch die Stadt. Sie verteilen sich in die Gässchen und Winkel, und eine besondere Abteilung zieht vor den Kirchenportalen auf.

Die Aktion gilt dem Bettlerunwesen. Bei rund fünfzigtausend Einwohnern hat München etwa dreitausend Bettelleute. Das sind keineswegs lauter Krüppel oder Arbeitsunfähige, sondern Leute, die in diese inoffizielle Zunft hineingeboren worden sind und die von den Eltern einen »Standplatz« geerbt haben. Es sind schreckliche Fälle vorgekommen. General Thompson schreibt in einer Denkschrift:

Kleinen Kindern werden von den Eltern die Augen ausgestochen, oder es werden ihnen die zarten Glieder verstümmelt und verrenkt, so dass sie dergestalt zur Schau gestellt das Mitleid ihrer Mitbürger erregen.

Jetzt soll auch dieses Kapitel aus dem finsteren Mittelalter beendet werden. Die Militärkommandos fangen die Bettler der ganzen Stadt zusammen und bringen sie mit sanfter Überredung in ein Nebengebäude der Paulaner in der Au, wo auf Veranlassung General Thompsons ein Arbeitshaus mit Werkstätten und Speiseräumen entstanden ist. Dort sollen sie Wolle hecheln und das Weben lernen. Von diesen Werkstätten will der General, der zugleich das Amt eines Kriegsministers besorgt, künftig die Uniformen der Armee beziehen. Er hat an alles gedacht, ja sich sogar mit der Erfindung einer neuen, billigen und dabei schmackhaften Suppe befasst, die im Armenhaus der Au ausgegeben wird. Später, als er zum Reichsgrafen von Rumford erhoben wird, bekommt diese Suppe den Namen *Rumford-Suppe.*

Von den eingefangenen dreitausend Bettlern bleiben auf die Dauer nur etwa vierzehnhundert im Spinnhaus in der Au; die übrigen finden den Weg in die bürgerliche Gemeinschaft zurück, was ihnen dadurch erleichtert wird, dass ein kurfürstlicher Erlass die alte engherzige Zunftordnung aufhebt, die den Vorstädtern die Ausübung von Handwerk und Gewerbe ohne Zunfterlaubnis untersagt hat.

»Jetzt ham mas!«, schimpft der Spiegelmacher Weichselberger beim Pschorrbräu am Stammtisch. »Jetzt kemma d' Franzosen und mir stehngan da ohne Stadtmauer! Der Herr Kurfürst hats eireißen lassn!«

Auf Befehl Karl Theodors hat man anno 1789 begonnen, den beengenden und längst veralteten Mauerring um die Stadt, der ihr Wachstum allenthalben beschränkte und hinderte, niederzulegen. Eine ganze Anzahl von Türmen, Schanzen, Wehrgängen und Gräben sind schon beseitigt, und die Arbeiten werden noch fortgesetzt. Überall entstehen neue Quartiere und Viertel, besonders vor dem Neuhauser Tor, auf dem Platz, der bisher Stachus genannt worden ist und den die Hofkreise nun gerne als Karlsplatz bezeichnen. Die Münchner haben gegen die Befreiung der Stadt von mittelalterlicher Enge nichts einzuwenden, wenn schon manche gegen das neumodische Wesen schimpfen. Zudem sind ja die Torwerke stehengeblieben. Jetzt aber, wo General Moreau vom Rhein mit Macht heranrückt, weinen viele der alten Stadtmauer nach.

Inzwischen schreibt man das Jahr 1796. Karl Theodor gibt sich politisch neutral. Er hat rings um seine Pfälzer Lande Tafeln aufstellen lassen, welche die Inschrift tragen: *Halt! Pfälzisch-neutrales Gebiet!* Bis zum letzten Krieg sind diese Tafeln auch beachtet worden. Aber nun zählen nur noch Armeen und das Gewicht der Macht. Die Stärke der bayerischen Armee beträgt jedoch nur viertausendfünfhundert Mann. Deshalb marschieren sowohl die fliehenden Österreicher wie die sie verfolgenden Franzosen mitten durch bayerisches Land.

München wird von bayerischen Truppen gesichert, die durch Bürgerwehr auf zehntausend Mann verstärkt sind. Da naht am 31. August die französische Avantgarde von Moosach her, und sie besetzt die Höhen von Sendling. Bis zur Neuhauser Vorstadt reiten die französischen Schwadronen, und sie schwenken erst vor den Toren ab.

Auf dem Gasteigberg und dem Lilienbergl haben die Österreicher einige Batterien in Stellung gebracht, und sie beginnen am 7. September, über die Dächer Münchens hinweg auf die Franzosen zu feuern. Den ganzen Tag über beschießen sich die feindlichen Heere. Das neutrale, aber ohnmächtige München liegt dazwischen und bekommt einiges ab. Gegen Mittag brennt am Lehel eine Anzahl Häuser.

1799

Der Kurfürst hat mit seinem Hofstaat schon bei Annäherung der Franzosen München verlassen und ist nach Sachsen geflohen. General Graf von Rumford kommandiert. Dieser besonnene Mann entsendet Parlamentäre und erreicht die Einstellung der Schießerei. Man kann den Roten Turm löschen, ehe das Feuer übergreift.

Einige Tage später ziehen die beiden Armeen ab. Da aber der vorsichtige Kurfürst noch nicht zurückzukehren wagt und seine Räte ein äußerst übles Regiment führen, versinkt München in ein dumpfes Sichtreibenlassen. Man denkt nur noch an Essen, Trinken, Vergnügen und Geldverdienen; denn alle haben das Gefühl, dass etwas wie das Weltende herannaht, ohne dass man dagegen etwas tun könne. Lorenz Westenrieder schreibt:

Es ist eine entsetzliche Vermehrung der Kaffee- und Bierhäuser, ein Schwarm von Lumpenleuten drängt in die Stadt. Das Lumpen und Tanzen und Spazierengehen ist unter Karl Theodors Regierung überhaupt herrschend geworden.

Mitten in den politischen Wirren während des Aufstiegs Napoleon Bonapartes, in der zweiten Februarwoche 1799, läuft plötzlich das Gerücht durch die Stadt, den Kurfürsten habe beim L'Hombre-Spielen der Schlagfluss gerührt, und er liege auf den Tod darnieder. Sogleich versammeln sich Tausende vor der Residenz, aber keiner ist darunter, der betet oder weint, wie es vor einem Trauerhaus angebracht wäre. Im Gegenteil hört man überall fröhliche Scherze, ja ungeduldige Rufe, wann es endlich so weit sei.

Da wegen des bevorstehenden Thronwechsels die Stadttore gesperrt sind, stauen sich die Bauern am Schwabinger Tor. Meister Zischl steht neben einem Bauern aus Föhring, der auf die Torsperre schimpft. »Iatz is z' spat!«, sagt der Landmann. »Vor 21 Jahr hättn d' Münchna d' Tor zuasperrn soll'n, wia da ganz ander eini hat wolln!«

Endlich, am 16. Februar um 4 1/2 Uhr früh, wird von der Residenz verkündet, dass Karl Theodor verschieden sei. Ein einziger Jubelschrei steigt zum grauverhangenen Himmel.

Alle Pfade laufen der Zukunft entgegen: Karl Theodor endet sein Leben, den letzten Weg legt er im schwarz verhangenen Trauerkondukt zurück, während eine schweigende Menge die Straßen säumt. Von Mannheim her naht bald darauf der Hofzug seines Nachfolgers Max IV. Joseph.

Am 12. März 1799 erwartet München den neuen Herrn.

Max IV. Joseph ist ein Patenkind des vielgeliebten Max III. Joseph, ein armer Seitenspross des Hauses Pfalz-Zweibrücken, der noch vor ein paar Jahren dankbar die zehntausend Livres entgegengenommen hat, die ihm die freundlichen Münchner Stände zur Hochzeit geschenkt haben. Den Zweibrücker mögen die Münchner herzlich gern. Sie kennen ihn aus den Tagen des unvergessenen Max Joseph und haben ihn auch am Hofe Karl Theodors gesehen. Und jetzt ist der arme Vetter der Kurfürsten selbst zum Herrn des Landes geworden.

Vor dem Neuhauser Tor staut sich das Volk. Fahnen wellen sich, Böller krachen und alle Glocken läuten. Der Rat steht am Tor und bietet auf silbernem Tablett die Schlüssel an.

Und nun traben die Vorreiter heran, die Standarten der bayerischen Regimenter wehen über die Neuhauser Plane, Musik fällt schmetternd ein, und da sieht man schon die Kutschen der kurfürstlichen Familie nahen. Im ersten Wagen sitzen der neue Herr, Max IV. Joseph, ein schlicht, beinah bürgerlich aussehender Mann im dunkelblauen Rock, mit ungepuderten, an den Ohren leicht gerollten Haaren, und seine erst dreiundzwanzigjährige zweite Gemahlin Karoline. Der Kurfürst winkt freundlich den jubelnden Volksmassen zu, sein gutmütiges, rundes Gesicht strahlt vor Vergnügen. Gleich dahinter fahren die kurfürstlichen Kinder: der hübsche Prinz Ludwig, ein Knabe von dreizehn Jahren, dann die elfjährige Auguste und der vierjährige Karl.

Als die Münchner diese schöne, offenbar glückliche Familie sehen, verwandelt sich ein guter Teil ihres Jubels in Rührung. Die Tränen der Empfindsamen fließen reichlich, man hört Schluchzen und Schnupfen ringsum. Jeder sucht einen Blick des gutmütigen Herrn oder der schönen Frau zur erhaschen. Als der Wagenzug beinah das Tor erreicht hat, wo sich der Bürgermeister zur Festrede anschickt, springt der riesige Bierbrauer Pschorr zwischen den absperrenden Soldaten der Bürgerwehr durch, drängt sich an den Wagen des Kurfürsten und streckt dem Fürsten die gewaltige Hand entgegen. »Ja mei Maxl!«, ruft er in überströmendem Gefühl, »dass d' nur grad da bist! Iatz geht allswieda guat!«

Und Max IV. Joseph scheut sich nicht, lachend und gerührt die Rechte des Bürgers zu schütteln.

1801

Am 21. Juli 1801 ertönt im Thiereckgassl nachmittags um ein Uhr plötzlich ein schreckliches Krachen und Rollen, und die Häuser des Melbers und des Kaufmanns Pilon fallen in einer hochaufwirbelnden Staubwolke zusammen. Man hat in den letzten Tagen begonnen, die schadhaften Mauern der beiden alten Häuser auszubessern und nicht beachtet, dass dabei große Risse aufgetreten sind.

Sofort sammelt sich eine große Menschenmenge. Das Mädchen der Hebamme Gaulrapp vom dritten Stock des Melberhauses ist so glücklich gestürzt, dass sie hoch oben auf dem Schutthaufen sitzt, verängstigt herabsteigt und vor Schreck davonläuft. Der Spiegelmacher Philipp Weichselberger aber hängt, allen sichtbar, inmitten des verschachtelten Trümmerwerks unter einem Türstock, der ihn vor Schlimmerem behütet hat.

»Langts doch zua, Leitl!«, schreit der General-Landdirektions-Bote Hainz, und auch der Diener Joseph Schock fordert die Herbeigelaufenen auf, Hilfe zu leisten. Glücklicherweise sind auch Bauhandwerker zur Stelle. Die Zimmerleute Kaspar und Martin Ziegler, der Huber Alois und der Niggl Hans fangen vorsichtig an, Balken und Trümmer fortzuräumen, doch am kühnsten erweisen sich die Nachbarn Weichselbergers, der Pflastermeister Zischl und seine beiden Gesellen sowie die Maurer Joseph und Mathias Fruhholz. Sie klettern über das knisternde und schwankende Gebälk und nähern sich dem gefährlich in den Trümmern hängenden Spiegelmacher. »Halt nur aus, Weichselberger!«, schreit der Zischl. »Mir kemma scho!«

Tatsächlich gelingt es, den Mann aus seiner Lage zu befreien. Er ist unverletzt, fängt aber sofort zu klagen an, weil seine Gemahlin und der Lehrbub noch unter dem Schutt begraben liegen. Sonst ist Gott sei Dank niemand im Haus gewesen.

Die Kunde von dem Unglück hat unterdessen auch die Residenz erreicht, und eilends kommt der Kurfürst mit einigen Hofleuten an die Katastrophenstelle, und er übernimmt die Leitung der Rettungsarbeiten.

»Leut«, sagt Max Joseph, »aufs Geld kommt's nicht an! Wer mir die Frau und den Buben herausholt, der erhält eine schöne Belohnung!« Persönlich steigt der hohe Herr in das Gewirr der übereinanderliegenden Dachsparren und schief hängenden Zimmerdecken; die Zimmerleute, Maurer und andere Nachbarn folgen ihm, beginnen die Böden abzuklopfen und in die Tiefe zu horchen.

Der Palier Fruhholz sägt aus einem Boden ein Brett heraus und legt sich vor die so geschaffene Öffnung. »Da unt is oana!«, verkündet er. »I glaab, dass 's der Lehrbua is!« Und tatsächlich erscheint nach einiger Zeit ein dünner Knabenarm in dem Loch. Es sieht fast so aus, als winke einer aus dem Grabe.

»Ja, der Bua lebt no!«, freut sich der Spiegelmacher. »Joseph Fraunhofer hoaßt er, vierzehn Jahr is er alt und stammt aus Straubing.« Nun bemühen sich die Arbeiter um die Befreiung des Knaben. Der Kurfürst steht mitten unter ihnen und lässt sich nicht durch die besorgten Reden seiner Hofherren abhalten, selbst Hand anzulegen. Nach ein paar Stunden eifriger Bemühung wird Joseph Fraunhofer unverletzt aus der Höhle gezogen, die ihn bewahrt hat. Zu seinem Glück hatten sich einige Balken quer über seinen Kopf gelegt und so das nachstürzende Ziegelwerk abgehalten. Die Frau des Spiegelmachers freilich wird später als Leiche geborgen.

Kurfürst Max Joseph lässt den geretteten Buben in die Residenz kommen, nimmt ihn in der Kutsche mit nach Nymphenburg hinaus und stellt ihn seiner Familie vor. Dann entlässt er ihn mit einem Geschenk von 18 Dukaten – ein Vermögen für den armen Kerl. Auch die braven Retter werden fürstlich belohnt.

Joseph Fraunhofer aber wendet das erhaltene Geschenk nutzbringend an. Er kauft sich Lehrbücher, eine Glasschleifmaschine und einen Glasschneider und studiert nachts gegen den Willen seines Lehrherrn Weichselberger Physik und vor allem Optik. Der Kurfürst hat das Akademiemitglied Geheimrat Utzschneider beauftragt, sich um das Fortkommen Fraunhofers zu kümmern, was der Gelehrte auch redlich tut. Durch den Geheimrat erhält Fraunhofer nach Ende seiner Lehrzeit eine Stelle in der optischen Werkstätte des Klosters Benediktbeuern.

Er wird ein großer Mann seines Fachs und baut Riesenrefraktoren, die bis Dorpat verkauft werden. Zusammen mit dem Mechaniker Liebherr und dem Optiker Georg Reichenbach arbeitet er in München und Benediktbeuern an der Herstellung zahlreicher optischer und mechanischer Instrumente, und er wird schließlich selbst Mitglied der Bayerischen Akademie der Wissenschaften. Sein Denkmal wird später den Spruch tragen: *Approximavit sidera* – er hat uns die Gestirne näher gebracht.

1803

Das Licht über der Stadt verändert sich, das neue Jahrhundert kommt wie ein Föhnsturm nach München. Aus dem Vulkan der Französischen Revolution sind die Ideen von den allgemeinen Menschenrechten, von der Freiheit, Gleichheit und Brüderlichkeit emporgeflammt. Der »Robespierre zu Pferde«, Napoleon, trägt die Gedanken eines jungen Zeitalters über den Kontinent. Der Wandel der Dinge ergreift auch Bayern und damit München.

Kurfürst Max Joseph verschließt sich nicht den Forderungen seiner Zeit. Er hat den aufgeklärten, liberal denkenden Freiherrn von Montgelas zum Minister gemacht und öffnet den Reformen Tür und Tor. Das Mittelalter wird nun endgültig ausgefegt, Verwaltung, Finanzen, Heer und Schule verjüngen sich. Die Politik Bayerns, das unter Karl Theodor alle Leiden der antifranzösischen Kriege geteilt hat, stellt sich auf den Sieger Napoleon um. Das Land wird ein Satellit Frankreichs. Als das neue große Frankreich 1803 alle linksrheinischen Gebiete und somit auch die bayerische Rheinpfalz okkupiert, wird der Bundesgenosse Bayern durch Säkularisation und Mediatisation all jener kleinen Herrschaften entschädigt, die noch innerhalb seines Territoriums eingesprengt liegen.

Die Säkularisation trifft die Kirche hart. Viele Klöster verfallen samt ihren Besitzungen dem Staat: So wird nun das Paulanerkloster in der Neudeck zum Gefängnis; das alte Franziskanerkloster muss neuen Bauvorhaben weichen und wird abgerissen. Herr von Montgelas schickt das bayerische Militär mit Kastenwägen hinaus nach Tegernsee, Benediktbeuern, Schäftlarn, Ettal und nach Freising, um die Schätze der uralten Bibliotheken einzuziehen. Ungeheure Werte an Urkunden, Folianten, Chroniken und Miniaturmalereien liegen in den zahlreichen bayerischen Klöstern und Domen seit einem Jahrtausend verwahrt.

In Freising laden Münchner Soldaten die Dombibliothek mit Schaufeln auf die Wägen, und als sie isaraufwärts über die schlechte Straße holpern, scheuen sie sich nicht, kostbare Schweinslederbände unter die eingesunkenen Räder zu werfen. Trotz solcher barbarischer Methoden gelangen noch genug Bücher in die Landeshauptstadt, wo sie später den Grundstock der Staatsbibliothek bilden werden.

Der Wind von Frankreich her weht durch die Münchner Gassen.

Als 1805 abermals Krieg zwischen dem alten Kaisertum Österreich und dem neuen Frankreichs ausbricht, steht Bayern bereits im französischen Lager. Es führt der Armee Napoleons dreißigtausend Soldaten zu. Im Sechsspänner fährt Kaiser Napoleon von Freising kommend in München ein, und die Münchner jubeln ihm zu. Für viele bedeutet er die junge Zeit, den Fortschritt, die Freiheit. Sie haben nicht vergessen, dass sie der Revolution das Edikt verdanken, das 1800 alle Religionsbekenntnisse in Bayern für gleichberechtigt erklärte, dass die Säkularisation die wirtschaftliche Übermacht der Klöster brach und den bürgerlichen Aufkäufern riesige Geschäfte ermöglichte; dass sogar der hörige Landmann nun hoffen kann, die bürgerliche Freiheit zu erlangen und der Leibeigenschaft zu entrinnen.

1806 Napoleon zieht mit seinen Truppen ostwärts weiter – nach Österreich hinein. Man hört von einem neuen, phantastischen Sieg bei Austerlitz, und dann kehrt der Kaiser lorbeerbekränzt zurück. Diesmal bringt er seinem treuen Bundesgenossen Max Joseph als Geschenk die Königskrone mit. Am Neujahrsmorgen 1806 reitet ein Reichsherold unter Trompetengeschmetter durch die Stadt und verkündet die Erhebung Bayerns zum Königreich. Ja, dieses neue Bayern, das vom Main bis nach Südtirol reicht, verdient eine Königskrone. Die Münchner feiern den rapiden Aufstieg, der sich ja auch auf ihre Stadt auswirken muss, mit Feuerwerk, Volksfest und Karnevalstrubel.

In der Residenz aber empfängt Max Joseph seine Freunde und die Abordnung des Münchner Rats. Er reicht jedem die Hand und sagt bescheiden: »Es freut mich, euch alle zu sehen. Ich wünsch euch ein gutes neues Jahr – und wir bleiben die Alten!« Die Stadt zählt um die Jahrhundertwende an die sechzigtausend Einwohner, und sie scheint noch weiterwachsen zu wollen. Für die Flut der Menschen muss Raum geschaffen werden, und diesen gibt es nur noch außerhalb der alten Befestigungsanlagen, im sogenannten *Glacis*. Jetzt werden die veralteten Mauerwerke, die romantischen Türme und die von fauligem Wasser und Schilf gefüllten Gräben rascher beseitigt. Nur die Torwerke bleiben stehen, aber sie werden des besseren Durchgangs halber zum Teil umgebaut oder renoviert. Dann steht der Erschließung des Baulandes rings um die Stadt, vor allem der Felder und Wiesen von Schwabing bis Sendling, nichts mehr im Weg.

Die vornehmen Viertel der Adelsvillen auf dem Schönfeld, die klassizistischen Palais und Herrenquartiere an der Karlsstraße, Ottostraße und Brienner Straße schieben sich ins Vorland hinaus, sie liegen an dem geplanten direkten Verbindungsweg zwischen Residenz und Schloss Nymphenburg. Am Eingang dieses »Faubourg Saint-Germain« von München baut sich ein Napoleonide, der Prinz Leuchtenberg, sein Palais so vorausschauend geschickt, dass es jederzeit in ein Hotel verwandelt und verkauft werden kann. Weiter hinaus wächst die neue Vorstadt zur späteren Max-Joseph-Straße, und da ihr hier der Überrest des unter Max Emanuel von den Türken ausgehobenen und unvollendet gebliebenen »Türkengraben« im Weg ist, wird diese einstmals als Kanal geplante Rinne zugeschüttet.

Am Brienner Platz wird ein schlichtes Palais für den Kronprinzen Ludwig errichtet, das heutige Palais Graf Törring, das in seiner Mischung von Biedermeiertum und Klassizismus vielen der anderen Bauten ähnlich ist und ebenso wie diese einen Geist widerspiegelt, der beinah republikanisch ist. Das Rokoko hat die ständischen Unterschiede durch die Hausfassaden betont, dieser Münchner Klassizismus aber verwischt sie und nähert Adels- und Bürgerhaus einander an.

Die Seele dieses neuen Bauens ist der Baumeister Karl von Fischer, ein Mann, der vor allem in Italien Bauten der Klassik und der Renaissance studiert hat. Schon in Italien entwirft er das neue Ministerhotel, das jetzige Prinz-Carl-Palais, und gibt ihm eine herrliche Flucht von Gesellschaftsräumen und eine vornehme Eleganz, die ihresgleichen sucht.

Als Herr von Fischer anno 1809 dann nach München berufen wird, um Hofbaumeister zu werden, erwarten ihn bei den zahlreichen Palais, denen der Asbek, der Grafen Pappenheim und der päpstlichen Nuntiatur, Aufgaben genug. Die bedeutendste, die ihm gestellt wird, ist die Errichtung eines großen Hoftheaters. Dieser klassizistische Bau soll auf dem Platz des abgerissenen Franziskanerklosters nahe der Residenz stehen, und er wird gewaltige Dimensionen haben, die sich hinter einer klassischen, von einem Säulenportikus eingeleiteten Fassade verbergen. Mit dem Bau wird 1811 begonnen.

Doch nicht nur der Hof und der Adel bauen. Mit gleicher Lebendigkeit sprengt die bürgerliche Stadt ihre bisherige Form. Im Norden entstehen die rechtwinkeligen Häuserblocks der Maxvorstadt entlang der damals noch gewundenen Schwabinger Landstraße, bis hinunter zur Einmündung der Schleißheimer Straße laufen Häuserzeilen, und wie neue Jahresringe, welche die älter werdende Stadt ansetzt, wachsen die Sonnen- und die Müllerstraße als Parallelen zum alten Mauerring.

1810

Am 12. Oktober 1810 findet die feierliche Vermählung Ludwigs mit Prinzessin Therese statt. Nachdem die Hoffestlichkeiten vorübergerauscht sind, kommt das eigentliche Volksfest, der 17. Oktober.

In aller Frühe beginnen die Glocken zu läuten und die Böller zu krachen. Es ist ein leuchtend blauer Herbsttag, die Sonne strahlt ihre letzte Wärme über die Stadt, und am Horizont sieht man die Konturen der Berge. Gegen neun Uhr vormittags marschieren die Kompanien der Nationalgarde zum Bürgersaal, um die Messe zu hören. Dann versammelt sich alles am Max-Joseph-Platz, es bilden sich zwei Bataillone, die unter dröhnender Blechmusik zur Residenz ziehen.

An den Fenstern steht der königliche Hof, Prinz Ludwig und seine junge Gemahlin winken den Gardekavalleristen zu, die Vorreiter schwingen die weißblauen Rautenfahnen, die mit silbernen Fransen eingefasst und als Siegespreis für das bevorstehende Rennen gedacht sind. Schützengilden, Füsiliere und Artillerie ziehen jubelnd vorüber. Hinter einer türkischen Regimentsmusik folgt eine Abteilung Garde zu Pferd, welche die dreißig gemeldeten Renngäule mitführt. Diesem Aufmarsch folgt gegen ein Uhr nachmittags ein zweiter Festzug, den die Trachtengruppen und die Bürgerschaft bestreiten.

Der königliche Hofstaat kommt aus dem Hofgarten gefahren: In den vergoldeten, wappengeschmückten Kutschen sitzen König Max Joseph und seine Gemahlin Karoline, dann folgen das Kronprinzenpaar und die übrigen Mitglieder der Königsfamilie, die Minister und Räte, schließlich der gesamte Münchner Stadtrat. An diese Kolonne schließen sich die Kinder an, von denen neun als symbolische Vertreter der bayerischen Kreise gekleidet sind. Kreisrat Lipowsky führt sie an. Ein unübersehbarer Schwarm von Trachtenträgern marschiert hinterdrein: Leute mit den weiten Tiroler Hüten und den wuchtigen Ledergurten, Männer aus dem Rupertiwinkel und dem Salzachkreis, Dachauer Bäuerinnen, Hallertauer, Rottaler und Rieser Paare. Die seidenstarrenden Gewänder der Fränkinnen, die Schutenhüte der Waldlerinnen und die von Adlerflaum oder Gamsbärten wehenden Filzhüte der Jachenauer tauchen vor den Zuschauern auf, die rechts und links die Straßen säumen. Die Banner der Münchner Bruderschaften und der geselligen Vereine wehen. Es ist ein Aufmarsch des ganzen Volkes, das seinem Fürsten Zuneigung und Verehrung zeigt, sich selber aber seine Vielfalt, Kraft und Urwüchsigkeit vorführt.

Auf der großen Sendlinger Plane angelangt, begeben sich die königlichen Herrschaften zu einem erhöhten Pavillon, vor dem noch einmal der ganze Festzug vorüberzieht, während die Münchner Schulkinder ein eigens für diesen Tag geschaffenes Festlied singen. An der Rennbahn wehen an langen Masten die weißblauen Banner.

Das Renngericht, bestehend aus den Nationalgardisten Johann Schwangart, Anton Seidl und Kajetan Trappentreu, nimmt seine Plätze ein. Der Major Dall'Armi gibt die letzten Anweisungen, und die Reiter lenken ihre Rosse an den Start. Da sind Gäule aus Straubing, München und Augsburg, und die sachverständigen Fuhrleute, Posthalter, Lohnkutscher, Stallknechte und Kavalleristen geben ihre Meinung zum Besten, wer wohl siegen wird. Auch Franz Baumgartner ist am Start, er reitet seinen feurigen Apfelschimmel. Dann läutet die Glocke den Start ein, die dreißig Pferde donnern in die 11 200 Schuh lange Bahn und stieben mit schmetternden Hufen über die Wiese.

Der Apfelschimmel macht das Rennen. Stolz führt Franz Baumgartner sein dampfendes Pferd vor den Pavillon, wo sich der Staatsminister und nunmehrige Graf von Montgelas erhebt, ihm die Hand entgegenstreckt und mit wohlgesetzten Worten den Ehrenpreis, eine seidene Fahne und zwanzig Dukaten in Gold, überreicht.

Da die fahrenden Leute des ganzen Landes immer wissen, wo ein großes Volksfest stattfindet, sind sie auch diesmal in Scharen zur Oktoberwiese nach München gekommen. Rings um den Rennplatz stehen Buden mit Nürnberger Lebkuchen, Obst und Würsten, Bier wird ausgeschenkt, und auf rasch aufgeschlagenen Bänken und Tischen sitzen die Familien bei Radi und Leberkäs. Die Blechmusik spielt, und die Kinder stehen staunend vor den Buden der Schwertschlucker, Feuerfresser, Zauberer und Seiltänzer.

Gegen fünf Uhr aber formiert sich der Festzug neu: Die Gardekavallerie, nun angeführt von den Preisträgern mit ihren seidenen Siegesbannern, rückt in die Stadt zurück.

So schön war das Oktoberfest gewesen, dass auf Bitte der Gardekavallerie die Wiese künftig den Namen der Braut tragen soll: Sie wird in *Theresienwiese* umbenannt. Der Münchner Maler Wilhelm Kobell verewigt zudem das erste Oktoberfest in einem großen Gemälde, und der Rat beschließt, zum ewigen Gedenken an das Ereignis das Oktoberfest alle Jahre zu wiederholen.

Und weil eine Woche vor der Feier eine Anzahl bayerischer Gutsbesitzer und Förderer der Landwirtschaft einen Landwirtschaftlichen Verein gegründet hat, verknüpfen diese Leute ihre Absichten mit denen des Oktoberfests und beschließen, den Massenzustrom von Menschen aus allen bayerischen Gauen künftig auch einer Landwirtschafts-Ausstellung zuzuführen, die gleichzeitig stattfindet.

1813

Als man drei Jahre später wieder zum Oktoberfest rüstet, scheint das Wetter dem Fest nicht günstig zu sein. Sowohl der politische Himmel wie der über München sind von dunklen Wolkenmassen bedeckt.

Wochenlang hat es geregnet, Föhnstürme brausen über die Hochebene und rütteln an den Türmen Münchens, die Isar führt seit Tagen Hochwasser. Am 11. und 12. September steigern sich die Regengüsse zu wahren Wolkenbrüchen, die Bewohner der unteren Au arbeiten Tag und Nacht an der Errichtung von Dämmen und Wehren. Trotzdem durchläuft im Morgengrauen des 13. September eine böse Nachricht die Stadt: Die nahe am Isarufer gelegenen Häuser des Tuchscherers Croicus und des Auer Lebzelters Salinger seien von den Fluten unterspült in den Fluss gestürzt. Der Rat lässt ausschellen, dass freiwillige Helfer gesucht werden, worauf sich viele Männer mit Äxten, Stangen und Schaufeln zum Isarufer begeben. Dort schanzen bereits die verzweifelten Auer und Giesinger, andere stehen auf der steinernen Brücke und stoßen das treibende Holz der Isarlände, die entwurzelten Bäume und floßartig daherkommenden Dachstühle von den Pfeilern fort.

Auch der Kornaufkäufer Joseph Reuter ist unter den Helfern, die zum Fluss hinausgelaufen sind. Es sieht erschreckend aus, wie die lehmgelben Fluten sich gurgelnd und donnernd unter den niederen Bögen der Brücke durchzwängen. Diese Brücke ist noch unter Karl Theodor anno 1765 vollendet worden, und sie ist neben der Holzbrücke in Bogenhausen die einzige Verbindung zum rechten Ufer.

»Da schau nüber, Reuter!«, schreit der junge Gunetzrhainer dem Kornhändler zu. »Des Kaiserwirtshaus oberhalb der Bruckn muaßt oschaun! Des zittert und bebt scho in alle Fugn.« Wirklich steht das Wirtshaus, allseits von den wilden Wogen umspült, an einer gefährlich wirbelnden Stelle. Die ganze untere Au ist überflutet. Auch das Haus des Gerichtsdieners Christian Nussbaum, wo Poppel einst gewohnt hat, steht bis zum ersten Stockwerk unter Wasser.

Reuter und Gunetzrhainer drängen sich vom Münchner Ufer aus zur steinernen Brücke durch und finden einen Platz an der Brüstung. Man spürt das Zittern in der überlasteten Konstruktion, das Wasser lässt kaum mehr die Bögen frei, und die Luft heult aus den Durchlässen. »Um Gotts willn!«, sagt der Reuter, »dass fei de Bruckn net aa no einfallt! Moanst, dass halt?«

»De?«, lacht der junge Gunetzrhainer, »de hat do mei Vater

selig baut. Er und der Baumoasta Liebl, und was de zwoa g'macht habn, dös fallt net ei.«

Am linken Ufer drängen sich die Leute. Die Frauen tragen die langen fließenden, beinah klassisch anmutenden Gewänder, Umhänge darüber und zierliche Schutenhüte. Die Männer gehen in langen geschweiften Röcken, mit kurzen Zylindern oder den hochgeschweiften Napoleonhüten. Einige Arbeiter holen sich mit Stangen Treibholz, Hausrat und Gebälk aus dem Fluss. Das Hochwasser scheint eher noch zu steigen, obwohl es aufgehört hat zu regnen.

Die Neugierde der Münchner gilt vor allem dem Kaiserwirtshaus am anderen Ufer. »Jetzt, jetzt!«, schreien die Leute alle Augenblicke, »jetzt fallt's ein!« Aber das massiv gebaute Haus hält stand und steht noch im Anprall der Fluten. Der Nachmittag geht dahin, die Neugierigen auf der Brücke und am Ufer lösen einander ab. Als es zu dämmern beginnt und es von der Mariahilfkirche sieben schlägt, werden es merklich weniger Zuschauer. Viele gehen in die Stadt zurück.

Auch der junge Gunetzrhainer ist fortgegangen, und neben dem Kornhändler Reuter lehnt nun eine dicke Frau aus der Sporergasse am Brückengeländer. »Ja, wer kimmt denn da daher?«, sagt Reuter und zeigt auf eine Totengräbersfrau, die mit ihrem Schubkarren ein Grabkreuz über die Brücke führt.

»Jetzt werd's gefährlich«, lacht ein Giesinger Lucki. »Jetzt kimmt der Tod!« Und die Totengräberin nimmt das frevelhafte Wort auf und schreit den Leuten zu: »Obacht gebn: Der Tod kimmt!«

»So a Schand und a Frevel!«, bekreuzt sich die dicke Frau vom Sporergassl.

In diesem Augenblick ertönt ein dumpfer Schlag, es läuft wie ein Beben durch die steinerne Brücke, und vor den Augen der am Ufer stehenden Leute stürzt ein Bogen in die aufwirbelnden Wasser. Ein Aufschrei flattert über den brausenden Fluten und wird vom Wind fortgerissen – da senken sich ganz langsam drei weitere Brückenbogen, und sie sinken krachend in den entfesselten Fluss. Auch die Stelle, auf der Reuter und die beleibte Frau gestanden haben, ist verschwunden. Wie ein Turm ragt noch ein Pfeiler empor, das übrige Gemäuer liegt in den gelben Wirbeln.

Die Menschen am Ufer rennen zu Hilfe, aber sie können nur ein paar Verunglückte retten. Die meisten von denen, die auf der Brücke geweilt haben, sind von der Isar verschlungen. Die Kunde verbreitet sich schnell in der Stadt, und eine Stunde später sind die Gestade schwarz von schweigenden Massen, die erschüttert in die brausenden Wasser starren. Am nächsten Morgen erscheinen der König und das Staatsministerium an der Katastrophenstelle. Was vermögen Menschenkräfte wider die entfesselten Naturgewalten! In Oberföhring und weiter isarabwärts werden in den folgenden Tagen mehr als zwanzig Leichen geländet. Im Ganzen werden wohl mehr als hundert Menschen ertrunken sein. Unter den geländeten Toten erkennt man auch den Herrn Joseph Reuter. Seine Familie trägt ihn unter Anteilnahme der Bevölkerung am südlichen Friedhof zu Grab und setzt ihm ein Denkmal mit einem trauernden Engel.

Angesichts dieses Ereignisses und der allgemeinen politischen Lage, auch in Trauer um die Tausende von Bayern und Münchnern, die in Russland geblieben oder in den Kämpfen gefallen sind, wird das Oktoberfest 1813 abgesagt. Für die eingestürzte Brücke entsteht ein Notsteg, und später lässt der neue König, Ludwig I., eine neue Brücke errichten. Sie erhält den Namen *Ludwigsbrücke.*

1817

Nach all den endlosen Kriegen und nun nach der russischen Katastrophe ist die Stimmung auch in München umgeschlagen. Die Bürger schimpfen gewaltig auf den Kaiser Napoleon und seine Franzosen. »De solln hi'geh, wos' herkumma san!«, hört man sagen. Oder: »Was dean denn de bei uns? Mir ziagn ja aa net z' Frankreich umanand!«

So wird es in Bayern und München mit Jubel begrüßt, als der kluge König Max Joseph in letzter Minute seine Politik ändert und eben noch zehn Tage vor der Völkerschlacht bei Leipzig auf die Seite der Alliierten übertritt. General von Wrede rückt mit seinem bayerischen Korps eilig an den Main, um den aus Leipzig fliehenden französischen Garden, die den Kaiser in ihrer Mitte führen, den Weg zu verlegen, bekommt aber von dem verwundeten Löwen Napoleon eine halbe Stunde Unterricht im Kriegführen, nämlich beschämende Prügel.

Doch auch diese Schlappe von Hanau vermag die Hochstimmung nicht zu dämpfen. Es geht ja schon im folgenden Jahr nach Frankreich hinein. Paris wird genommen, und Napoleon legt seine Krone in die Hände der Sieger.

Europa wird auf dem Wiener Kongress neu geordnet, wo General Wrede und Kronprinz Ludwig das Land Bayern vertreten. Sie erreichen, dass es im Großen und Ganzen seinen heutigen Gebietsstand behält. Während in den folgenden Jahren unter dem großen Dirigenten Metternich das europäische Konzert die Melodie der Restauration und Reaktion spielt, erlaubt sich das Bayern Max Josephs eine Soloeinlage: Es macht inmitten eines recht rückschrittlichen Deutschen Bundes liberale Politik. Als Graf Montgelas dabei nicht mitmachen will, findet er im Kronprinzen einen entschiedenen Gegner, und er wird Anfang 1817 entlassen.

Nun scheint der Weg frei zu sein. Schon am 26. Mai 1818 wird im Herkulessaal der Residenz vor Ministern, Staatsräten und Vertretern der bayerischen Stände die Bayerische Verfassung verkündet. Am Tag darauf leistet König Max Joseph den Eid auf sie. Das bedeutet, dass Bayern-München nach dem Goetheschen Sachsen-Weimar der erste deutsche Staat ist, der eine konstitutionelle Monarchie besitzt und einen Landtag einberuft. Freiheit und Sicherheit der Person und des Eigentums, Gleichheit vor dem Gesetz und in der Besteuerung und Freiheit in Glaubensdingen sind die wichtigsten Grundsätze der Verfassung. Damit hat sich Bayern die positiven Errungenschaften der Französischen Revolution zu eigen gemacht, während in Preußen und Österreich-Ungarn die Polizeiverordnungen einander jagen, die Gefängnisse sich füllen und das Spitzelunwesen Blüten treibt. Johann Anselm von Feuerbach, ein verdienter Reformer des Strafrechts – der Vater des berühmten Malers Anselm Feuerbach –, jubelt angesichts einer solchen Entwicklung:

Kein Land ist wohl in Europa, wo freier gesprochen, freier geschrieben, offener gehandelt wird als hier in Bayern.

König Max Joseph erwidert seinen Räten, die ihn angesichts der Karlsbader Beschlüsse, der Unterdrückungsmaßnahmen gegen die Universitäten, Studentenverbindungen und die Presse auf verschiedene sehr revolutionäre Veröffentlichungen in München oder sonst wo aufmerksam machen: »Ist ja wahr, dass viel dummes Zeug geschrieben wird – aber lassen wir ihnen die Freud! Lachen muss man drüber!«

Das ist der Bürgerkönig nach dem Herzen der Münchner, der auf der Getreideschranne herumgeht, das Korn eigenhändig prüft, sich in den Handel mischt und der bei den Wirtsfenstern hineinruft, ob die Knödel schon fertig seien. Es ist der gute *Vater Max*!

1825

Im Herbst 1825 äußert sich König Max Joseph: »Wenn nur mein Namenstag schon vorüber wäre!« Das ist ein begründeter Stoßseufzer. Der Arzt J. N. Ringseis berichtet in seinen Erinnerungen: *Seit Jahren kennzeichneten nämlich Unglücksfälle wie vorauswarnend diesen Tag; bald brannte es, bald starb jähen Todes ein Lakai; bald zersprang einem Minister die Flinte in der Hand, ein Stück derselben hinwegreißend. Im letztvergangenen Jahr war der Königin beim Aderlassen eine Ader abgeschlagen worden und diesmal verwundete eine umstürzende Mauer im Hofgarten einige Arbeiter.*

Etwas ängstlich wartet König Max Joseph den Verlauf seines Namenstages ab. Der russische Gesandte hat dem König zu Ehren in seinem Münchner Palais am 12. Oktober einen Ball gegeben. Die Münchner Bürger haben vor dem festlich illuminierten Palast Hoch geschrien, und der König selbst hat eine Ehrenrunde getanzt, dann ein Glas Limonade getrunken, und er ist schon um halb zehn Uhr nach Nymphenburg hinausgefahren, wo er seinen Dienern sagte, dass er gegen sechs Uhr morgens geweckt werden wolle. Doch als der Lakai am 13. Oktober morgens die Jalousien öffnet, findet er den König tot in den Kissen. Er ist während der Nacht friedlich gestorben. Der mit Kronprinz Ludwig befreundete Arzt Ringseis schreibt in sein Tagebuch:

Jetzund – so jubeln die einen, so knirschen die andern –, jetzund wird, wo nicht alles, so doch vieles umgekehrt werden!

Das Land und seine Hauptstadt blicken voll hoher Erwartung auf den achtunddreißigjährigen König Ludwig I.

Ludwig I. hat schon als Kronprinz gezeigt, wo er seine Vorbilder in der Geschichte sucht. So national er denkt, so treukatholisch er fühlt, so gelten ihm doch Gestalten wie Perikles von Athen oder Lorenzo Medici von Florenz als die höchsten Ideale.

Er wünscht nichts weiter, als ein Königreich voll Glück und Wohlstand unter einer guten Herrschaft, die Blüte der Künste, Musik auf den Straßen und in jedem Bauernhaus den Schinken im Rauchfang. (William Bolitho)

Aus diesem Geist heraus hat der Kronprinz schon angefangen, Künstler nach München zu ziehen und die Stadt durch neue Bauten zu schmücken, soweit das seine noch schmale Kasse zuließ. Ein Jahr nach dem Ende der napoleonischen Wirren, 1815, hat Ludwig ein Preisausschreiben für ein Museum antiker Plastiken veranstaltet, das selbst Tempel und klassisches Bauwerk sein sollte. Leo von Klenze, ein klassizistischer Architekt aus Hildesheim, gewann damals den Preis und wurde nach München berufen. Er begann, die Glyptothek zu bauen (1816 bis 1830). Peter Cornelius, ein Düsseldorfer Historienmaler, der in Rom bei den Nazarenern gelernt hatte, wurde für München gewonnen, um die Glyptothek mit riesigen Fresken zu schmücken.

Jetzt aber, da dem nunmehrigen König Ludwig I. die bedeutenderen Mittel eines ganzen Landes und der königlichen Besitzungen voll zur Verfügung stehen, hebt ein großes Bauen, Malen und Gießen an. Ein neuer Lorenzo von Medici ruft die Musen in ein neues Florenz.

Bereits ein Jahr nach seinem Regierungsantritt, 1826, verlegt der König die bayerische Landesuniversität, die inzwischen von Ingolstadt nach Landshut umgezogen ist, nach München. Aber nicht nur Künste und Wissenschaften haben hier nun eine Heimstatt gefunden, dieser neue König ist auch gegenüber der Technik aufgeschlossen. Als Friedrich List mit seinen Eisenbahnplänen überall scheitert, wird sein Plan 1835 in der Bahn Nürnberg-Fürth verwirklicht. Als eine der nächsten Linien wird die zwischen München und Augsburg eröffnet. Gleich hinter der Alten Schießstätte (dem heutigen Hauptbahnhofgelände) entsteht beim Hackerbräu ein Bahnhof, und die *Augsburger Abendzeitung* vom 26. August 1839 kann folgende »telegraphische Depesche« bringen: *München, Sonntag, 25. August, 8 1/2 Uhr morgens. Die Lokomotive »Vesta« hat heute Morgen 7 Uhr mit einem Personenwagen Lochhausen begrüßt und jubelnden Empfang bei Abfahrt und Ankunft gefunden. Ganz in der Stille wurde das hehre Königsfest von den Direktoren der München–Augsburger Eisenbahn dazu benützt, dass die fertige Strecke der Eisenbahn bis Lochhausen, 2 Stunden von hier, zum ersten Male mit Dampf befahren wurde, welches erhabene Schauspiel für diesmal nur dem technischen Personal und wenigen Anderen zuteil ward. Es war gegen 7 Uhr morgens, als die Lokomotive »Vesta« mit einem Personenwagen majestätisch dahinrollte und die Strecke, obwohl wegen verschiedener Versuche viermal innegehalten wurde, in 25 Minuten zurücklegte … Die Heizung erfolgte mit Buchenholz und erfüllte alle Erwartungen. In kurzem wird die Bahnstrecke nicht nur bis Lochhausen, sondern bis Maisach, welches gegen 7 Stunden entfernt ist, dem Publikum eröffnet werden. Man hegt neuerdings die Hoffnung, dass die ganze Bahnstrecke nach Augsburg bis im Herbst 1840 werde befahren werden können.*

Es ist ein schöner blauer Morgen im Spätsommer, als eine einfache Kutsche des königlichen Marstalls vor dem Festsaalflügel der Neuen Residenz vorfährt. Der Kutscher trägt keine Livree, sondern einen gewöhnlichen, pellerinenartigen Umhang und einen Zylinder. Aus dem vorgebauten Portikus tritt der König im schlichten bürgerlichen Rock, mit Vatermörderkragen, Plastronkrawatte, Zylinder, Handschuhen und Spazierstock. Wie fast immer hat er auch heute schon wieder seit fünf Uhr früh gearbeitet. Für acht Uhr hat er sich die Kutsche bestellt, und er ist ohne Begleitung zu einem seiner Spaziergänge aufgebrochen. König Ludwig hat eine mittelgroße, regelmäßige Gestalt. So schön und strahlend wie in seinen jungen Jahren ist er nicht mehr, aber der gescheite Ausdruck seines scharfgeschnittenen Gesichts ist anziehend, seine graublauen Augen haben etwas Umfassendes, Wahres im Blick, wie Luise von Kobell schreibt. Schon unter dem Portikus bleibt er plötzlich stehen, und er sieht sich um. Im Hofgarten, der von Arkaden gesäumt ein grünes, blühendes Revier inmitten der Stadt bildet, gehen einige Leute. Eine hübsche kleine Münchnerin mit Korkenzieherlöckchen, goldbortiertem Häubchen, weitem, spitzengesäumtem Ausschnitt und engem Miederrock tänzelt zwischen den Blumenrabatten hin. »Beim Siegestor warten!«, ruft der König dem Kutscher zu.

Der König schwingt seinen Spazierstock und folgt der schönen Münchnerin, die nun an einem Blumenbosquett stehen geblieben ist. Das Mädel trägt einen Schleier vor dem Gesicht, und das ist etwas, was der König gar nicht leiden mag. Mit umwölkter Stirn tritt er an sie heran, grüßt und hebt ungeniert das zarte Gazetuch vor dem Gesicht. »Demoiselle verzeiht wohl! Das Tuch vor so einem hübschen Gesicht sollte Sie ablegen. Sie vergönnt ihren Mitmenschen wohl keine Freude? Bei Gott, Sie ist schön! Sie ist wirklich schön!«

Das Mädel steht wie mit Blut übergossen und weiß nicht, soll sie der Zudringlichkeit wehren oder sich still verhalten. Der Herr ist so vornehm und tritt so sicher auf.

»Wie ist Ihr Name, Demoiselle? Geb Sie mir ihre Adresse, Sie wird von mir hören!«

»Regina Daxenberger heiß ich«, knickst die Schöne. »Mei' Vata gibt des *Münchner Hundert und Eins* heraus, a Zeitschrift. Sicher haben S' schon davon g'hört?«

»Freilich, mein Kind. Aber mir scheint, das beste Werk des Herrn Vaters steht direkt vor mir. Leb Sie wohl, kleine Daxenbergerin. Sie wird noch von dieser Begegnung hören.«

Das Mädel bleibt ziemlich verwirrt stehen, zwar weiß sie noch nicht, mit wem sie gesprochen hat, aber es dämmert ihr, wer es gewesen sein könnte. Man spricht in München viel davon, dass der König besonders schöne Jungfern von seinem Porträtmaler Joseph Stieler für seine Schönheitsgalerie in der Residenz malen lässt.

Ludwig spaziert nun aus dem Hofgarten und nimmt seinen Lieblingsweg entlang jener breiten Prachtstraße, die seinen Namen trägt. Gleich als er die Ludwigstraße betritt, wendet er sich zur Feldherrnhalle um, die sein Hofbaumeister Gärtner, der Klenze inzwischen verdrängt hat, nach dem Vorbild der Florentiner Loggia dei Lanzi 1844 errichtet hat. Unter dem steinernen Baldachin stehen die Standbilder der Feldherrn Tilly und Wrede. Nachdenklich setzt der König seinen Weg fort. Drüben auf der anderen Straßenseite, wo sich ein Platz ausweitet und sich die Straße zum Wittelsbacherplatz mit dem von Thorwaldsen entworfenen Erzdenkmal des Kurfürsten Max I. hinzieht, liegt der schöngegliederte Bau des Odeons. Es wurde zwischen 1826 und 1828 von Klenze errichtet. Neben ihm erhebt sich das klassizistische Herzog-Max-Palais – eine gute Einleitung zur Prachtstraße.

Schnurgerade läuft dieser weltstädtisch großartige Korso einen Kilometer weit dem abschließenden Siegestor entgegen, an dem freilich noch die Gerüste stehen, weil Gärtner und die Bildhauer noch lange nicht fertig sind. Diese Porta triumphalis soll München allezeit an den gemeinsamen Sieg der Deutschen über den Eroberer Napoleon erinnern. Schnellen Schrittes ist der König den Bürgersteig entlanggegangen. Auf der Fahrbahn rollen Lastfuhrwerke, beladen mit Steinen oder Balken; sie biegen in die Brienner Straße ein. Wahrscheinlich streben sie zu den Bauplätzen am Königsplatz, wo gegenüber der Glyptothek nun eine Staatsgalerie entsteht, die der Augsburger Ziebland im Auftrag des Königs von 1838 bis 1848 errichtet, oder sie fahren zur neuen Karlstraße, wo der gleiche Ziebland die Sankt-Bonifaz-Kirche im Stil einer altchristlichen Basilika baut.

Wieder bleibt der König stehen, und er betrachtet die riesigen, monumental wirkenden Gebäude des Blindeninstituts und des Damenstifts auf der anderen Seite. Sie passen gut in die Zeile dieser klassischen Straße. Auch da drüben rollt der Lastverkehr, doch diese Wagen gehen zur Barer Straße hinunter. Dort hat er schon anno 1826, also ein Jahr nach der Thronbesteigung, den Bau der Alten Pinakothek beginnen lassen.

König Ludwig denkt an die Jahre seines jungen Königtums zurück. Damals hat er allein fünfunddreißigtausend Gulden für seidene Wandbespannungen in der Pinakothek ausgegeben, und er ist fast täglich auf den Gerüsten herumgeklettert. Als das Bauwerk fertig war, hat er selbst beim Aufhängen der Bilder mitgeholfen. Das waren wunderbare Jahre!

1837

Zwischen den Lastfuhrwerken schlängelt sich in flottem Trab die offene Kutsche eines eleganten Herrn durch, der viel eher nach einem König aussieht als der sparsame und schlicht gekleidete Ludwig. Es ist der Maler Kaulbach, einer der Sterne am Himmel der Münchner Akademie, der Schöpfer gewaltiger historischer Gemälde. Der König, der ihm nachsieht, bemerkt, wie einige Schüler des Georgianums, die an ihren runden Hüten und den schwarzen Priesterröcken leicht zu erkennen sind, dem Wagen des Malerfürsten offenbar böse Bemerkungen nachrufen. Und der König seufzt tief.

Überall begegnet man in München den beiden Parteien: den Liberalen und den Ultramontanen. Kaulbach hat kürzlich Goethes *Reineke Fuchs* illustriert und dabei seiner Abneigung gegen die sozialen, politischen und kirchlichen Verkehrtheiten der Ultramontanen freien Lauf gelassen. Seither wird er angefeindet wie so viele andere Freunde des Königs, und Ludwig ist der einzige Schutzwall, der ihn vor Rache und Verfolgung schützt.

Aber er reißt seine Gedanken von so unguten Dingen los. Kritisch, doch mit Wohlwollen, misst Ludwig nun die ganz florentinisch strenge Front der Staatsbibliothek (1832–1842), dann wendet er schon seine Blicke dem großen Komplex der neuen Universität zu (1840 fertig) und den am gegenüberliegenden quadratischen Platz liegenden Gebäuden des Georgianums und des Max-Joseph-Stifts (1834 bis 1839).

Das alles ist Gärtners Werk.

Er betritt durch den vorgebauten Portikus die Ludwigskirche (1830–1844), die Gärtner nun fast vollendet hat. Es ist kühl in der Halle.

Langsamen Schritts ist der König bis zur Apsis der Kirche gegangen, wo ein riesenhaftes Fresko von Peter Cornelius, seinem Akademieprofessor seit 1825, das *Jüngste Gericht* darstellt. Diese verstandesmäßige, kalte Komposition mit ihren kühlen, flächigen Farben soll den Geist der Romantik einfangen, doch sie klingt allzu sehr ans Klassizistische an. Was ihm vor Jahren noch gefallen hätte, stößt ihn jetzt ab. Plötzlich findet er, dass »Cornelius gar nicht malen kann«. Missgestimmt verlässt er die Kirche, die seinen Namen trägt. Am Siegestor wartet der Wagen.

»Zur Residenz!«, befiehlt Ludwig, und der Kutscher schnalzt mit der Peitsche. Wie die Kutsche die breite Ludwigstraße hinaufrollt, kommt in schlankem Trab ein anderer Wagen neben dem Siegestor hervor. Vor den sind zwei feurige Rappen gespannt, wahre Prachttiere, die ausgreifend aufholen. Der königliche Leibkutscher wendet sich um und gibt Zeichen, dass der andere zurückbleiben soll; denn es ist unhöflich, den König zu überholen. Aber auf dem Bock des verfolgenden Wagens sitzt der Pferdehändler Krenkel, ein stadtbekanntes Original, der sich nicht einschüchtern lässt. Er gebraucht die Peitsche und fährt an König Ludwig vorbei. Während er den Stutzzylinder zieht und lachend grüßt, ruft er Ludwig zu: »Wer ko, der ko, Majestät!«

Und er kann tatsächlich schneller fahren; der königliche Leibkutscher vermag ihn nicht einzuholen. Der Wagen des Königs rollt am Hofgartentor vorüber zum Königsbau der Residenz. Die Posten mit den Raupenhelmen präsentieren, der Offizier senkt den Degen. Ein Lakai läuft herbei, öffnet den Schlag und hilft dem Herrn aus dem Wagen. Der König verharrt einen Augenblick vor der gewaltigen Fassade seines Neuen Schlosses, das zwischen 1826 und 1835 entstand. »Palazzo Pitti!«, denkt Ludwig. »Auch das habe ich nach München geholt! Irgendetwas wird schon bleiben von meinen Erdentagen!«

Rot leuchtet der westliche Himmel, flache stahlgraue Wolkenbänke schwimmen im dunkler werdenden Blau des abendlichen Firmaments. Die Türme und Giebel der Stadt stehen als scharfgeschnittene Silhouetten da, von den Isarhöhen her kommt die sinkende Nacht auf München zu.

Auf der Schwabinger Landstraße rollen ein paar verspätete Heuwagen, und ein Trupp rußiger Arbeiter trottet müde stadteinwärts. Diese Leute kommen von dem seit 1837 in der Hirschau bestehenden Eisenwerk des Unternehmers Joseph Anton von Maffei. Sie kommen mit hängenden Schultern und klappernden Holzpantinen daher. Ihr Weg ist weit: von der Hirschau jeden Tag bis nach Haidhausen hinaus, wo sie in den niederen, dumpfen Häuseln wohnen. Für sie gibt es keinen Klassizismus und keine Romantik, kein freundliches und gemütliches München. Ihr Arbeitstag dauert von früh sieben bis abends sieben. Der Lohn ist gering, man kennt weder Invaliden- noch Kranken- oder Altersversorgung, und die abweisenden Blicke der vorübergehenden Bürgersleute sprechen immer wieder davon, dass man den *Tagwerkern* oder *Fabrikgesellen* wenig wohlgesonnen ist. Hat nicht der König selbst die Äußerung getan: »Ich halte nichts von der Industrie, in der eine Menge Arbeiter eine Seele und Körper verkümmernde Lebensweise führt.«

Aber auch jene armselig gekleideten grauen Wesen, die man jeden Tag durch die Stadt huschen sieht, sind zu einem Teil Münchens geworden. Vor den Gasthäusern der inneren Stadt warten die Botenfuhrwerke, sind die Gäuwagerl der Bauern aufgereiht, und aus den Gewölben der Brauereien hallt das Lärmen fröhlicher Zecher. Da prüft mancher Arbeiter die paar Kreuzer in seiner Tasche und tritt für eine Stehmaß in den Garten oder in die Schwemme.

Zu dieser abendlichen Stunde füllen sich auch die Kaffeehäuser. Da die Luft mild und warm ist, sitzt man bei Tambosi unter den Arkaden am Hofgarteneingang im Freien.

Das ist ein von Künstlerhand geschmücktes Kaffeehaus mit allen Vorzügen. Tambosi ist das Gesellschaftshaus der jungen Leute. Dort kann man die ausgezeichnetsten Schauspieler und Musiker, die vorzüglichsten Maler, Literaten, Studenten, vornehme Offiziere, interessante Fremde, die besten Karten- und Billardspieler kennenlernen … Vor dem Büfett unter den Kastanienbäumen des Hofgartens, wo nicht geraucht werden darf, stehen grüne Tischchen.

Diese Notizen kritzelt Herr Daxenberger, der unter dem Pseudonym C. Fernau die Zeitschrift *Münchner Hundert und Eins* herausgibt, in sein Büchlein. Im Hofgartenpavillon spielt die Militärmusik, und unter den Kastanien promenieren allerlei Pärchen.

Viele Lampen und Kerzen brennen nun hinter den Fenstern der Stadt, die Nacht senkt ihre Schleier über München.

Vor dem königlichen Hoftheater am Max-Joseph-Platz flammen die Pechpfannen, Kürassiere bilden hoch zu Ross Spalier, und eine Schar Neugieriger säumt die Auffahrt, wo die vergoldeten Kutschen des Adels und der Hofgesellschaft anrollen, Lakaien die wappengeschmückten Schläge aufreißen und Herren und Damen in prächtigen Abendtoiletten aussteigen. Die ganze Front des Theaters, die einem antiken Tempel gleicht, strahlt von Fackeln und Kerzenlicht. Heute Abend findet eine Benefizvorstellung für die Hofschauspielerin Cramer statt, die fünfzig Jahre lang auf den Brettern agiert hat. Man gibt *Die Jäger* von Iffland, und auch der König hat sein Erscheinen zugesagt.

Der prächtige Raum des Hoftheaters ist überfüllt; hoch oben im letzten Rang, in der »Schusterbubenloge«, sieht man auch den unvermeidlichen Professor der unentdeckten Wissenschaften.

Alle Blicke richten sich auf die Königsloge, die mit roten Portieren verhangen ist. Dann werden zwei livrierte Hoflakaien sichtbar, welche die roten Samtvorhänge zurückschlagen. Gleich darauf betritt der König im schwarzen Frack, einen Ordensstern auf der Brust, die Loge, und rauschend erhebt sich das Parkett, das ganze Publikum nimmt Front zur Königsloge.

Die Vorstellung wird ein großer Erfolg. Nachher geben die Bühnenkollegen und die Künstler der Schauspielerin noch ein Fest in dem von den Münchner Künstlern so gern besuchten Gasthaus zum Grünen Baum. Dieses Wirtshaus liegt an der Isarlände, gleich neben der neuen Ludwigsbrücke. Man trinkt dort ausgezeichnetes Tölzer Bier, und hier verkehren die Isarwinkler Flößer ebenso gerne wie die Professoren der Kunstakademie.

Frau Cramer, die glückliche Gefeierte des Abends, sitzt inmitten von Adeligen, Schauspielerkollegen und angesehenen Bürgersleuten an einer großen Tafel. Scherzworte und Zutrunk fliegen hin und her, alles befindet sich in Hochstimmung, die Kellnerinnen in ihren Trachten können kaum genug schäumende Bierkrüge heranschaffen.

Etwas seitlich davon in einer Gewölbenische ist beinah die ganze Kunstakademie versammelt. Aber die Herren Professoren und ihre Meisterschüler haben sich an zwei kleinen Tischen als deutlich geschiedene Parteien niedergelassen. Dem einen präsidiert der Architekt Friedrich von Gärtner, ein etwa fünfzigjähriger Herr, der mit großer Selbstgefälligkeit von seinem Aufenthalt in Griechenland berichtet. Er, und natürlich auch der alte Klenze, haben die Hauptstadt König Ottos, das in der Türkenzeit ganz heruntergekommene Athen, nach dem Muster der Münchner Ludwigstraße mit einem Prachtkorso geschmückt.

»Gott sei Dank!«, sagt Gärtner sehr vernehmlich, »dass wenigstens aus dem Königspalast nach Klenzeschem Entwurf auf der

Akropolis nichts werden wird! Man hatte doch tatsächlich geplant, ein klassizistisches Gegenstück zum Parthenon hinzuzusetzen!«

Professor Peter von Cornelius, der Direktor der Akademie, ist zwar selbst Klassizist, aber seine offene Gegnerschaft zu Klenze veranlasst ihn, Gärtner beifällig zuzulachen. Er und sein Freund, der Maler Professor Schnorr von Carolsfeld, prosten Gärtner zu und versäumen nicht, über die Krüge weg zum Nebentisch zu schielen, wo die Professoren Leo von Klenze und Wilhelm von Kaulbach Platz genommen haben. Auch der alte Wilhelm von Kobell, der Schlachtenmaler, stimmt fröhlich in den lästernden Chorus ein.

Darauf beginnt Klenze, den Gärtner aus der Vorzugsstellung beim König verdrängt hat, mit lauter Stimme das eben vollendete Kolossalgemälde Kaulbachs *Die Hunnenschlacht* zu loben. Das reizt wieder die andere Gruppe, nun gegen die pompöse Leere der Kaulbachschen Bilder loszuziehen. Schon beginnt das laute Gespräch gefährlich zu werden, die Gesichter der würdigen Künstler röten sich, die Stimmen werden kraftvoller und die Argumente ausfallender. Da entsteht Unruhe am Eingang: Eine Anzahl von Wagen fährt vor.

Es ist der König, der von der Nachfeier im Grünen Baum vernommen hat und nun eintrifft. Die Uhr der Mariahilfkirche schlägt die elfte Abendstunde. Der Wirt eilt den neuen Gästen entgegen, erkennt die Majestät und macht eine tiefe Verbeugung. König Ludwig steht im Vorraum, wo ihm ein diensteifriger Lakai die Pelerine abnimmt. Rauch zieht in Schwaden aus dem Lokal, und es summt wie in einem Bienenstock. Wieder einmal ist das Gasthaus übervoll.

»Da möcht man gleich Grünbaumwirt sein!«, sagt der König lächelnd und tritt in die Stube. Bevor die Versammelten sich der Situation noch recht bewusst werden, winkt König Ludwig ab und legt Frau Cramer, die mit dem Rücken zum Eingang sitzt, die Hände vor die Augen. »Wer ist das?«

»Ach, das sind Sie wieder, Lang«, antwortet die Schauspielerin. »Sie kopieren den König ganz trefflich!«

Lautes Gelächter brandet auf. Der König lässt erstaunt die Hände sinken und sieht sich nach dem Hofschauspieler Lang um. »Ei, was höre ich, Lang? Sie kopieren mich? Also los! Zeigen Sie Ihre Kunst!«

Der Schauspieler wird vor Verlegenheit puterrot und windet sich. »Um Vergebung, Majestät. Ich bitte, mir gnädigst diese Vorstellung erlassen zu wollen.«

»Nichts da, Lang, ich wünsche es. Fangen Sie an!«

Da bleibt dem Komiker nichts anderes übrig, als dem Befehl nachzukommen. Er verbeugt sich und sagt mit der Stimme des Königs: »Kabinettsrat von Riedl soll kommen!« »Euer Majestät wünschen?«, fährt er mit dem Tonfall des Kabinettsrates fort.

»Vortrefflich! Bravo!«, unterbricht König Ludwig, »fahren Sie fort!«

»Ja, was ich sagen wollte, Riedl! Senden Sie morgen früh dem Hofschauspieler Lang aus meiner Privatschatulle zweihundert Goldgulden, weil er mich so gut kopiert hat.«

Einen Augenblick ist es still, dann belohnt schallendes Gelächter die Frechheit des Komikers. Doch der König lacht mit.

»Spitzbube!«, ruft er, »Sie haben sich Ihre Gastrolle im Grünen Baum teuer bezahlen lassen, aber Ihr König wird das Honorar nicht schuldig bleiben.«

Eine Weile sitzt Ludwig mitten unter den Schauspielern und Bürgern. Er spricht über Theater, Literatur und verschiedene Vorfälle in der Stadt. Dann wechselt er seinen Platz und geht zu den Künstlern hinüber.

»Cornelius«, sagt er, »ich muss Ihnen ehrlich gestehen: Ihr *Jüngstes Gericht* in der Ludwigskirche lässt mich kalt, es mag im Einzelnen eine schöne Arbeit des Zeichenstifts sein – ein Gemälde ist es nicht! Da lobe ich mir Kaulbachs *Hunnenschlacht*!«

Der Akademiedirektor wird bleich und trinkt in kurzen, mageren Schlucken vom Bier. Wilhelm von Kaulbach jedoch strahlt, als sei die Sonne über ihm aufgegangen. Und er weiß, dass diese Szene Sonnenauf- und -untergang bedeutet.

Der Vollmond schwimmt in dieser Nacht über den Dächern der Altstadt, die Tritte der Nachtwächter klappern, und die alten Brunnen plätschern. An seinem Fenster sitzt der ehemalige Provisor des Hofapothekers Pettenkofer und nunmehrige Maler Carl Spitzweg und pinselt ein Bildchen. Seine Welt ist die der »guten, alten Zeit«, die der armen Poeten in den Dachstübchen, der verstaubten Bibliothekare, der Ständchen, Scharwachen, mondbeschienenen Brunnen und Tore.

Aber die Idylle besteht nicht. Die neue Zeit dringt mit Macht heran, aus dem Frankreich des Bürgerkönigs Louis Philipp grollen die ersten Erschütterungen in der sozialen Frage herüber. Auch in Deutschland nimmt der Widerstand gegen das reaktionäre System des Metternichschen Polizeistaates zu.

Selbst der freundliche Malerpoet Spitzweg wird von einer Art milder Opposition ergriffen. Nicht nur, dass er ein Bild, das die Grenzkontrolle an einem der zahllosen deutschen Schlagbäume zeigt, *Gedanken sind zollfrei* benennt, er zeichnet auch für die neugegründete satirische Wochenschrift *Die Fliegenden Blätter* allerhand spitze Sachen gegen Polizei, Obrigkeit und Engherzigkeit der Regierung.

1843

Andere aber sind aggressiver und deutlicher. Überhaupt wird die Tonart der Zeitungen, sogar in München, schärfer. Die Atmosphäre verdüstert sich, bürgerliche Liberalität steht wider ministerielle Starrheit. In München gibt es zwar keine Arbeiterfrage wie in den Kohlenrevieren Frankreichs oder in den industrialisierten Städten des Westens, aber es gibt eine fortschwelende Unruhe gegen das Bestehende.

Bezeichnenderweise wird in München der erste Ausbruch der Unzufriedenheit nicht durch soziale oder politische Fragen, sondern durch eine geringfügige Erhöhung des Bierpreises ausgelöst. Im März des Jahres 1843, als sich die Stadt auf den Salvator freut, lassen es sich die Brauer einfallen, den Preis für die Maß Bier auf sechs Kreuzer hinaufzusetzen.

Am Vorabend der Bierpreiserhöhung schlägt ein Pöbelhaufe bei einer Anzahl Brauer die Fenster ein und verübt anderen Unfug, ja das angesichts der Akademie liegende Pschorrbräuhaus wird förmlich demoliert, trotz Polizei, Landwehr- und Kürassierabteilungen, die alle zu spät ankommen und, selbst ärgerlich über die Brauer, sehr wenig guten Willen zur Steuerung des Unfugs bezeugen. Ein paar Tage herrscht ein förmlicher Belagerungszustand, der freilich nicht verhindert, dass das Krawallmachen in die Mode kommt und alle Welt sich an den Gedanken des bewaffneten Widerstandes gegen die Staatsgewalt gewöhnt. Die vielen Willkürakte der Polizei sowie die Brutalität von oben haben allmählich eine gereizte Stimmung erzeugt, und die frühere Beliebtheit des Königs Ludwig geht rasch zur Neige. (Pecht, »Aus meiner Zeit«)

Auch in München kündigt sich die heraufziehende Gewitterfront von 1848 drohend an.

1844

Nun steht der König an der Schwelle der Sechzig.

Er hat keine Liebesaffären mehr, wird ruhiger und konzentriert sich ganz auf seinen Traum, München zum neuen Athen oder Florenz zu machen. Den Gedanken, ein Riesenerzbild gleich jenem der Athene Promachos auf der antiken Akropolis zu schaffen, inspiriert ihn schon seit langer Zeit.

Die Sache geht weit zurück. Schon 1824 hat Kronprinz Ludwig Stiglmaier und Schwanthaler den Auftrag erteilt, auf der Anhöhe bei der Theresienwiese eine Gusshütte zu errichten. Eine Reihe großartiger Werke ist aus dieser Werkstatt hervorgegangen: der aus Beutegeschützen der Napoleonischen Zeit gegossene Obelisk am Karolinenplatz, die Statue Max Josephs (1832) vor dem Hoftheater, die Standbilder im Thronsaal der Residenz und das Denkmal Kreitmayrs am Promenadeplatz.

Als der König schon anfängt, an der Erfüllung seines Wunsches zu zweifeln, bringt ihm Schwanthaler endlich die Meldung, dass nach unendlichen Vorarbeiten und tausend Änderungen der Guss des schwierigen Kopfteiles erfolgen könne. Im Alter vollendet sich Ludwigs Jugendtraum: die erzene Gestalt der Bavaria, die den Kranz der Künste über Isarathen hebt.

Die Erzgießerei ist eine riesige Halle, die in Stockwerkhöhe von Galerien und Eisenträgern umzogen wird. Laufkatzen und Flaschenzüge hängen von dort oben herab. Nahe beim Gießhaus steht die 120 Fuß hohe Modellhütte, die Schwanthalers Gehilfe, der Italiener Giuseppe Lazarin, erbaut hat. Die Stirnwand ist auswechselbar, und von Zeit zu Zeit lässt Schwanthaler die Bretter entfernen, um die Maße und Verhältnisse des Modells aus größerer Entfernung überprüfen zu können.

Vier Jahre lang hat Schwanthaler, unterstützt von seinem Former Lorenz Biehl, beraten von Professor Stiglmaier, dem Inspekteur der königlichen Gießerei, und von dessen Neffen, Ferdinand Miller, an dem Modell gearbeitet. Unmengen von Gips, Ton und Eisengerüststangen sind verwendet worden, tausenderlei Änderungen waren notwendig, und wie oft ist der kranke Meister in Herbststürmen, Schneegestöber oder Föhngewittern auf den schwankenden Gerüsten rings um das Modell geklettert! In schwindelnder Höhe hat er dort gewerkt, während auf dem nahen Übungsfeld die Artillerie durch ihre Salven die Luft erzittern ließ!

Jetzt aber ist alles vollendet. Der Guss des Hauptes kann beginnen. Zuerst will König Ludwig bei dem Schauspiel dabei sein, doch sagt ihm der Erzgießer Miller, dass es interessanter sei, dem Heraufziehen des Gusses aus der Grube zuzusehen. Später schreibt Ferdinand Miller sein großes Erlebnis nieder.

Es war am 11. September 1844, als zwei dicke Rauchwolken aus den Kaminen der Gießerei gerade gegen den Himmel aufstiegen und verkündeten, dass heute ein großer Guss stattfinden werde. Ja, es sollte heute nicht nur das erste Stück der Bavaria, der Kopf derselben, entstehen, es sollte auch mein erster großer Guss geschehen. Das Erz war flüssig im

Ofen wie Wasser, viele Zuschauer – selbst fürstliche Damen – waren zugegen. Mit welch kaltem Blute stieß ich sonst den Zapfen aus; heute war mir bange, so ängstlich! Doch es musste geschehen … Das Erz stürzte hinunter in die Form mit Macht. Mit pochendem Herzen erwartete ich das frohe Zeichen an den Luftröhren, aber es will nicht erscheinen! Da ist ein Unglück im Anzuge!, durchschauert es mich. Rasch bitte ich, die vielen Zuschauer, die Gießerei zu verlassen, da höre ich es plötzlich furchtbar prasseln in der Tiefe. Gott! Die Form war zersprungen! Armdick strömte das Erz aus der Form, der Schreck lähmte mir alle Glieder, nichts mehr konnte ich tun, als die Augen nach oben zu richten: Herr, hilf Du! Da erkaltet der Feuerstrom – es dringt kein Erz mehr aus der Form – ich sehe noch flüssiges Metall auf der Höhe des Kanals – ein Hoffnungsstrahl durchzuckt mein Innerstes, ich steige schnell über den Kanal, um nach den Luftröhren zu sehen. Welch ein Anblick – welche Freude! – Feurige Augen glotzen mich an aus denselben und doch so freundlich, so fröhlich! Welch ein Jubel, als ich ausrief: Glück auf, der Guss ist gelungen!

Viel Schmerz, viel Freude schon habe ich erlebt, nie aber einen solchen Wechsel von Schreck zu Freude empfunden. Der Druck des Erzes hatte die zwei Fuß dicke Mauer um die Form zerbrochen, vierzig Zentner Erz strömten aus der Öffnung – endlich erstarrte die flüssige Masse, in einem Momente, wo nicht mehr dreißig Pfund hätten aus dem Riss entweichen dürfen, sonst – wäre der Guss misslungen.

Ende September 1844 benachrichtigt der königliche Erzgießereidirektor Ferdinand Miller den König, dass das Haupt der Bavaria nun aus der Grube geholt werden könne. Ludwig erscheint in Begleitung einiger Höflinge. Auch der Nachfolger von Cornelius, Professor von Kaulbach, ist dabei. Als die Flaschenzüge das Riesenhaupt heben und es zur Bühne emporschwebt, kennt die Freude des Königs keine Grenzen. Doch dann entsteigen dem hohlen Haupt zuerst die beiden Buben des Erzgießers, Ferdinand und Fritz, und sagen ein Gedicht auf, und hinter ihnen kriechen nacheinander dreißig Arbeiter hervor. Der König kann kaum glauben, was seine Augen sehen; erst als Ferdinand Miller zwei Männer in die Stirnlocke der Bavaria schlüpfen lässt, wird ihm das Riesenformat der erzenen Dame bewusst.

Die Arbeit geht weiter. Wieder wird modelliert, gebaut, gemauert und ziseliert. Ein neuer Ofen entsteht, eine andere Gussform – für das Mittelstück der Figur – wird in die Erde eingemauert. Am 10. Oktober 1845 endlich ist es so weit, dass der Gussofen angeheizt werden kann. 380 Zentner Erz, einige Dutzend türkische Beutekanonen aus dem Zeughaus, werden eingeschmolzen. Doch gegen Abend schlägt das Wetter um, wie das in München häufig vorkommt. Diesig lastet Nebel auf der Stadt, die Öfen beginnen zu qualmen, das Erz, das schon flüssig gewesen ist, fängt an zu erkalten. Das kann den Ruin des Ofens und eine Katastrophe bedeuten.

Die Arbeiter schüren bestes Buchen- und Kiefernholz, doch da die Kamine nicht mehr ziehen, scheint alles vergeblich zu sein. Übermüdet legt sich Ferdinand Miller einige Augenblicke nieder, als ihn der Schreckensruf seiner Frau weckt: »Die Gießerei brennt!«

Der Erzgießer eilt hinüber und löscht mit Hilfe bereitgehaltener Spritzen den beginnenden Dachstuhlbrand. Seine Arbeiter helfen ihm wacker. Und nun entdeckt er, dass die Kamine wieder ziehen und das Erz wie glühende Lava brodelt. »Lasst brennen!«, schreit er übermütig, »der Guss gelingt!«

Stück um Stück entsteht die riesige Figur, eifrig wird an den erzenen Gliedern gemeißelt, ziseliert und geschliffen. Auf der Theresienhöhe hat unterdessen Leo von Klenze begonnen, einen Ruhmestempel nach Art griechischer Säulenhallen und einen hohen Sockel aufzurichten. Die letzte Aufgabe steht bevor: das Zusammensetzen der Gussteile.

Um diese Zeit begegnet dem Mann, der resigniert nur noch die kühle Liebe zu der erzenen Göttin anerkennt, noch einmal das blühende Leben in Gestalt einer 26-jährigen Frau.

Lola Montez kam aus Abenteuerlust nach München. Sie war die illegitime Tochter eines schottischen Offiziers und einer Kreolin. Eine lästige Ehe mit einem britischen Kolonialleutnant schüttelte sie ab, sie kehrte aus Ostindien nach Europa zurück und trat in London und Paris in Varietés auf, wobei sie sich aus einer simplen Mrs. James in die »spanische Tänzerin« Lola Montez verwandelte. Die anrüchige Gloriole einer begehrten Schönheit umgab sie, die wegen ihres ungezügelten Temperaments Konflikte mit der deutschen und der russischen Polizei gehabt hatte und deretwegen zahlreiche Duelle ausgefochten worden waren.

Als ein Freund sie auf die Münchner Möglichkeiten aufmerksam machte, war ihre künstlerische Karriere bereits im Sinkflug. Ihr Gastspielgesuch am Hoftheater wurde abgelehnt. Kurz entschlossen steckte sich Lola hinter den Adjutanten des Königs, den Grafen Rechberg, und ließ sich eine Audienz verschaffen.

In ihrem enganliegenden dunklen Samtkleid geht sie nun im Vorzimmer auf und ab, während der Graf in das Kabinett des Königs tritt. »Muss ich denn jede hergelaufene Tänzerin empfangen?«, murrt der König.

»*Diese* zu empfangen«, erwidert Graf Rechberg, »lohnt sich!«

Aber die Entscheidung fällt Lola selbst. Sie erlebt wieder einmal einen Ausbruch ihres Temperaments. Sie will nicht eine Sekunde länger warten und stößt die Türe zum königlichen Kabinett auf. Ludwig will auffahren, doch er erhebt sich nur langsam und steht wortlos vor dieser klassischen Schönheit. Graf Rechberg erfasst die Situation sogleich und zieht sich taktvoll zurück. Lola braucht seine Fürsprache nicht mehr.

Worte fliegen hin und her wie Bälle, Ludwig findet Lolas französisch akzentuiertes Deutsch, ihre tiefe, volle Stimme so reizvoll wie ihre sylphidenhafte Gestalt.

Der König äußert lächelnd einige Zweifel über die Echtheit ihrer Figur, da knöpft Lola ohne jede Koketterie ihr Mieder auf und sagt, indem sie knickst: »Überzeugen Sie sich, Majestät!«

Am Abend dieses denkwürdigen Herbsttags des Jahres 1846 geht der König aufrechter und frischer als vordem durch die Säle seiner Neuen Residenz.

Es ist, als habe Lola Montez den alternden König mit einem Zauber berührt. Ludwig ist jünger und elastischer geworden. Er kämpft wieder und lernt, den täglichen Injektionen und höhlenden Tropfen seiner Kamarilla Widerstand zu leisten. Plötzlich muss das ultramontane Ministerium Abel erleben, dass der König Unterschriften verweigert und wieder Nein sagen kann. Die Sterne seiner Jugend leuchten neu.

Als Erstes fällt die Pressezensur. Freiheit für die Zeitungen – das bedeutet im Metternichschen System der allseitigen Überwachung so viel wie ein Erdbeben. Jetzt ist es für viele klar, dass Lola ein Instrument revolutionärer Kräfte sein muss.

Am 15. Dezember 1846 unterzeichnet der König ein Dekret, das die geistliche Schulaufsicht beendet und das bayerische Schulwesen dem Staat unterstellt. Das ist für das Abelsche Ministerium ein Stich mitten ins Herz. Man weiß, wem man diese königliche Tat zu verdanken hat, und man wird sich zu rächen wissen. Hat der König nicht die Pressefreiheit verkündet? Wohlan denn, so lasst uns Gebrauch von ihr machen! In den *Fliegenden Blättern* erscheint eine satirische Zeichnung, die einen gekrönten Satyr zeigt, vor dem eine Nymphe verführerisch tänzelt.

Eine Münchner Tageszeitung schreibt, man vernehme, die spanische Tänzerin lese unserem König aus Calderón und Cervantes vor und teile seine einsamen Stunden. Das brave, bayerische Volk freilich hoffe, dass in sein Haus nicht die lockeren Sitten von Ausländern eindringen werden und dass es sich wirklich um rein literarische Vorlesungen handle. »Moral! Moral!«, lärmen die ultramontanen Blätter. »Die Würde des Königshauses« liegt verschiedenen Hofherren und adeligen Gutsbesitzern am Herzen, doch sie meinen die Schutzzölle, die Bayerns Grenzen gegen das »Ausland« abschirmen und an deren Aufhebung Ludwig I. zu denken scheint.

Auch die katholisch beherrschte Universität greift nun in den Streit der Geister ein. Joseph Görres eifert gegen Lola Montez, Professor Lasaulx bringt die Studentenschaft gegen die »babylonische Hure« auf.

Angesichts solcher Einmütigkeit der einflussreichen Kreise Bayerns glaubt das ultramontane Ministerium Abel einen Hauptschlag wagen zu können. Anfang Februar 1847 leitet Minister Abel »in aller schuldigen Ehrerbietung« ein höchst unehrerbietiges Memorandum an den König.

Der Inhalt dieser Schrift besagt, dass es der allgemeine und dringende Wunsch sowohl der Regierung wie des Volkes sei, Lola aus Bayern entfernt zu sehen:

Männer wie der Bischof von Augsburg vergießen täglich bittere Tränen über das, was sich vor ihren Augen abspielt ... In ganz Europa, in den Hütten der Armen wie in den Palästen der Reichen, ist man empört über die Kompromittierung der Königswürde an sich ... Dieses Verhältnis Euer Majestät zu der Abenteurerin hat Zustände herbeigeführt, die den guten Namen der Monarchie, die Macht und den Respekt, ja das künftige Glück eines geliebten Königs zu zerstören drohen.

Luise von Kobell schreibt über die Folgen des Memorandums:
Die Schwester eines Ministers liest eines Tages im Geheimen das Memorandum, teilt es ganz im Geheimen ihren Freundinnen mit, diese lesen es gleichfalls im Geheimen, dann wandert das Schriftstück in das geheime Fach des Schreibtisches zurück, und plötzlich – man weiß nicht, wie – erscheint der Inhalt des Memorandums in der Zeitung. Die Minister erschrecken heftig; der König glaubt an Verrat – das Ministerium Abel wird am 17. Februar 1847 entlassen und durch ein liberales ersetzt.

Zunächst scheint die Schlacht für den König gewonnen zu sein. Lola Montez wird trotz des Widerstandes auch des neuen Ministeriums in den bayerischen Adel aufgenommen und zur Gräfin Landsfeld und Baronin von Rosenthal mit einer Jahresrente von zwanzigtausend Goldgulden ernannt. Sie bezieht nun eine hübsche, im klassizistischen Stil erbaute einstöckige Villa mit Garten in der vornehmen Barer Straße.

Aber die Leidenschaften der Münchner werden durch die Parteien weiter geschürt. Vor allem sind es nun die jungen Studenten der Universität, die sich als Kampftruppen der beiden Lager erklären. Die Korps Frankonia, Bavaria, Isaria und Suevia marschieren ganz in den Bahnen, die von den verehrten Professoren vorgezeichnet werden und sehen sich veranlasst, die spanische Tänzerin als Schande für die Monarchie und als Abgesandte des Antichristen zu betrachten. Einzig das Korps Palatia, dem vornehmlich liberale Pfälzer angehören, macht sich zu einer Art freiwilligen Leibgarde der hübschen Dame. Besonders vier junge Leute, die drei Palaten Graf Hirschberg, Laibinger und Peisner sowie der Artillerieleutnant Nussbaum, bewachen Lola in ergebener Treue.

Immer wieder kommt es zu wüsten Auftritten, denn auch Lolas Temperament trägt ein gut Teil dazu bei, dass der Streit immer unerquicklicher wird. Als sie eines Tages die Ludwigstraße hinab zum Siegestor spaziert, vielleicht um angesichts der Universität ihren Hauptgegnern Mut und Gleichgültigkeit zu beweisen, begegnet ihr eine große Schar von Korpsstudenten. Lola führt ihre englische Bulldogge an der Leine, in der Rechten wippt sie eine Hundepeitsche. Wie gewöhnlich trägt sie ein enganliegendes Reitkleid aus Samt. Einige Schritte hinter ihr marschieren mit Stöcken bewaffnet zwei getreue Palaten mit ihren knallroten, schiefen Stürmern auf den Köpfen. Doch was da vorne von der Universität herankommt, trägt weiße, schwarze und grüne Mützen und die Farben der Bavaren, Frankonen, Sueven, Isaren. Die jungen Leute pfeifen und johlen, böse Zurufe werden hörbar, schon bleiben drüben beim Georgianum und bei der Staatsbibliothek die Bürger stehen und gaffen, andere laufen herbei, um zu sehen, was passiert.

Der schlimmste von allen ist der junge Baron Pechmann, ein Bavare. Laut schreit er: »Lola raus! Lola raus!« Auf einmal stürzen sich die beiden Palaten mit geschwungenen Stöcken in das Getümmel. Schläge fallen und wilde Beleidigungen werden ausgestoßen. Es ist klar, dass eine Unzahl scharfer Partien anhängig wird, vermutlich sogar ein allgemeines *pro patria*, wobei Verbindung gegen Verbindung ficht.

Aber Lola führt den Kampf auf ihre Weise. Ihre Wangen glühen, die großen, dunklen Augen leuchten. Mit geschwungener Peitsche stürzt sie sich ins Gewühl. Ein Sueve erhält einen frischen Schmiss auf die Wange gezeichnet, und der erstaunte Baron Pechmann bekommt eine Ohrfeige von solcher Kraft, dass er zu Boden stürzt. Doch da rennen schon die Wachmänner heran und stiften einigermaßen Ruhe.

Professor Lasaulx hat den Einfall, eine Dankadresse an das entlassene Ministerium Abel aufzusetzen, was natürlich einer offenen Brüskierung König Ludwigs und Lolas gleichkommt. Die Tänzerin, die von dieser »Sympathiekundgebung« Kenntnis erhält, eilt in die Residenz und veranlasst den König, den Professor in den Ruhestand zu versetzen, was auch prompt geschieht.

Als die Kunde von der erfolgten Absetzung des Professors die Alma mater durcheilt, rotten sich die Studenten zusammen. Bisher haben sie den etwas bürokratischen und engherzigen Lasaulx keineswegs enthusiastisch geliebt, doch nachdem er ein Opfer der Spanierin geworden ist, verspüren sie starke Sympathie für ihn. Gegen Abend bildet sich ein Fackelzug, die Korporationen treten in voller Wichs, mit Mützen und Bändern an und ziehen in die Barer Straße, wo der Professor wohnt.

Nachdem man vor dem Hause des Professors einige Studentenlieder gesungen und tönende Worte von der akademischen Freiheit gesprochen hat – während man im Begriff ist, die Freiheit anderer Leute mit Füßen zu treten –, kommt den Senioren der Korps der Gedanke, man könne auch noch vor der nahegelegenen Villa Lolas seine Meinung zum Ausdruck bringen. Begleitet von vielen Gaffern wälzt sich die Demonstration vor den »Feenpalast« der Tänzerin. Die beiden rotbemützten Palaten, die vor dem Portal Wache gestanden haben, verschwinden hinter dem Tor, das sie verschließen. Die Bediensteten ziehen an den Fenstern die Gardinen vor. Laut schallt es durch die Straße: »Pereat Lola!« und immer wieder »Lola raus!«

Plötzlich öffnet sich im ersten Stockwerk die Flügeltüre zum Balkon und die neugebackene Gräfin Landsfeld erscheint in großer Toilette, ein Glas Champagner in der Hand. Sie hebt den Kelch spöttisch gegen die Masse emporgereckter Gesichter, die zu ihr heraufstarrt. Das Gebrüll nimmt zu, doch die Tänzerin hat angefangen, an die Balkonbrüstung gelehnt, eine Schachtel Pralinen zu leeren. König Ludwig, der um diese Stunde seinen einsamen Abendspaziergang gemacht hat, steht unerkannt mitten unter der immer größer werdenden Menge und sieht sich an, wie seine kühne Amazone die Situation meistert. Er bekommt allerhand Unerfreuliches über sich und Lola zu hören.

In den folgenden Wochen scheint sich die Lage etwas zu beruhigen. König Ludwig hat sichtlich die Begeisterungsfähigkeit seiner jungen Jahre wieder zurückgewonnen. Rascher werden die verschiedenen Bauten vorangetrieben: die Neue Pinakothek und das schöne Wittelsbacher-Palais im Stil englischer Neugotik. Ein neuer populärer romantischer Maler, Moritz von Schwind, wird als Professor an die Akademie berufen. Die Bavaria geht ihrer Vollendung entgegen, und der Tempel auf der Theresienhöhe wird von Klenze gebaut. Ein neues schönes Torwerk als Eingang zum Königsplatz, die Propyläen, wird geplant.

1847

Der Streit um Lola Montez schwelt jedoch das ganze Jahr 1847 weiter. Auf einem der Bälle, die die nunmehrige Gräfin Landsfeld in ihrer Villa veranstaltet, sind auch ihre getreuen Palaten eingeladen. In der Hochstimmung des Festes reißt die Tänzerin einem der Korpsburschen die rote Mütze vom Haupt, ein anderer bindet ihr begeistert das geheiligte Couleurband um, und so durchtanzten sie die Nacht. Aber dieses Verhalten ist dem Seniorenkonvent nun doch zu viel. Die Palatia wirft die Teilnehmer an Lolas Ball hinaus. Die Exkludierten gründen eine neue Verbindung namens Alemannia, die sogleich von einem gnädigen König alle Privilegien erhält. Künftig sind Lolas Leibgarden in der Alemannia zu finden.

Während des Karnevals 1848 nimmt die Erregung gegen die Gräfin Landsfeld neuerdings zu. Am 31. Januar marschieren die Korps Frankonia, Bavaria, Isaria und Suevia vor ihrer Villa auf, und eine Menge Maskierter, geschützt durch die Anonymität der

Masken, schließt sich an. Aber diese neue Demonstration ist schlimmer als die früheren. In der Menge verbergen sich die gegensätzlichsten Strömungen: Da sind die scharfen Liberalen, die von schwarzrotgoldener Republik träumen und denen König Ludwig nicht liberal genug und immer noch zu viel Herrscher ist. Und es gehen die Vorkämpfer der klerikalen Richtung mit, die Lola als Repräsentantin moderner Ideen von Freiheit und Gleichheit anfeinden.

Vor Lolas Haus in der Barer Straße wird geschrien, gepfiffen und mit Steinen geworfen. Die Alemannen sind hoffnungslos unterlegen und beziehen Prügel.

Am 7. Februar 1848 wiederholt sich der Sturm auf Lolas Villa. Sie sucht zu entkommen und sieht sich plötzlich alleine, von aggressiv aussehenden Leuten auf ihrer Flucht Richtung rettende Residenz begleitet. Zornentbrannte Frauen kreischen: »Schlagts as tot, des Mistviech!« – »Iatzt laafts zu dem alten Deppn, halts as do auf!«

Lola Montez geht mit erhobener Peitsche mitten durch die wogenden Menschenmassen, die immer wilder lärmen und schreien. Schon hört man: »Lola raus« und »Tod der Lola!« Die Stimmung wird gefährlich. Aber mutig, die Leute mehr mit den Augen als mit ihrer Peitsche in Schach haltend, erreicht die Frau das Portal der Theatinerkirche. Hier führt kein Weg mehr hinüber auf die andere Seite zur Residenz. Nun muss das Ende kommen.

Da fühlt sie den sanften Arm eines Priesters auf dem ihren, die Kirchentür öffnet sich für sie, die eine Kalvinistin und Liberale ist. »Kommen Sie, mein Kind!«, sagt ein alter, weißhaariger Geistlicher. »Hier drinnen sind Sie sicher.«

Der König hat angesichts der Exzesse die Schließung der Universität verfügt. In der Neuhauser Straße haut berittene Polizei auf die Demonstranten ein, der Tumult scheint sich zur Revolution auszuwachsen. Da geht König Ludwig in seinem schlichten, schwarzen Rock auf die Straße, mitten unter die rasende Volksmenge. Und das Wunder geschieht. Als die umstehenden Münchner ihren König erkennen, fliegen plötzlich die Hüte von den Köpfen, Studenten heben den alten Mann auf die Schultern und tragen ihn hoch über den Häuptern der Masse hin. Das Volk stimmt das alte Königslied an: »Heil unserm König, Heil!«

Die Straßen Münchens jedoch sind erfüllt von Demonstrationen. Neben den Korpsfahnen tauchen zum erstenmal auch rote Tücher auf. Arbeiter aus der Au, aus Haidhausen, vom Maffei in der Hirschau marschieren stadteinwärts. Das Militär in den Kasernen hat Alarmbereitschaft. In der Residenz aber summt es wie in einem Bienenstock: Prälaten, hohe Offiziere, Adelige, Minister, Räte und Vertreter der Universität – sie alle wollen den König sprechen, sie alle haben eine bestimmte, die einzig richtige Ansicht von der Situation, sie alle bringen Rezepte, und sie alle wünschen das Ende der Affäre Lola.

Der königliche Traum ist endgültig ausgeträumt.

König Ludwig unterschreibt das Dekret zur Wiedereröffnung der Universität, zur sofortigen Ausweisung aller Alemannen aus München.

Der König hat kapituliert. Jetzt verlässt er seine Aspasia und schickt ihr durch einen einfachen Polizeileutnant das Ausweisungsdekret in die Barer Straße. Die Hofclique hat dafür gesorgt, dass die Nachricht unters Volk kommt, und so sammelt sich in Windeseile eine riesige Menge vor dem Palais der Exgräfin Landsfeld.

Jetzt hat Lola die Nutzlosigkeit des Widerstandes eingesehen. Sie verlässt ihr Haus. Die Zeitung berichtet am anderen Tag über den Vorfall:

Gestern, halbelf Uhr abends, verließ die Gräfin Landsfeld ihr Palais, nachdem sie sich zuvor allerdings mit persönlichem Mute den Drohungen gegenübergestellt hatte. Sie bestieg einen Wagen und machte den Versuch, in die Residenz zu gelangen, fand aber die Tore verschlossen. Endlich fuhr sie langsam aus der Stadt. Man sah es, verfolgte sie aber nicht … Sie begab sich nach Starnberg.

Das Spiel ist aus, wenige Tage später reist Lola in die Schweiz weiter. Das Leben hat nicht mehr viele Träume von Reichtum,

Ehren und Kronen für sie übrig. Ihr Weg verliert sich dort, wo er begonnen hat: im Abenteuer. Sie wird nach Amerika gehen, wo man eben die großen Goldfunde in Kalifornien gemacht hat. Der Pfad führt ruhelos weiter bis nach Australien. 1861 stirbt sie dreiundvierzigjährig – als König Ludwig noch sieben Jahre zu leben hat.

1848

Ende Februar 1848 schlägt wie eine Bombe die Nachricht in München ein, dass Paris in Aufruhr sei. Der Bürgerkönig Louis Philippe ist geflohen, die Banner der Französischen Revolution wehen wieder auf den Barrikaden, und schon mengen sich auch rote Fahnen darunter. Karl Marx hat sein Kommunistisches Manifest in die Welt gesetzt, und sie steht in Flammen. Frankreich ist Republik! Es ruft wie einst mit lauter Stimme über seine Grenzen hinweg die Völker der Erde zur Erhebung auf. Jetzt stellen auch in Bayern die entfesselten Liberalen ihre »Märzforderungen« auf: Pressefreiheit, Wahlreform, Geschworenengerichte, öffentliche Rechtsprechung und Verantwortlichkeit der Minister vor dem Parlament!

Am Promenadeplatz sammeln sich Studentenkompanien, die Bürgerwehr tritt am Anger, am Rindermarkt und am Marienplatz an. Die Alarmtrommeln rasseln allenthalben. Prinz Karl, der Bruder des Königs, sprengt mit Kürassieren durch die Straßen, das Bild der Stadt wird immer wirrer. Doch wohin der Prinz auch kommt, braust ihm der Ruf entgegen: »Die Kanonen weg! Wir schützen unseren König Brust an Brust! Wir brauchen keine Granaten dazu.«

Aber der König sucht nur noch nach einem Weg, der ihn fortführt aus der zu groß gewordenen Bürde des Herrschens. »Regieren kann ich nicht mehr«, sagt er, »und einen Unterschreiber abgeben will ich nicht.« Er dankt ab. Am 20. März 1848 hängt an allen Straßenecken der Stadt eine Erklärung zu der Abdankungsurkunde.

Bayern! Eine neue Richtung hat begonnen, eine andere, als die in der Verfassungsurkunde enthaltene, in welcher Ich nun 23 Jahre geherrscht. Ich lege die Krone nieder zugunsten Meines geliebten Sohnes, des Kronprinzen Maximilian. Treu der Verfassung regierte Ich, dem Wohle des Volkes war mein Leben geweiht; als wenn Ich eines Freistaates Beamter gewesen, ging Ich mit den Staatsgeldern um. Ich kann jedem offen in die Augen sehen. Und nun Meinen tiefgefühlten Dank allen, die Mir anhingen. Auch vom Throne herabgestiegen, schlägt mein Herz glühend für Bayern, für Teutschland!

Ludwig

Später hat der abgedankte König gesagt: »Ich habe drei Stunden gebraucht zu dem Entschluss, mich von der Krone zu trennen; aber drei Tage zur Resignation von der Kunst.«

Die Abdankung bedeutet eine merkliche Einengung seiner weitgespannten künstlerischen Absichten; denn nun steht ihm ja nur noch privates Vermögen zur Verfügung. Aber hat er nicht auch in den verflossenen Jahren 32 Millionen Gulden persönlicher Mittel zur Verschönerung Münchens angewandt? Er wird sparsam leben und der Mäzen bleiben, der er war.

Welch großer Sinn spricht daraus, dass Ludwig am Abend jenes 20. März 1848 den Auftrag zum Bau der Propyläen unterzeichnet, für die ihm Stadtrat und Landtag bisher den Zuschuss verweigert haben und den er nun selbst bezahlen wird!

So verlässt er die Residenz, die er erneuert und erweitert hat, und wohnt künftig im Neubau des Wittelsbacher-Palais in der Brienner Straße.

Vor der Königsresidenz gehen im rechten Winkel die Straßen Ludwigs I. und seines Nachfolgers Maximilians II. auseinander. In verschiedene Richtungen bewegen sich auch Charaktere, Interessen und Ideen der beiden Könige, obwohl sie Vater und Sohn sind.

Der Vater war sein Leben lang im Herzen Baumeister, Maler, Poet und Schwärmer. Max II. setzt sich das Ziel, »dem Geist alle Tore zu öffnen, damit Bayern nicht zurückstehe hinter der Entwicklung der Zeit«. Und so beruft er eine Reihe hervorragender deutscher Dichter, Wissenschaftler und Theaterleute nach München.

Julius Grosse schreibt in seinen Lebenserinnerungen *Ursachen und Wirkungen* über den neuen König:

König Max' II. Persönlichkeit ist die eines Kavaliers, gleichsam eines englischen Lords, hoch und schlank gewachsen, mit verhältnismäßig kleinem Kopf, der zu zwei Dritteln Stirn zu sein scheint; die großen, intelligenten Augen bald forschend scharf, bald verschwimmend, die Stimme verschleiert mild, fast frauenhaft, wie in der ganzen Mannesgestalt etwas Weibliches erschien ... Man hat wiederholt behauptet, dass der König die hohe Begabung seines eigenen Volkes unterschätzt und die Fremden deshalb bevorzugt habe, weil er die einheimischen Talente missachtete ...

Ist es ein Wunder, dass angesichts dieser Umstände und der fortgesetzten norddeutschen »Invasion« die Alteingesessenen gegen die *Zuagroasten* und *Nordliachter* zu murren beginnen? Man schimpft wider die Vorliebe des Königs für Preußen und Protestanten und nimmt Anstoß daran, dass Max II. die Schranke der Hoffähigkeit so wenig beachtet, sondern nur Fähigkeit gelten lässt und Bürgerliche, Leute ohne Titel und Abstammung, in seine privaten Kreise zieht.

Kalt leuchtet das Nordlicht über Münchens Hof und Universität – das ist nicht mehr die Atmosphäre Ludwigs I.

Gegen diese neue Ära, die sich allenthalben seit der Revolution von 1848 bemerkbar macht, kämpfen die traditionsgebundenen Kräfte an. Der katholischen Partei gelingt es eines Tages bei der Wahl zum Rektorat der Universität, den siebzigjährigen einstigen Leibarzt Ludwigs I., Professor Ringseis, durchzubringen, und der alte Herr sagt in seiner Antrittsrede:

Seit man die Autorität des geoffenbarten Gottes leugnet und die von der Vernunft geschnitzten Götzen auf den Altar stellt, seit die Naturwissenschaft, ihre Befugnisse überschreitend, sich zur Aftertheologie aufspreizt, seit der Zeit wurde jeder wahnwitzige Einfall als Resultat freiester Vernunftsforschung gepriesen. Der autoritätslosen Lehre folgte die autoritätswidrige, der autoritätswidrigen Lehre die autoritätswidrige Praxis.

Einige Tage nach dieser Ansprache läutet die Glocke an der Villa Ringseis, und der alte König Ludwig steht im bürgerlichen Rock draußen. Schon unter der Gartentüre ruft er enthusiastisch mit seinem Spazierstock gestikulierend: »Ringseis, großartig! Ganz großartig haben Sie das gesagt. Ich komme, Ihnen meine Zustimmung zu Ihrer Rede auszusprechen, aber meine völlige Zustimmung. Hören Sie: meine völlige Zustimmung!«

1854

Als Symbol der heraufsteigenden technischen Zeit wächst im Jahr 1854 auf dem Gelände des (Alten) Botanischen Gartens zu München die von der Nürnberger Firma Cramer-Klett aus Stahl und Glas erbaute Ausstellungshalle, der *Glaspalast*, in nur 78 Tagen empor. Eine große Industrieausstellung soll stattfinden, zu der alle Welt nach München strömt. Der neue Riesenbau steht starr, konstruiert und glitzernd da: ein Dom des anbrechenden neuen Zeitalters – kein klassischer Tempel und keine gotisierende Kathedrale mehr, sondern ein nüchterner Zweckbau, der ein erst kommendes München ankündigt.

Die alten Münchner in ihren geschweiften Gehröcken und ihren Zylindern, die Frauen mit den Schutenhüten, Rüschenumhängen und gebauschten Röcken stehen kopfschüttelnd davor. »Ja, was soll denn dös sei?«, sagen sie. »So was hat's doch bisher net gebn! Da is ma ja glei des narrische Kronprinzenhäusl oder d' Ludwigstraßn liaba«, meinen die Nächsten. »Ma siehgt's a scho: De guata, alte Zeit geht dahi!«

Die große Industrieausstellung im Glaspalast ist am 15. Juli eröffnet worden, und mit dem Fremdenstrom kommt die asiatische Cholera in die Stadt. Drückend lastet die Hitze über den

Dächern. Man hört von einigen seltsamen Krankheitsfällen, dann gespenstert das Gerücht durch die Straßen: es ist die Cholera!

Diese Krankheit ist aus China und Indien Ende der zwanziger Jahre nach Russland eingeschleppt worden, hat sich dann durch den Russisch-Polnischen Krieg von 1831/32 nach Westen ausgedehnt und Städte wie Berlin, Wien, später auch London und Paris heimgesucht. 1836 war sie zum erstenmal in geringerem Umfange in München aufgetreten. Seither flackert die Epidemie immer wieder von neuem auf. Wo immer sie aber in Erscheinung tritt, flüchten die Menschen nicht minder entsetzt als in den Pestzeiten des Mittelalters.

Franz Dingelstedt, der Intendant des Hoftheaters, notiert in den *Münchner Bilderbogen* über jene Tage:

Die Zustände wurden allmählich schreckerregend. Ein schwefelgelber Dampf schien über der Stadt zu liegen; auf den Straßen sah man nur die bekannten, schwarzen Wagen. Alle Fremden stoben in panischer Flucht davon. Schwer wie Blei stockte das Blut auch in den Adern der Gesunden, als wäre die Luft vergiftet. Die Zahl der Toten stieg allmählich auf hundert und mehr jeden Tag.

Auch Dingelstedt flieht zusammen mit dem Bildhauer Konrad Knoll mit der neuen Bahn bis Gauting. Dort nehmen sie einen Wagen nach Starnberg, um sich in der gesunden Seeluft vor Ansteckung zu bewahren.

Die Cholera wirft auch den seit 1853 als ordentlicher Professor an der Universität wirkenden Max Pettenkofer aufs Krankenlager.

Professor Pettenkofer übersteht die Cholera und nimmt sofort den Kampf gegen sie auf. Was sind die Ursachen für das Wiederkehren solcher Seuchenkatastrophen in den Städten?, fragt er sich. Warum seit Jahrhunderten immer wieder Pest, Typhus und Cholera?

Recht sinnbildhaft ist auf dem Spiegelbrunnen an der Ecke Marienplatz-Weinstraße ein Drache in Stein gehauen. Und eine alte Legende erzählt, dass ein großer Drache, der üble Dünste über München ausspie, gekommen sei und sich über den damaligen Schrannenplatz gelegt habe. Der alte Lindwurm ist das ewig wiederkehrende Gespenst der Pest, der Cholera, des Typhus, zu deren Verbreitung nach Pettenkofers Ansicht die fortschreitende Verseuchung des Grundwassers beiträgt. Die Stadt versorgt sich ja noch wie im Mittelalter aus Brunnen und Bächen mit Trinkwasser.

Nach Jahr und Tag, am Ende seiner Forschungen, wird Professor Pettenkofer den Münchner Stadträten erklären: Ihr müsst euer Grundwasser sauber halten und gemauerte Abfallgruben anlegen. Ihr müsst die Abwässer einer Stadt von mehr als hundertsechzigtausend Menschen in die rasch fließende Isar leiten und für eine saubere Trinkwasserversorgung sorgen. Dann aber werden die Münchner Hausbesitzer ein großes Lamento erheben, denn die Kanalisation kostet etwa zwanzig Mark auf den Kopf der Bevölkerung. Doch eines Tages werden trotz des Schimpfens der Bürger auch Wasserleitung und Kanalisation gebaut.

Als im Herbst die Seuche erloschen ist, kehren die in die Berge und an die Seen geflohenen Künstler, Dichter und Gelehrten wieder in die Stadt zurück.

Die Zeit fliegt dahin. Schon beginnt sich eine neue Malergeneration zu regen, der junge Piloty arbeitet an seinem damals epochemachenden Gemälde *Seni*, das heute der Neuen Pinakothek gehört. Die erste Abkehr von der idealistischen Romantik Kaulbachs und seiner Schule wird spürbar. Piloty mit seiner düsteren Pathetik ist ein Vorläufer des Realismus.

Die Tage sind gekommen, wo sich die alte und die junge Künstlergeneration nichts mehr in die Hand geben und sich nicht mehr verstehen werden. Bald wird es so sein, dass Wilhelm Leibl beim Besuch des Münchner Glaspalastes vor dem Zentaurenbild Arnold Böcklins stehenbleiben wird, um verächtlich zu sagen: »Solche Wesen gibt es ja gar nicht!« Und Arnold Böcklin wird vor dem Leiblbild der *Drei Bäuerinnen in der Kirche*, auf die Feinheit eines gemalten Spitzentuches aufmerksam gemacht, ebenso verächtlich ausrufen: »Das hätte der Leibl in der gleichen

Zeit auch sticken können. Er muss ein schrecklich denkfauler Mensch sein, wenn ihm nichts Besseres einfällt, als die Wirklichkeit zu kopieren.«

Wenn auch die Idee des Königs nicht erfüllt wird, einen neuen Baustil zu schaffen, so ist er doch Sohn des großen Ludwig genug, um seine Spuren in monumentalen Bauten zu hinterlassen. Obwohl man keinen Stil gefunden hat, der all die Wirrungen, Gärungen und widerstreitenden Kräfte des 19. Jahrhunderts architektonisch anders auszudrücken vermöchte als in der Vermischung vergangener Stilelemente, so nimmt Max II. nun doch den Ausbau eines zweiten, weitgestreckten Straßenzugs in Angriff: Es entsteht jene Maximilianstraße, die aus der alten Stadt nach Osten hinaus, das altertümliche Lehel durchziehend, auf die Anhöhe jenseits der Isar hinaufführt.

Diese Trasse führt zur Maximilianshöhe in völlig unberührtes Neuland. Obwohl der Berliner Oberbaurat Stier einen ausgeschriebenen Wettbewerb um den neuen Stil gewonnen hat und einige seiner Entwürfe angenommen worden sind, entscheidet der König am Ende doch, dass die Bauten längs seiner Prachtstraße in strenger Gliederung aufgeführt werden. So entstehen neben anderen einheitlichen Blöcken das Regierungsgebäude und ihm gegenüber das Alte Nationalmuseum, beide am sogenannten *Forum* gelegen. Über eine neugebaute Brücke führt der große Korso über den Fluss und in geschwungenem Zug die baumbestandene Höhe hinauf zu der flachen, schlossartigen Fassade des Maximilianeums, die an die Gloriette in Wien erinnert.

1864 Überraschend stirbt am 14. März 1864 König Max II. Über München dröhnen die Glocken, dumpf hallen die Schläge des Trauersaluts, von Kanonen auf dem Oberwiesenfeld in kurzen Abständen geschossen. Von der Residenz aus bewegt sich der schwarzverhangene Wagen, dem die hohe Geistlichkeit im golddurchwirkten schwarzen Ornat folgt. Mittelalterliche Gugelmänner mit ihren dunklen Kapuzen schließen sich langsamen Schrittes an. Georgiritter, Hochadel, Malteserritter, Vertreter der Ordensgemeinschaften, die Professoren der Universität in ihren weiten Mänteln, mit Barett und Ehrenketten angetan, gehen im Zug. Die Münchner Korporationen in voller Gala marschieren hinter dem Sarg her, und auf schwarzgezäumten Schimmeln reiten die Hartschiere mit Kürass und blankem Degen. Die Straßen sind dicht gesäumt von einer schweigenden Volksmenge.

Gleich hinter den Bischöfen und Äbten gehen unbedeckten Hauptes die königlichen Prinzen und die übrigen Angehörigen des Hauses Wittelsbach. Da sieht man zum erstenmal in der Öffentlichkeit den Achtzehnjährigen, der nun König in Bayern sein wird: Ludwig II. Er ist schlank, hochgewachsen, bleich und langlockig, ein seltsam schöner, großäugiger Jüngling, dem die Leute mit einer aus Bewunderung und Staunen gemischten Ehrfurcht nachschauen. Was wird seine Herrschaft für München, für Bayern bedeuten?

»Mei, Anni«, flüstert die Sedlmaier Zenta, die sonst Gemüse am Viktualienmarkt verkauft, ihrer Freundin, der Kellnerin vom Spöckmeier-Wirt, zu, »der is aber schö! So an schöna junga Kini ham mir no nia net g'habt! Und wia der dreinschaugt: Grad wia oana, der wo net ganz vo dera Welt is!«

»Mir tuat er leid«, erwidert die Kellnerin ebenso leise. »Wia soll si denn der arme Bua unta de Hofschranzen und Beamten dahalten kenna? Mit dem Woislkind tean do de, was s' mögn!«

Adolf Graf von Schack, der Besitzer der schönen Gemäldesammlung, schreibt über den jungen König:

Er zeigt eine gewisse Scheu und Bangigkeit und kann sich nur schwer entschließen, unter Menschen zu gehen. Je mehr früher sein Hang zur Poesie unterdrückt worden ist, desto leidenschaftlicher gibt er sich jetzt diesem hin. Vor allem Schiller ist sein Lieblingsdichter, und er liest ihn so viel, dass er manche seiner Schauspiele zuletzt Wort für Wort auswendig weiß.

Der Prinz ist in der nüchternen Atmosphäre der König-Max-Zeit von Gelehrten erzogen worden. Doch hat ihm niemand den angeborenen schwärmerischen und träumerischen Hang zu nehmen vermocht. Er hat sich umso tiefer in die mystischen Gründe seiner Seele zurückgezogen und ist ein Romantiker inmitten einer wirklichkeitsfanatischen und naturalistischen Welt geworden. Und nun ist er König.

Als er 16 Jahre alt war, ist er im Hoftheater Zeuge einer Lohengrin-Aufführung gewesen und hat den Namen des Dresdener Kapellmeisters und Komponisten Richard Wagner vernommen. Seitdem hat er mit wahrer Inbrunst die Dichtungen und die Proschriften des großen Zauberers aus Sachsen verschlungen. Als ein zweiter Schwanenritter oder Parzival strebt auch er zum geheimnisvollen Gral.

Um diese Zeit sitzt Richard Wagner, der wegen seiner einst revolutionären Gesinnung und wegen seiner Beteiligung an den 48er Ereignissen bei Fürsten kaum Förderung finden kann, mit Wechselschulden im unbezahlten Hotelzimmer zu Stuttgart. Ein Sonderkurier bringt ihm in dieser trostlosen Stunde ein Handschreiben seines Bewunderers König Ludwig II. Das ist für ihn die Rettung; für den König, für München und Bayern aber der Beginn einer fruchtbaren, stürmischen und sehr gegensätzlich beurteilten Epoche.

Richard Wagner schreibt an Ludwig II.:

Teurer, huldvoller König!
Diese Tränen himmlischester Rührung sende ich Ihnen, um Ihnen zu sagen, dass nun die Wunder der Poesie eine göttliche Wirklichkeit in mein armes, liebebedürftiges Leben getreten sind! – Und dieses Leben, sein letztes Dichten und Tönen, gehört nun Ihnen, mein gnadenreicher junger König: verfügen Sie darüber, als über Ihr Eigentum! Im höchsten Entzücken, treu und wahr.

Stuttgart, 3. Mai 1864
Ihr Untertan Richard Wagner

Dann geht Wagner nach München, wo der poetische Märchenkönig seiner sehnsüchtig harrt. Über die erste Begegnung im

Westflügel der Residenz berichtet der Komponist an eine Freundin in der Schweiz:

Heute wurde ich ihm zugeführt. Er ist leider so schön und geistvoll, seelenvoll und herrlich, dass ich fürchte, sein Leben müsse wie ein flüchtiger Göttertraum in dieser gemeinen Welt zerrinnen. Er will, ich soll immerdar bei ihm bleiben, arbeiten, ausruhen, meine Werke aufführen. Er verspricht mir alles zu geben, was ich dazu brauche.

Richard Wagner, ein Genie und ein von einem bewegten Schicksal hart zerzauster Mensch, braucht sehr viel. Zudem hält er es mit der enthusiastisch zugesagten Treue und Wahrheit nicht ganz genau – so wie auch Ludwigs Traum vom immerwährenden Zusammensein in der Münchner Residenz nur für zwanzig Monate Bestand haben wird. Die Schuld an dem unglücklichen Ausgang einer so anspruchsvoll begonnenen Freundschaft liegt wohl zum größeren Teil bei Richard Wagner.

Friedrich Pecht, ein guter Freund des Komponisten, legt seine Meinung zu den Ereignissen in einem Buch nieder, das er *Aus meiner Zeit* betitelt.

Die Schwärmerei des jungen Königs für den Tondichter hatte zuerst etwas fast Kindliches, er behandelte ihn durchaus als Ratgeber und Freund, während Wagner die zärtlichste Väterlichkeit zur Schau trug, aber – zugleich auch in Gedanken gleich das Königreich Bayern mitregierte.

Richard Wagner, der sich seines Königs sicher weiß, zieht rücksichtslos wertvolle und weniger erfreuliche Freunde aus vergangenen Tagen an die wohlbestellte Münchner Futterkrippe. Da kommt nun der bedeutende Klaviervirtuose und Dirigent Hans von Bülow, der liebenswerte Liederkomponist Peter Cornelius und der geschickte Architekt Semper aus Wien; aber es erscheinen auch so zwielichtige Gestalten wie der ehemalige Dresdener Revoluzzer August Röckel oder der Verfasser vorwiegend anonymer Artikel Ludwig Nohl.

So wenig die Münchner Richard Wagner und seinen Anhang schätzen, so objektiv bleiben sie gegenüber seiner Musik. Alle

Aufführungen im Hoftheater sind ausverkauft, man spendet begeisterten Beifall und widmet sich der Wagner-Schwärmerei, wirft aber auch gelegentlich Steine gegen die Kutsche, in der der ziegenbärtige, hakennasige Meister mit seinem typischen Samtbarett einherfährt.

Während noch Richard Wagner in München oder auch in Kempfenhausen am Starnberger See an den *Meistersingern* und am *Ring der Nibelungen* arbeitet, zieht sich schon das Ungewitter über seinem Haupte zusammen. Im Frühjahr 1865 wird nach unendlichen Proben *Tristan und Isolde* unter der Stabführung von Hans von Bülow uraufgeführt.

Dies wunderhehre Werk, das uns Dein Geist erschuf, schreibt der in Einsamkeit und Romantik eingesponnene König von Schloss Berg aus an Wagner, *wer dürft' es sehen, wer erkennen, ohne sich selig zu preisen? Heil seinem Schöpfer! Anbetung ihm!*

Diese Tonart ist den Münchner Bürgern zu viel. Sie sehen den phantastischen Luxus, den der noch vor Jahresfrist armselige Kapellmeister auf Kosten der königlichen Kasse um sich aufbaut. Sie ärgern sich, dass der beliebte Münchner Dirigent Franz Lachner beiseitegeschoben worden ist, und sie merken sich gut, was die Wagnerfreunde leichtsinnigerweise über die Bewohner der Stadt äußern, die ihnen Gastfreundschaft gewährt. Der Journalist Nohl hat von der »bayerischen Borniertheit und der Münchner Musikbarbarei« gesprochen. Wagner selbst hat eine Bemerkung über die »doofen Bayern« fallen lassen.

So etwas klingt übel in den Ohren der Münchner. Adel, Geistlichkeit, königliche Prinzen und Bürgerschaft sind sich darin einig, dass Wagner zwar wundervolle Musik schreibe, aber persönlich bei weitem nicht so schätzenswert wie seine Opern sei. Besonders der Minister von der Pfordten, der Chef der Regierung, mahnt den jungen König zu größerer Mäßigung hinsichtlich seiner Wagnerschen Ausgaben. Das wiederum erzürnt den Meister, der sein Talent zum Geldausgeben nun endlich spielen lassen kann, aufs höchste, und er setzt sich hin, einen Artikel für die *Münchner Neuesten Nachrichten* zu verfassen, in dem alle Wagnerfeinde, einschließlich der amtierenden Regierung, scharf angegriffen werden.

Dieses törichte Unterfangen trägt sogleich bittere Früchte. Minister von der Pfordten stellt Ludwig II. ein ähnliches Memorandum, nur in höflicherer Form, zu, wie es einst Ludwig I. von Minister Abel bekommen hat. Und der Enkel zieht die Konsequenzen schneller und ängstlicher als der Großvater: Er empfiehlt Richard Wagner, *Bayern auf einige Monate zu verlassen.* Er schreibt, von seiner Einsiedelei auf Schloss Berg am Starnberger See aus, dem verstoßenen Freunde ergreifende Zeilen.

Mein teurer, inniggeliebter Freund!
Worte können meinen Schmerz nicht schildern, der mir das Innere zerwühlt. Was nur irgendmöglich, soll geschehen, um jene elenden, neuesten Zeitungsberichte zu widerlegen. Dass es bis dahin kommen musste! Unsere Ideale sollen treu gepflegt werden; dies brauche ich Ihnen kaum erst zu versichern. Schreiben wir uns oft und viel, ich bitte darum. Wir kennen uns ja. Wir wollen von der Freundschaft nie lassen, die uns verbindet. Um Ihrer Ruhe willen musste ich so handeln. Verkennen Sie mich nicht, selbst nicht auf einen Augenblick, es wäre Höllenqual für mich. Heil, dem geliebten Freunde! Gedeihen seinen Schöpfungen! Herzlichen Gruß aus ganzer Seele von Ihrem

treuen Ludwig

Am Morgen des 10. Dezember 1865 reist Richard Wagner bleichen Antlitzes, mit verworrenem Haar und trübem Blick per Sonderpost nach Triebschen nahe Luzern ab. Das Münchner Gastspiel ist zu Ende.

Der König konnte in diesem Augenblick nicht anders handeln. Ein Konflikt mit seinem Ministerium und mit weiten Kreisen der hauptstädtischen Bevölkerung war im Winter 1865/66, wo sich die Situation zwischen Österreich und Preußen immer mehr zuspitzte, untragbar.

Die Geschichte des unseligen Deutschen Bundes ist an einen Punkt gelangt, an dem entschieden werden muss, ob Berlin oder das alte Wien das Haupt eines künftigen Deutschland sein soll.

Die Bayern stehen als Katholiken und Süddeutsche auf seiten der stammverwandten Österreicher, obwohl es auch in München Bewunderer des preußischen Ministerpräsidenten Otto von Bismarck und des preußischen Militär- und Beamtenstaates gibt. Der neue bayerische Ministerpräsident, Fürst Hohenlohe-Schillingsfürst, notiert in seinen *Denkwürdigkeiten* über jene Tage der Entscheidung:

31. Mai 1866. Die Stimmung ist in München gegen Preußen. Die Sympathie, die in der Armee geherrscht haben soll, ist verschwunden, wie man sagt. Ich ging gestern mit Bodenstedt lange auf dem Dultplatz auf und ab. Er sprach mir von Volksbewaffnung, natürlich neben den stehenden Heeren. Es sei nun einmal ein Schlagwort der Demokratie und wenn sich die Leute gerne Unkosten und Unannehmlichkeiten machen wollen, so soll man sie damit beglücken. Revolution wird dadurch nicht entstehen. Der König hat sich unter den Münchner Bürgern sehr durch eine Reise in die Schweiz (zu Wagner) geschadet. Man soll ihm öffentlich auf der Straße Schimpfworte nachgerufen haben. Bei der Fahrt zu der Kirche am Eröffnungstage des Landtags ist er vom Publikum nicht behurrat worden, man hat ihn kaum gegrüßt.

1866

Am 16. Juni 1866 tritt Bayern an Österreichs Seite in den Krieg gegen Preußen ein. In rascher Folge fallen die Entscheidungen: in Böhmen bei Königgrätz und in Italien bei Custozza. Die bayerischen Truppen plänkeln nur ein wenig mit den Preußen, so wie der Münchner Witz mit dem Berliner meist nur plänkelt. Der König nimmt so wenig Anteil an den Geschicken seines Volkes, dass er weder beim Auszug noch bei der Rückkehr der Armee anwesend ist, sondern sich auf der Roseninsel im Starnberger See in Wagnerschen Verkleidungen herumtreibt und Lohengrin oder Tannhäuser spielt. Als Minister von der Pfordten mit dem Friedensvertrag und den geheimen Klauseln zurückkehrt, die ein neues Bündnis aller deutschen Staaten unter Preußens Führung gegen das Frankreich Napoleons III. vorsehen, erreicht er mit Mühe und Not eine Audienz in Schloss Berg.

Nur selten sieht man König Ludwig II. in seiner Hauptstadt. Er wird zum Einsiedler und Sonderling.

1868

Am 29. Februar 1868 stirbt fern in Nizza der alte König Ludwig I., der auch in den zwanzig Jahren seines Schattendaseins ein getreuer Förderer Münchens, seiner Bauten und Sammlungen geblieben ist. Seine Leiche wird übergeführt und in der Sankt-Bonifazius-Kirche feierlich beigesetzt. Da der Großvater seinem Enkel Ludwig II. ein großes Privatvermögen hinterlassen hat, kann dieser nun darangehen, freizügiger zu bauen und seinen künstlerischen Neigungen zu frönen. Doch so tief ist seit der Austreibung Wagners seine Missstimmung gegen München, dass er alle seine Bauten anderswo errichtet. Dazu entspricht einem Romantiker wie Ludwig II. die abgeschiedene Lage Linderhofs, Neuschwansteins oder Herrenchiemsees vielmehr als irgendein städtisches Monument.

Am 26. Juni 1870 ist die Uraufführung von Wagners *Walküre* im Hoftheater angesetzt. Zu diesem Ereignis kommen Musikfreunde aus aller Welt nach München. Auch der tschechische Komponist Friedrich Smetana, der schon anno 1869 bei der Aufführung von *Rheingold* an der Isar geweilt hat, ist wiedergekommen.

Fremde gibt es hier in erschreckender Zahl, schreibt er. *Wenn es in Prag so viele Reisende gäbe wie hier, müsste viel Geld dort bleiben. Allerdings gewährt Prag nicht so viel Vergnügungen wie München. Allen Tschechen gefällt es hier.*

Doch in dieses Heitere fällt ein jäher Donnerschlag: Anfang Juli 1870 spitzt sich die Lage zwischen Preußen und Frankreich so zu, dass am 14. Juli die Mobilmachung Preußens befohlen wird.

Tags zuvor sind die Gemüter durch die von Bismarck geschickt redigierte Emser Depesche aufgestört worden.

Plötzlich spricht alles von Krieg oder Neutralität. Bayern steht an einem Scheideweg.

Der Märchenkönig ist zu einem kurzen Besuch von Berg nach der Münchner Residenz gekommen. Die Minister haben ihn über die Situation unterrichtet. Einsam zieht er sich in die vier Zimmer des Westflügels der Residenz zurück, die er nach seinem bizarren Geschmack hat einrichten lassen. Er läuft nachdenklich im Wintergarten auf und ab: Krieg oder Frieden lautet die Frage!

Dieser Wintergarten! Da gießt Indien seine Märchenpracht aus, da blühen Palmen und farbenprächtige Orchideen, buntgefiederte Papageien fliegen umher, Lotosblumen schwimmen auf dem kleinen See mit dem goldenen Fahrzeug. Unweit davon fließt ein Bach, von starkduftenden Hyazinthen eingefasst, von der Decke hängen zahllose Rosen herunter – im Hintergrunde dehnt sich, täuschend gemalt, der Himalaja aus, an dessen Fuß sich eine südliche Blattvegetation anschließt. (Luise von Kobell)

Inmitten dieser unwirklichen, entrückten Pracht eines Traumlandes, das er sich zur Kulisse seiner Einsamkeit gemacht hat, bewegt sich der Mann, der einen Befehl unterschreiben soll, der Zehntausende von Landeskindern in Tod, Verstümmelung oder Not aussenden wird. Ludwig II. will den Frieden, den Frieden des Olymp und der Gralsburg – aber die kleine Insel, die er sich inmitten einer harten, stürmisch vorandrängenden Welt geschaffen hat, bedeutet nicht jene Wirklichkeit und umschließt nicht jene Macht, die allein entscheiden werden. Vor den Toren der Residenz werden patriotische Lieder gesungen, Studenten ziehen lärmend durch die Straßen und schreien: »Tod den Franzosen!« oder »Nieder mit Napoleon!«

Verantwortung und Entscheidung aber liegen auf den Schultern eines Fürsten der Märchenwelt.

Am Abend dieses 19. Juli donnern die Rededuelle im Landtag.

Der bayerische Kriegseintritt an Preußens Seite wird beschlossen, durch die Straßen Münchens wälzen sich die Fackelzüge der

Studentenschaft, und die Begeisterung erfasst nun auch weite Kreise der Bürgerschaft.

Am 22. Juli schreibt Friedrich Smetana einen Brief:

Wegen des Krieges ist hier alles in Aufregung, es ist nicht mehr angenehm für Fremde und am besten nach Hause zu gehen. Jetzt habe ich auch den König gesehen, als ihm die Bürger eine Ovation bereiteten, weil er sich für die Beteiligung Bayerns am Kampf gegen Napoleon ausgesprochen hat. Sie riefen ihm Hoch und Vivat zu und er neigte sich huldvoll aus dem Fenster.

München jubelt seinem Märchenkönig zu, weil eine Grundwoge der nationalen Begeisterung durch ganz Deutschland geht. Und König Ludwig hat begriffen, dass er diese Welle nur übersteht, wenn er versucht, auf ihrer Krone zu schwimmen. Aus den Münchner Kasernen marschieren unter klingendem Spiel und mit rasselnden Trommeln die blauen Regimenter mit Raupenhelm, Tornister und alten Vorderladerflinten zum Bahnhof. Auf den dampfenden Lokomotiven steht mit Kreide geschrieben: Transport nach Paris!

1871

In diesen Jahren ist Haidhausen, jenseits der Vororte Au und Giesing gelegen, noch eine dörfliche Siedlung, durch die bis vor kurzem (1858) Postkutschen in Richtung Rosenheim-Wien rollten. Die Bewohner arbeiten meist in den Kies- und Lehmgruben. Wer heute durch den Stadtteil Haidhausen wandert, kommt in ein Viertel schmuckloser Mietskasernen, die aus den sogenannten »Gründerjahren« nach dem siegreichen Krieg 1870/71 stammen. Man nennt es das Franzosenviertel, denn in seinen Plätzen und Straßen sind die Namen der Schicksalsstationen verewigt, an denen die Tragödie Frankreichs und Deutschlands damals vorüberzog: Weißenburg, Spicherer Höhen, Metz, Gravelotte, Sankt Privat, Sedan, Paris, Orléans, Belfort, Breisach und Bazeilles.

Ein aufregendes Jahr lang krachen die Böllerschüsse über den Dächern Münchens, ein unruhiges Jahr lang läuten immer wieder die Glocken und wehen Fahnen von Fenstern und Türmen: Sieg! Sieg! Die Unsern haben gesiegt! Und das Volk auf den Straßen singt, leichtherzig, als sei der Krieg nur ein Maskenspiel: *Was kreucht dort im Gebüsch herum / Ich glaub es ist Napolium.*

Aber unter den flatternden Siegesbannern sieht man auch schwarzverschleierte Frauen dahingehen, und auf den Stufen vor der Kaserne sitzt da und dort ein verstörtes Bäuerlein, gleich jenem aus dem Stielerschen Gedicht, der zu München erfuhr, dass seine drei Buben in Frankreich drüben liegen.

Es gengant wohl viel tausend Leut,
Viele hundert Wag'n vorbei.
Der Vader sitzt no' allweil dort ...
Drei Buben und – alle drei!

In den heimattreuen Blättern Münchens, in Kreisen der Bürgerschaft, die immer einen Rest von Misstrauen gegen den Höhenflug des preußischen Adlers bewahrt haben, macht sich inmitten des Siegesjubels ein Ton der Besinnlichkeit bemerkbar. So schreibt der Dr. Sigl in seinem *Bayerischen Vaterland:*

Was ist diese neue Kaiserkrone anders, als die vergrößerte, preußische Pickelhaube? Das neue Kaiserreich bedeutet: mehr Kriege, mehr Krüppel, mehr Totenlisten und mehr Steuerzettel.

Das Land jedoch kann nicht mehr zurück. Als der Großherzog von Baden am 18. Januar 1871 in Versailles den preußischen König zum Deutschen Kaiser ausruft, beugen sich auch die Bayernprinzen Otto und Luitpold vor dem neuen Herrn. Bayern hat auf eine eigene Außenpolitik verzichtet; es ist eine mit gewissen Sonderrechten ausgestattete Provinz des zweiten deutschen Kaiserreichs geworden.

Fast auf den Tag genau ist es im Hochsommer ein Jahr geworden, dass die Mobilmachung der bayerischen Armee befohlen worden war. Nun erwartet München die Rückkehr seiner Söhne. Gefühle, Rührung und Begeisterung überwältigen alle. Der Dichter Karl Stieler, der Sohn des Malers der Schönheitsgalerie, schreibt über jene Tage:

Das alte München, wie wunderbar sah es heute aus! Noch vor wenigen Jahren zogen Soldaten heim, die am deutschen Gegner ihre Kraft erprobten, und die Macht des Nordens stand wie ein verhängnisvolles Nordlicht da, nicht wie die Morgenröte der nahen Einheit. In Schule und Haus, im Herzen und auf den Lippen ward der heimliche Groll genährt. Und nun zieht Deutschland durch die Via triumphalis des Südens ein, München steht an der Spitze der nationalen Begeisterung!

1877

Der französische Milliardensegen der Kriegsentschädigung und das allgemeine Aufblühen der jungen Industrie bringen auch für München die sogenannten *Gründerjahre*, wo neue Firmen, solide und weniger solide, und umfangreiche Neubauten wie Pilze aus dem Boden schießen. Rings um die Stadt schließen sich die Baulücken zwischen den Vorstädten, neue Straßenzüge entstehen. In Haidhausen werden die ersten Blocks des Franzosenviertels gebaut, längs der Bayerstraße erhebt sich ein Häusermeer, am Gelände des einst vor den Toren gelegenen Bahnhofs vorbei zur Schwanthaler-Höhe und auf der anderen Seite nach Nymphenburg hinaus.

Die Einwohnerzahl schwillt rasch auf 260000 an. Sogar die kleinen Dörfer an der Peripherie werden zu kleinen Städten. Noch 1810 zählte Schwabing 570 Seelen, 1850 waren es schon 1500, und jetzt sind es an die 400 Häuser mit beinahe 5000 Einwohnern. Andere ehemalige Dörfer, wie Sendling 1877, gehen in der Stadtgemeinde auf. Au, Giesing und Haidhausen sind bereits seit 1854 von der aufstrebenden Stadt verschlungen. Man kann schon absehen, wann Schwabing, Bogenhausen, Nymphenburg, Neuhausen, Thalkirchen und Laim Teile Münchens geworden sein werden (1890–1900).

Auch die alte Holzkonstruktion des Hauptbahnhofs wird für die neuen Eisenbahnlinien und den ständig zunehmenden Verkehr zu klein. Professor Stier erwägt bereits Pläne für den Um- und Ausbau eines neuen Bahnhofs (1876–1884), der große Eisenhallen, Wartesäle, Bahnsteige und Gepäckräume erhalten soll. Diese allzu schnell emporstrebenden Bauten einer expansiven, aber innerlich unsicheren Epoche zeigen die ganze Richtungslosigkeit und Stil-Leere einer Zeit, die sich von Gestern noch nicht gelöst und das Morgen noch nicht erreicht hat. Sie zeigen zugleich ein neues Protzentum, eine Sucht, das Alte zu kopieren und in Ornamenten, Schnörkeln und teuren Fassaden zu prunken, wo die innere, aus einem Glauben und einer neuen Weltsicht fließende Lebenshaltung fehlt. Eines der erträglichen Beispiele solcher Baugesinnung ist das von Hauberrisser ziemlich getreu nach dem Antwerpener Rathaus erbaute Neue Rathaus, das am Marienplatz an Stelle abgerissener alter Patrizierhäuser in den Jahren vor 1874 entsteht.

1886

Die hundertste Wiederkehr des Geburtstages Ludwigs I. im Jahr 1886 soll durch eine unübersehbare Folge von Festen begangen werden. Aber gerade in den Sommertagen, da die große Zentenarfeier geplant ist, trifft in München die schreckliche Nachricht vom Tode Ludwigs II. in den Fluten des Starnberger Sees ein.

Nun ist natürlich nicht mehr ans Festefeiern zu denken. Vor dem Palais des Prinzen Luitpold, eines Bruders des verstorbenen Königs Max II., sammeln sich Menschenmassen, und sie bringen Ovationen dar. Denn der eigentliche Thronfolger Otto (1848 bis 1917) lebt seit einiger Zeit in geistiger Umnachtung im kleinen Schlösschen Fürstenried bei München. Der fünfundsechzigjährige Luitpold, ein stadtbekannter freundlicher und sehr beliebter Mann, wird deshalb zum Stellvertreter seines Neffen, zum Prinzregenten ausgerufen.

Jetzt, wo Ludwig II. auf so tragische Weise sein in Träumen eingesponnenes Leben geendet hat, wird er vom Volk verehrt. Nicht nur die Oberländler singen die König-Ludwigs-Lieder und loben nun seine romantischen Märchenschlösser, über deren teuren und unnützen Bau sie erst gemurrt haben. Auch die Münchner, die zu dem einsamen König nie ein herzliches Verhältnis hatten und die den seltsamen Herrscher, der sich etwa in tiefer Nacht im menschenleeren Hoftheater Wagner-Opern vorführen ließ, für »narrisch« erklärt haben, entdecken nachträglich starke Sympathien für seine romantische und verzauberte Seele.

1888

Wegen der Ereignisse des Juni 1886 wird die Zentenarfeier um zwei Jahre verschoben, und sie findet nun Ende Juli 1888 statt.

Für Dienstag, den 31. Juli, ist ein abschließender, großer Festzug aufs Programm gesetzt, der alles übertreffen soll, was bisher gezeigt wurde.

Seit den frühen Vormittagsstunden sind Tribünen, Fenster und Bürgersteige dicht besetzt, die Menschen stehen Kopf an Kopf, die festfreudigen und schaulustigen Münchner bestaunen die wunderbaren Kostüme, die Aufbauten der Wagen, die Papp- und Leinwandpracht der dargestellten Requisiten mit zahlreichen Ah- und Oh-Rufen.

Die Hofloge ist wieder auf der hohen Tribüne am Odeonsplatz eingebaut und mit rotem Samt ausgeschlagen. Ludwigs I. Sohn, der Prinzregent mit seinem wallenden Vollbart und dem mit blauweißen Federbuschen geschmückten Helm, sitzt freundlich winkend dort oben, inmitten von bestickten Hofuniformen und den blitzenden Epauletten der Offiziere. Hier, vor der großen Tribüne, strömt der Festzug in zwei einander entgegenwandernden Bahnen vorüber, nachdem er am Siegestor umgekehrt ist. Blechmusik hämmert und trompetet, Tausende füllen die Straßen und Plätze mit Geschrei und Beifallsrufen, der Himmel leuchtet blau. Eben kommen vom Siegestor herauf die acht Elefanten, die der in München zu Gast weilende Zirkus Hagenbeck gestellt hat. Die herrlich geschmückten Tiere, die indische Türmchen und chinesische Pagoden, besetzt mit verschleierten Tänzerinnen, auf dem Rücken tragen, sollen den Handel und Verkehr mit der fernen Welt darstellen. Die braven Elefanten sind gutmütig und haben unterwegs von den tierliebenden Münchnern eine Unmenge Nüsse, Brot und Äpfel eingeheimst. Vor der Hofloge gibt es einen Halt, die dressierten Elefanten machen ihre sanften Knickse, verbeugen sich und setzen sich langsam wieder in Bewegung.

Die Festordner haben auf Wunsch der Tierwärter eine andere Gruppe auf der Gegenbahn angehalten, um die Elefanten nicht zu beunruhigen. Diese Gruppe besteht aus Wagnerschen Theaterrequisiten. Vor allem scheint der feuerspeiende, mit Flügeln und Schwanz schlagende Drache der Nibelungen, unter dessen gewaltigem Pappleib eine fauchende Dampflokomobile steckt, ungeeignet für eine Begegnung mit Zirkuselefanten.

Der Besitzer des Zirkus Hagenbeck ist, um den Festzug zu sehen, eigens von London herbeigekommen und hat sich, vom Hauptbahnhof herkommend, bis zum Odeonsplatz durchgekämpft. Er steht noch gar nicht lang unter den Zuschauern, nahe bei der Elefantengruppe, als das Unglück hereinbricht. Wie die mächtigen Tiere anfangen, unruhig zu werden, springt Hagenbeck mutig unter sie und versucht zusammen mit den Wärtern die grauen Kolosse aufzuhalten. Später schreibt er in den *Münchner Neuesten Nachrichten* darüber:

Dies wäre mir und meinen Leuten auch gelungen, wenn sich das Publikum nur ruhig verhalten hätte. Aber das Geschrei machte die Tiere nur noch unruhiger, und sie stürmten vorwärts. Ein Glück war es, dass sie in zwei Abteilungen zu je vier Stück geteilt waren. Meine Elefanten hatte ich viermal zum Stehen gebracht, aber das Publikum, welches mit Stöcken, Schirmen, Messern usw. auf sie einhieb, jagte sie stets wieder vorwärts.

Eine Panik bricht aus. Nicht die Elefanten, die ja kluge Tiere sind, sondern die Menschen selbst treten und trampeln sich gegenseitig nieder. Die wilde Jagd der vier Elefanten geht durch die Residenzstraße zum Max-Joseph-Platz, immer dem entgegenkommenden Festzug entlang, sie versuchen sich unter den Säulen des

Hoftheaters in Sicherheit zu bringen. Da jedoch die schreienden, kreischenden Menschenmassen das gleiche Bestreben haben, gibt es ein wüstes Durcheinander. Schließlich suchen die Tiere in eilendem Lauf, unter Trompeten und ängstlichem Blasen, ihr Heil in der Maximilianstraße, die von einer dahinflutenden Masse erfüllt ist; sie biegen in die Burgstraße ein und rennen die verschlossenen Türen der königlichen Münze ein. Aus den Hallen, die nur mit amtlichem Ausweis zugänglich sind, vertrieben, steuern sie quer durch die Stadt zum Tal bis zu einer Wirtschaft in der Auenstraße, die später den Namen: »Zu den vier Elefanten« erhält.

Die Schadensbilanz des Tages ist nicht unbeträchtlich. Eine alte Frau wurde totgetreten, eine weitere trifft der Schlag. Glimpflich kam eine Elefantenreiterin davon. Sie erlitt beim Abspringen lediglich einen Rippenbruch.

1890

Die Stadt ist groß geworden, und sie wird noch immer größer. Aber im Grunde bleibt sie die bürgerliche Kleinstadt, in der der Nachbar mit dem Nachbarn lebt, die ihre alten Bräuche und Gesinnungen festhält, ohne sich darum dem Neuen zu verschließen.

Bayern ist nur mehr eine Provinz des deutschen Kaiserreichs und München nur eine bürgerliche Landeshauptstadt ohne besondere industrielle Mittel oder politische Macht. München leuchtet nur. Und sein und Bayerns Fürst, Prinzregent Luitpold, ist selbst beinah ein Bürger – eher ein schlichter Jägersmann, Fischer, Bauer oder Hausvater als ein Herrscher. Keinesfalls ist er mit jenem kürassstrahlenden, säbelrasselnden, vom Adlerhelm gekrönten Hohenzollern Wilhelm II. zu vergleichen, den man kaum anders als in Galauniform und bei Paraden sieht.

Prinzregent Luitpold läuft am liebsten in seiner grünpaspolierten Jägerhose, mit dem eichenlaubbestickten Trachtenjanker und einem gamsbartgeschmückten Filzhut umher. Eines Tages geht er in dieser für München selbstverständlichen Kleidung, lediglich begleitet von seiner Tochter, der Prinzessin Therese, zum Viktualienmarkt hinab. Er liebt es, sich unter die Leute zu mischen und den Marktweibern beim Handeln zuzusehen. Kein Mensch nimmt von ihm Notiz. Es ist in dieser Stadt nicht üblich, sich lange ins Gesicht zu starren. Nur hie und da erkennt jemand in dem alten Herrn den Prinzregenten. Dann knickst eine Frau mit dem Handkorb am Arm oder ein Bürgersmann lüftet den Hut. »Dös war unser Prinzregent!«, sagen sich die Leute, und sie setzen ihren Weg fort. Da gibt es keine Volksaufläufe und keine Gafferei. Am Viktualienmarkt stellt sich Prinzregent Luitpold vor die großen Zuber, wo die lebenden Karpfen, Hechte und Felchen zappeln. Ihn freut der Anblick der steinernen Tröge, die randvoll mit Schleien und Eitel sind. Die Fisch-Wally sieht das offenkundige Interesse des alten Herrn mit dem Kennerblick der geübten Marktfrau und schießt unter ihrem Zeltdach hervor. Mit breitem Lächeln baut sie sich hinter dem Ladentisch auf und beginnt ihre Ware anzupreisen. »Geht was ab, gnä Frau? Nehmas dem alten Herrn an schöna Karpfn mit! Da vakaafen S' Ehana g'wiss net. Vo dene hab i heit schon zehn Pfund in d' Hofküch g'liefert!«

»Dann is' 's ja guat«, sagt der Prinzregent schmunzelnd. »Unter dene Umständ woaß i ja, was i heit z' Mittag krieg.« Da geht der Fisch-Wally ein Licht auf. Sie schlägt die Hände überm Kopf zusammen. »Jessas Mariaand Joseph! Der Herr Prinzregent! Iatzt hätt i Eahna fei gar net kennt – aba g'sund und frisch schaun S' aus, vui jünga, als wia auf de Buida, de wo ma zum Sehgn kriagt. Nix für unguat, Herr, es is net bös g'moant!«

Und wieder gibt es keinen Volksauflauf. Die Leute grüßen freundlich und sehen sich bloß ein wenig um.

Die Münchner Luft hat etwas Freies, etwas, das die Menschlichkeit gedeihen lässt.

Dieses Besondere der Münchner Atmosphäre haben auch all die vielen Dichter, Künstler und Gelehrten empfunden, die in die Stadt kommen. Eines Tages, im Jahr 1890, kommt aus Hamburg der Poet Detlev von Liliencron. Er schreibt an einen Freund:

Dass ich nach München ging, war sehr gut für mich. Die gute Stadt scheint mir doch die Stadt der Städte. Es ist entschieden etwas ausgesprochen, das man »südlich« nennen muss, bei den Bewohnern und in der Landschaft. Und die Alpen (ich sehe sie von meinem Fenster aus) in solcher Nähe! Ich bin außerordentlich gern hier. An die Aussprache der Münchner, so scheußlich sie ist (und die Exzellenz spricht genauso wie der Knecht oder das Hökerweib), gewöhnt man sich.

1897

Ja, dies ist Luft für die Dichter; in den Dachstuben und den Ateliers Schwabings haust das Völkchen der Künstler ungestört von Spießern oder Grantlern. Da kommt vom Norden der junge Frank Wedekind zugereist, und er bezieht seine Dichterbude in der Akademiestraße 21/IV.

Meine Gesellschaft teilt sich in Maler und Musiker. Die Musiker kenn ich von früher her. Mit den Malern wohn ich zusammen: einen zur Rechten, einen zur Linken und einen hinten im Haus. Jeder machte mir gleich seine Aufwartung und führte mich in sein Atelier.

Von seinem Dachfenster aus sieht Frank Wedekind, der in den Kreis der Elf Scharfrichter eintreten und im Simplizissimus eine Rolle spielen wird, auf die 1883 bis 1886 neugebaute Kunstakademie von Neureuther. Da drüben gehen die großen Koryphäen einer neuen Kunstrichtung aus und ein. Es sind die Impressionisten Slevogt und Corinth; oder er sieht auch noch den großen Marees und den berühmten Professor Lenbach. Wie viele Männer von Namen und Rang in den Künsten leben in dieser Stadt!

Seit 1897 weilt auch der Russe Wassily Kandinsky in München. Zuerst studiert er in der Malklasse Professor Azbés, später bei Stuck, und schließlich löst er sich von allen, um seinen eigenen Weg zu finden. Er wird der Vorsitzende der Künstlervereinigung *Die Phalanx* (1901). Er schreibt in einem Brief über diese Zeit: *»Was ist Schwabing?«, fragte einmal ein Berliner in München. »Es ist der nördliche Stadtteil«, sagte der Münchner. »Keine Spur«, sagte ein* *anderer, »es ist ein geistiger Zustand.« – Was richtiger war. Dort lebte ich lange Jahre. Dort habe ich das erste abstrakte Bild gemalt. Dort trug ich mich mit Gedanken über »reine Malerei«, reine Kunst herum.*

Fast an einem Tag (1911–1912) kamen in der Malerei zwei große Strömungen zur Welt: der Kubismus und die abstrakte (absolute) Malerei. Gleichzeitig der Futurismus, der Dadais- und der bald siegreiche Expressionismus.

Es kocht in München nur so von Ideen und Einfällen. Alle ziehen nach der Isarstadt, die etwas zu sagen haben, und der Prince of Wales stiftet der Künstlermutter Kathi Kobus den roten Mops für ihr Lokal, den *Simplizissimus.* Jetzt aber wird wieder eine neue Künstlervereinigung mit dem Namen *Der Blaue Reiter* gegründet. Männer wie Kandinsky, Franz Marc, Macke und Paul Klee gehören ihr an. Das Morgenrot des neuen Stils leuchtet über Münchens Horizont.

Thomas Mann, der in diesen Jahren draußen in Bogenhausen wohnt, schreibt in seiner Novelle *Gladius Dei* über die Stimmung um die Jahrhundertwende in München:

Die Kunst blüht, die Kunst ist an der Herrschaft; die Kunst streckt ihr rosenumwundenes Szepter über die Stadt hin und lächelt. Eine allseitige, respektvolle Anteilnahme an ihrem Gedeihen, eine allseitige, fleißige und hingebungsvolle Übung und Propaganda in ihrem Dienste, ein treuherziger Kultus der Linie, des Schmuckes, der Form, der Sinne, der Schönheit obwaltet … München leuchtete.

Thomas Theodor Heine, der geniale Zeichner und Karikaturist, erzählt zurückschauend auf die Jahre kurz vor der Jahrhundertwende eine hübsche, wenn auch nicht in allen Einzelheiten unbedingt genaue Geschichte. Er sei in der Neujahrsnacht 1896 bei etlichen Gläsern Punsch gesessen und habe trüben Blicks Deutschlands Zukunft betrachtet, als der Verleger Albert Langen beflügelten Schrittes gekommen sei und gesagt habe: Ich gründe die Zeitschrift *Simplizissimus*, die soll farbig illustriert sein, wöchentlich erscheinen und zehn Pfennige kosten.

»Sehr gut!«, antwortete Thomas Theodor Heine, »ich arbeite mit, bitte 200 Mark Vorschuss!«

Darauf habe Albert Langen in edler Entrüstung dies Ansinnen zurückgewiesen und ausgerufen: »Niemals, wackerer Freund! Dir weniger als 1000 Mark Vorschuss zu geben, wäre gemein!«

»Genialer Verleger!«, sprach Heine, und Albert Langen ließ einen Trauerschleier über seine begeisterten Gesichtszüge sinken: »Jedoch, leider! Bedenke, o Freund, dass ich 100 000 Nummern *Simpl* verkaufen müsste, um nur deinen Vorschuss zu verdienen.« Und dann besprachen die beiden den Plan der Zeitschriftengründung, begaben sich in den nächsten Tagen – immer nach Thomas Theodor Heines etwas poetischer Darstellung – zu einer Haidhauser Kartenschlägerin und ließen sich von dieser Zukunft und Mitarbeiter wahrsagen. Langsam kristallisierte sich der Kreis.

Die künstlerischen Mitarbeiter des *Simpl* in dieser Zeit sind Männer, deren Namen weit hinein ins 20. Jahrhundert Klang haben werden – damals sind sie junge Leute aus der Schwabinger Kolonie: Thomas Theodor Heine, Karl Arnold, Olaf Gulbransson, Alfred Kubin, Bruno Paul und Rudolf Wilke. In der Redaktion taucht bald der ehemalige Rechtsanwalt und nunmehrige Dichter Ludwig Thoma auf.

Glanzvoll ist der Reigen der Schriftsteller und Dichter, die in den Spalten des *Simplizissimus* zu Worte kommen. O. E. Hartleben, Wolzogen, Bierbaum, Schnitzler, Hamsun, Tschechow, Marcel Prévost, Thomas Mann, Wedekind und Rainer Maria Rilke. Die Zeitung wird nicht nur zum Sprachrohr intellektueller Kritik an der Epoche satter, selbstgefälliger und innerlich angefaulter Bürgerlichkeit, an der wilden Säbelrasselei des Kaisers und an dem hochmütigen Kastengeist gewisser höherer Klassen wie der Offiziere, der Adeligen, der Geldleute oder auch des Klerus – der *Simpl* ist zugleich die Stimme des liberalen Südens, das Organ der freien Menschlichkeit gegen die Engherzigkeit einer in Manöverromantik und Rückschrittlichkeit befangenen Zeit.

Das geht natürlich nicht ohne Widerstände. Das Münchner Blatt wird des Öfteren in norddeutschen Staaten beschlagnahmt und verboten. Die Redakteure und Zeichner machen Bekanntschaft mit dem neuen Justizpalast, den Friedrich Thiersch 1891 bis 1897 in München gebaut hat. Aber trotz allem schweigt dieses Blatt nicht. Thoma verspottet kühn die herrschenden Kreise in seinen *Filserbriefen*, Thomas Theodor Heine zeichnet höchst respektlos den Kaiser, die Fürsten, die Generäle, und jedermann wagt es, seine Meinung frei und unverblümt zu sagen.

Im Café Stefanie tagt der Dichterkreis um Stefan George, in der Mandlstraße in Schwabing treffen sich die Künstler des *Blauen Reiters*; im Grünen Schiff am Kurfürstenplatz sitzt Abend für Abend der nordische Dichter Ibsen mit seinen Freunden, und wenige Straßenzüge entfernt treffen sich Lenin, die Krupskaja und ihre russischen Freunde in einem politischen Zirkel. Das Münchner Montmartre-Viertel hat Raum für alle Geister und Toleranz für alle Ideen.

Schon rattern neben den alten Droschken die ersten Benzinkutschen durch die Ludwigstraße. In immer mehr Straßenzügen der sich ausdehnenden Stadt tauchen die weißblauen Wagen der Trambahn auf – im Sommer mit Sonnenverdecken und wehenden Wimpeln, im Winter als schaukelnde Glaskästen. Die Radfahrer nehmen überhand und umschwärmen die alten, behäbig dahinrollenden Last- und Bierfuhrwerke. Die Stadt, die noch 1885 etwa 265 000 Einwohner hatte, nähert sich gegen Ende des ersten Jahrzehnts im neuen Jahrhundert der halben Million und hat die Dörfer Schwabing, Bogenhausen, Nymphenburg, Thalkirchen und Laim längst eingemeindet. Milbertshofen, Berg am Laim, Moosach, Oberföhring, Daglfing und Perlach sehen ihre Eigenständigkeit zu Ende gehen. In den Außenvierteln wachsen Fabrikhallen und riesige Mietskasernen empor, und auch in München gibt es nun eine breite Schicht Industriearbeiter, und manchmal – am 1. Mai etwa – sehen die Bürger Gruppen und Züge von Arbeitern hinter roten Fahnen aufmarschieren.

1911 Ist es nicht sinnbildhaft, dass dieses neue Jahrhundert München das erste, große technische Museum, das größte der Welt, bescheren will? Ein Nachfahre des Erzgießers Miller, Dr. Oskar von Miller, ein Ingenieur, bringt es zustande, dass die deutsche Industrie die Mittel und die Ausstattung für das geplante Deutsche Museum stiftet. Der berühmte Architekt Gabriel von Seidl entwirft den Bauplan, und 1906 kann auf der Insel nahe der Ludwigsbrücke der Riesenbau begonnen werden.

Im Grunde geht es allen gut und hat, wenn man von den unzumutbaren sozialen Zuständen in der Industriearbeiterschaft absieht, jedermann zu leben. Die Maß Bier kostet 24 Pfennig, die Portion Schweinebraten mit Knödel 50 Pfennig, und für eine Dreizimmerwohnung bezahlt man im Monat etwa 30 Mark. Aber trotzdem liegt etwas Beunruhigendes in der Luft.

Und anno 1912, als es wieder einmal am Balkan rumort und kriselt, stirbt der uralte Prinzregent. Prinz Ludwig, ein schwerfälliger, alter Herr mit einer altmodischen Brille und einem schlecht gewickelten Regenschirm, den die Münchner häufig in seinen Ziehharmonikahosen durch den Englischen Garten spazieren sehen, tritt das Erbe an. Sie nennen ihn, der eine große Vorliebe für die Landwirtschaft hat, den »Millibauern«. Wie soll dieser gutmütige, brave Mann das mit Macht heraufwachsende Neue steuern, wie soll er Einfluss nehmen auf den Kurs der immer unkontrollierter werdenden Großmachtpolitik in Berlin? Im »Apollo« hört man in diesen Jahren die Silbernaglin als »Ratschkathl« sagen: »Ja, was moanas denn, Herr Nachbar! A so kanns do nimmer weitergeh? Da muaß amal was Anders g'schehgn! A Kriag muaß her, sog i, weil's uns z' guat geht. An Kriag brauch ma, weil ma scho lang koan mehr g'habt ham!« Und die politische Satirezeitung *Simpl* bringt nach dem Erdbeben von Messina anno 1911 ein Bild, wie die Teufel bedauern, dass jetzt der eigentlich fällige schöne Krieg verpfuscht sei. Es liegt wie der Schein der sinkenden Sonne über der Stadt, die hektischer, schneller, ängstlicher zu atmen anhebt.

1914 Dann fallen die Schüsse von Sarajewo. Es ist Hochsommer 1914, die Telegramme jagen sich, Russland mobilisiert seine Kräfte, österreichische Truppen marschieren an der serbischen Grenze auf.

Über die erste Redaktionssitzung des Simplizissimus nach Kriegsbeginn berichtet Hermann Sinsheimer:

Ludwig Thoma, der Chefredakteur und mehr als das, kam ziemlich gebrochen zu dieser Sitzung und machte den unzweideutigen Vorschlag, das Blatt eingehen zu lassen. Er war wie die übergroße Mehrheit der Deutschen davon überzeugt, Deutschland sei überfallen worden, und es sei ein Defensivkrieg und ein Krieg um die Existenz, den es zu führen habe und dem sich kein Deutscher entziehen könne.

Es ist Thomas Theodor Heine, der die Situation rettet und für die Fortführung des international angesehenen Blattes spricht. Auch der *Simpl* zieht also in den großen Völkerkampf – aber auch über ihm ist die verzauberte Sphäre der Freiheitlichkeit, der kühnen Kritik und der fruchtbaren Opposition zerstört.

All die Kreise und Zirkel der Dichter, Maler, Träumer und Realisten, der Gelehrten, Journalisten, Musiker und Schauspieler lösen sich auf. Der Paukenschlag des Kriegsausbruchs jagt sie auseinander, das Erdbeben der zusammenstürzenden bürgerlichen Welt nimmt ihnen die geistige Heimat, der große Aufbruch von 1914 reißt sie in seinen Strudel.

München, das goldene, schöne München, ist nur noch eine deutsche Großstadt im Weltkrieg, es hat aufgehört, die Insel der Seligen für freie Geister und die Zuflucht der Genialischen zu sein.

Mit den alten bunten Uniformen der bayerischen Armee, die beim Ausmarsch 1914 verschwinden und dem Feldgrau der neuen Massenzeit weichen, ist gleichsam der letzte Fetzen Romantik und ein gut Teil altmünchnerischen Individualismus dahingegangen. Die grauen Regimenter, die nun zu den Verladebahnhöfen in Laim ziehen, sind anfangs noch mit Blumen geschmückt, aber bald nur mehr Menschenmaterial, das bloß noch in Zahlen gemessen wird.

Unter den vielen Freiwilligen, die sich vor den Kasernentoren stauen, steht auch ein fahlgesichtiger Bursche mit einem Bärtchen auf der Oberlippe, der wie der Oberkellner eines schlechten Lokals aussieht. Der Mensch ist eine gescheiterte Existenz, ein Österreicher aus Braunau namens Adolf Hitler. Für ihn, der allenthalben im bürgerlichen Leben Schiffbruch erlitten, der als Postkartenmaler in den Münchner Bräuhäusern schlecht und recht sein Geld verdient hat, bedeutet der Krieg die neue Heimat, das Chaos des Weltuntergangs die endlich gefundene geistige Bleibe. Er tritt am 4. August 1914 in das Münchner Regiment List ein – und eines bösen Tages wird er wiederkehren und seinen Namen in die Geschichte der Stadt einschreiben.

Aber dieses München, in das Adolf Hitler wiederkehrt, wird sein Antlitz verändert haben und nicht mehr der Stadt gleichen, von der Thomas Mann noch vor kurzer Frist sprach: *Und München leuchtete.* Auch über dem goldenen München ist mit der Sonne des 1. August 1914 mehr als das Gestirn eines Tages hinabgesunken: die Sonne der bürgerlichen Zeit – es ist der Untergang einer Epoche.

In diesen ersten Kriegswochen wird München von höchst abenteuerlichen Gerüchten beunruhigt. Bereits am 4. August 1914 musste die Stadtverwaltung im *Generalanzeiger* der MNN eine Verlautbarung veröffentlichen, die sich gegen die überhandnehmenden Tatarennachrichten wendete. Da hieß es, russische Agenten hätten die Münchner Wasserleitung vergiftet, viele Leute wagten nur noch Bier, Limonade oder Milch zu trinken. Wenn man den Flüsterparolen trauen durfte, so wimmelte es in München und Oberbayern von russischen, serbischen und französischen Spionen. Jeden Tag kam es zu zehn bis zwanzig Verhaftungen angeblicher Bombenwerfer und Späher. Man griff

Nonnen, Krankenschwestern und Hausierer auf, verprügelte brave Mönche und nahm Leute beim Kragen, deren dunkelhaariger oder fremdländischer Typ vermuten ließ, sie könnten Feindagenten sein.

In Rosenheim und Fürstenfeldbruck waren Automobile mit Ausländern angehalten worden, und die Insassen konnten nur mit Mühe vor der Volkswut geschützt werden.

Sogar in der guten Münchnerstadt, wo es täglich zu Ausweisungen unliebsamer Fremder und zu Aufläufen kam, waren Liberalität und Fremdentradition in der Hysterie der Mobilmachung untergegangen. Selbst der sonst so gemütliche und wurstige Münchner verfiel plötzlich der Kriegspsychose. Die ersten Siegesmeldungen, die wehenden Fahnen, die beinah stündlich durch die Straßen schmetternde Militärmusik, das Dröhnen der Siegesglocken, die Hamsterei, der fortdauernde Ansturm der Freiwilligen auf die Kasernen und die Ungewissheit alles Kommenden verwirrten die Stadt zutiefst.

Schon beginnen sich in diesen Sommertagen des Jahres 1914 die ersten Gruppen von Kriegsgegnern zusammenzufinden, und bald darauf werden sie sich organisieren.

Aber diese Tage voller Erregung und Widerspruch sind noch nicht reif für eine starke pazifistische Front. Selbst Männer wie Kurt Eisner, die nach ihrer ganzen bisherigen politischen Entwicklung durchaus nicht auf der Seite der Kriegsredner zu vermuten wären, lassen sich von der allgemeinen Begeisterung fortreißen.

Kurt Eisner, ein mittelgroßer Herr mit einem Zwicker und kurzgeschorenem Bart, lebt seit 1910 als freier Journalist und politischer Mitarbeiter der *Münchner Post* in der Stadt. Er ist der Sohn eines Berliner Militäreffektenhändlers. Er hatte in den Jahren von 1893 bis 1905 als Redakteur am Zentralorgan der SPD, dem *Vorwärts,* später dann ab 1907 an der *Fränkischen Tagespost* in Nürnberg gearbeitet. Sein geistiger Standort wurde durch den philosophischen Idealismus im Sinne Fichtes und die Ideen der Aufklärung bestimmt; er träumte von einem idealen, fortschrittlichen Staat und einer freien Gesellschaft ohne Klassendünkel.

In dieses Traumbild passte ein allgemeiner Krieg durchaus nicht, aber trotzdem bewirkte der Kriegsausbruch bei Kurt Eisner einen ideologischen Wandel.

Zu Kriegsbeginn sprach er im überfüllten Kindlkeller im Sinne der Kriegsanstrengungen und forderte seine früheren Parteifreunde von der SPD zur Bewilligung der Kriegskredite auf; denn zur Erreichung seiner Ziele durfte es vor allem keinen Sieg des finsteren Zarismus geben, der zugleich eine politische Stärkung des ostelbischen Junkertums und den Untergang jeder parlamentarischen Demokratie bedeutet hätte.

Aber vom Krieg im Allgemeinen hält auch Eisner nichts. Er sagt: »Der Krieg ist – wie immer er ausgehen mag – ein Unheil, er zerstört Sieger und Besiegte, vor allem ein europäischer Krieg von heute!«

So sind um diese Zeit in der großen Stadt schon die gegensätzlichsten Elemente vorhanden, der anhebende Krieg ist wie eine tektonische Erschütterung, die kreuz und quer durch die Städte und Länder zittert und deren Risse sich immer mehr verbreitern, bis sie eines Tages zu unüberbrückbaren Klüften geworden sein werden.

1916

Die Hochstimmung vom Sommer 1914 ist vorüber, als es auf den dritten Kriegswinter zugeht. Jetzt spürt auch München beinah körperlich, wie ein ungeheures Verhängnis naht. Im August 1916, als das Ringen um die Festung Verdun auf dem Höhepunkt war, geschah es manchmal, wenn der Westwind wehte, dass die Leute, die im Englischen Garten oder auf der Isarhöhe spazieren gingen oder die mit ihren Heuwägelchen vom Ährenlesen aus den Stadtrand-Dörfern zurückfuhren, ein leises Murren und Rumoren in der Luft hörten, das wie das ferne Rollen eines Gewitters war.

Aber der allgegenwärtige Krieg rührt auch schon den Kern des Münchner Lebens an: In manchen Schulgebäuden sind Lazarette eingerichtet, in den meisten anderen zupft man »Charpie«, in den Turnsälen sitzen die Frauen vom Hilfsdienst oder vom Roten Kreuz, und sie nähen Wäsche für die Feldgrauen, stricken Strümpfe und bessern Uniformen aus. Auch die Königin Maria Theresia und ihre Hofdamen versammeln sich Tag für Tag im Nibelungensaal der Residenz, um im Dienst des Roten Kreuzes zu nähen, zu stricken und zu flicken.

Seit dem Frühjahr 1915 sind im ganzen Reich Brot- und Mehlkarten eingeführt, bald sind auch alle anderen Nahrungsmittel rationiert worden, und für Textilien und Schuhwerk braucht man Bezugsscheine. Auf den Münchner Brotkarten steht in Großbuchstaben:

GRÖSSTE SPARSAMKEIT IM BROTVERBRAUCH!

Aber es ist viel zu wenig, was die Leute erhalten. Anstatt der 3300 Kalorien, die zu einer normalen Ernährung notwendig wären, sind die Münchner im Spätherbst 1916, angesichts des *Dotschenwinters,* auf 1000 bis 1300 Kalorien gesetzt. An den Ecken hängen solche Plakate:

Sammelt Brennesseln, wenn Ihr Kleidung wollt!
Auskunft bei der Bayerischen Nesselstelle,
München, Fürstenriederstraße

Ein anderes Plakat klärt die Großstädter über *wildwachsende Gemüse* wie Sauerampfer, Löwenzahn, Schafgarbe, Pastinak, Ziegenfuß oder Brennnessel auf; in den Schaufenstern werden Papierschnüre, Papierhemden, Bastschuhe, Papierhüte, Rauchtabake aus Erdbeerblättern, Buchenlaub und ähnlichen aromatischen Kräutern angepriesen; in den Schuhgeschäften liegen prächtige Holzsohlen, Ersatzleder, synthetische Sohlen und Leinenschäfte aus.

Und wer die Annoncen durchblättert, findet nun nicht mehr wie anno 1914 die Anpreisungen des *Kriegskomforts* von der Pfefferminzrolle bis zum Ia-prima Offiziersstiefel, sondern lauter Suchanzeigen: Ankauf von Lumpen, Altpapier, Altmetall, Platin, Gold, Silber, Möbeln, alten Kleidern, Grammofonen und Brillanten. Der Ausverkauf der Stadt hat begonnen.

Da aber trotz der Lebensmittelkarten sehr häufig die anrollenden Transporte nicht zur Versorgung der Stadt ausreichen, stehen die Münchner Hausfrauen vom frühen Morgen bis zum späten Abend in endlosen Schlangen vor den Verteilungsstellen oder den Lebensmittelgeschäften an. Die Hauptlagerstätten für Vorräte sind in München das Lagerhaus am Ostbahnhof mit rund tausend Waggons und das der *Bayerischen Handelsbank* in der Friedensstraße für etwa viertausend Waggons.

Immer häufiger liest der hungrige und erschöpfte Münchner von Schiebungen und Wuchergeschäften. Malz wird in Möbelwagen, als Umzug getarnt, verfrachtet – ins Ruhrgebiet, wo die Rüstungsindustrie viel Geld verdient und bessere Preise bezahlt. Während die einen opfern, hungern, leiden und sterben, bereichern sich die anderen. Auch in München taucht ein neuer Typ des Geschäftsmanns auf: der Schieber, der *Herr Raffke*, der Kriegsgewinnler.

Schon am 18. September 1917 haben die Sozialdemokraten durch ihre Sprecher Auer und Süßheim im Bayerischen Landtag einen Antrag eingebracht, den bayerischen Staat zu reformieren: den Adel abzuschaffen, die Trennung von Kirche und Staat durchzuführen und die Minister künftig durch den Landtag anstatt durch den König zu ernennen. Bei der Begründung dieses umwälzenden Antrags hat Auer das prophetische Wort gesprochen:

Ein moderner Staat kann ohne die tätige Mitwirkung der Massen nicht bestehen; er kann wohl der Fürsten, nicht aber der Massen entbehren.

1918

Als am 2. September 1918 in München der Landtag zusammentritt, weiß jedermann, dass höchste Gefahr für das Deutsche Reich besteht.

Bulgarien ist zusammengebrochen, die Balkanfront wird rasch durch die Alliierten aufgerollt, Österreich-Ungarn hat nach dem Tod Kaiser Franz Josephs nur noch mit halbem Herzen mitgekämpft, und es steht nun in geheimen Verhandlungen über einen Sonderfrieden. So sind die bayerischen Grenzen gegen Böhmen und Tirol plötzlich nicht mehr sicher, München erkennt, wie nahe ihm der Krieg mit einem Mal gerückt ist, und das Münchner Generalkommando schickt in letzter Anstrengung zwanzigtausend Mann aus den Kasernen an die bedrohten Grenzen.

Am 5. Oktober hat die Deutsche Regierung ein Waffenstillstandsangebot auf Grund der vierzehn Punkte Wilsons ergehen lassen. Die Westfront weicht auf der ganzen Linie zurück, die Balkanfront bricht zusammen, und es mehren sich die Meldungen über Widersetzungen bei der Truppe, besonders beim neuen Ersatz.

Am 26. Oktober wird die Entlassung Erich von Ludendorffs, des Hauptes der *Durchhaltepartei*, bekannt. Am 28. Oktober beginnt die Meuterei der Hochseeflotte, und am 3. November rebelliert die Matrosendivision in Kiel. Arbeiter- und Soldatenräte nach russischem Vorbild werden gegründet, und rote Fahnen wehen von den Masten der deutschen Schlachtschiffe.

Der 7. November 1918 ist ein klarer, kühlblauer Spätherbsttag, wie ihn der Südwind manchmal über die Stadt hinträgt.

Gegen Mittag wird bekannt, dass Kurt Eisner von den Unabhängigen Sozialdemokraten (USPD) eine Massenversammlung auf die Theresienwiese einberufen hat. Niemand scheint mehr zu arbeiten, alles bewegt sich auf der Straße. Aber es ist, als sei das altvertraute München der Bürgersleute wie fortgefegt. Auf den großen Straßenzügen und Plätzen wälzt sich plötzlich eine Art Volkes daher, das man bisher kaum gesehen hat. Aus Freimann strömt ein endloser Demonstrationszug von Rüstungsarbeitern: Norddeutsche, Sachsen, Polen, gefangene Russen darunter, zerlumpte Weiber, die sich am übelsten gebärden und deren kreischende Rufe alles aufpeitschen; BMW, Krauss-Maffei, die Ausbesserungswerkstätten, die Industriebetriebe im Osten und Norden speien ihre zusammengewürfelten Scharen aus. Sie wälzen sich übers Oberwiesenfeld, die Leonrodstraße hinab zur Donnersbergerbrücke, sie strömen über die Briennerstraße zum Stachus, füllen die Bayerstraße, und sie kommen von Mittersendling herein und strömen die Plinganserstraße herauf. Alle haben ein Ziel: die Theresienwiese, wo der Apostel der neuen Zeit, Kurt Eisner, sprechen wird.

Um die Treppen an der Bavaria, unter den dorischen Säulen der Ehrenhalle ballen sich die Massen, die weite Wiese ist überflutet von lärmenden Menschen. Spruchbänder, Fahnen, Tafeln mit Parolen, Bilder von Liebknecht und Rosa Luxemburg schwanken über dem Meer der Köpfe.

Dann spricht Kurt Eisner, der in dieser aufgewühlten Stunde Worte wilder Begeisterung findet:

Alle Macht dem Volke! Fort mit der Clique der Adeligen, der Pfaffen, der Generäle, der Geldleute!

Und dann fordert Eisner das bisher Unerhörte, die Absetzung des bayerischen Königs!

Die Regierung schweigt, ist verwirrt, hält Sitzungen und Konferenzen; die Behörden warten auf Anweisungen von oben, die nicht kommen, Adel und Offizierskorps stehen überwiegend an der Front.

Inzwischen haben in der Nacht vom 7. auf den 8. November die Schwabinger Literaten um Kurt Eisner zusammen mit revolutionären Soldaten und Arbeitern im Mathäserbräu, der Haupteinkehr der Münchner Garnison, einen Arbeiter- und Soldatenrat gegründet und haben den *Freistaat Bayern* proklamiert. Eine *provisorische Regierung* unter Kurt Eisners Vorsitz etabliert sich am anderen Morgen im Wittelsbacher Palais. Dieser Regierung treten nun auch die Mehrheitssozialisten (SPD) unter Auer, Simon und Unterleitner bei. Es ist ihre Hoffnung, dass es ihnen gelingt, einen mäßigenden und ordnenden Einfluss am Tisch der neuen Revolutionsregierung geltend zu machen.

Als München am 8. November aus unruhigem Schlummer erwacht, ist es Hauptstadt der ersten monarchiefreien Republik in Deutschland.

Der Arbeiter Kainz, der anno 1914 zur Infanterie eingezogen war, ist im siebzehner Jahr als Invalide entlassen worden und hat wieder einen Arbeitsplatz in einem kleinen Betrieb gefunden, den er so gut ausfüllt, wie es seine kranke Brust eben zulässt. Er hat einen weiten Weg in die Fabrik und geht schon im Morgengrauen von seiner Hinterhauswohnung im Angerviertel los, um rechtzeitig da zu sein. Unterwegs trifft er ein paar Kollegen, die dasselbe Ziel haben.

Es wird eben hell, ein blauer, schöner Tag – schön wie der gestrige – steigt über München herauf. Wie der Kainz und seine Kollegen hinterm Armeemuseum den Abkürzungsweg durch den Englischen Garten nehmen, sehen sie einen einsamen Spaziergänger vor sich. Diese Ziehharmonikahosen, der Lodenmantel und der Filzhut kommen ihnen bekannt vor. Der alte Herr mit dem silbergrauen Bart und der Nickelbrille, der da spazieren geht, denkt sicher nichts Böses. Es ist König Ludwig III., der seinen gewohnten Morgenspaziergang macht.

Die Arbeiter ziehen die Kappen, und der Kainz redet den König an.

»Ja, Majestät«, sagt er, »wissen S' denn net, das s' heut Nacht a Revolution g'macht ham? San S' g'scheit und gehen S' heim und bleiben S' in da Residenz, damit Eahna nix passiert!«

König Ludwig ist wie aus allen Wolken gefallen, er hat keine Ahnung gehabt, wie weit die Dinge schon gediehen sind. Er bedankt sich bei den Arbeitern und kehrt eilig in die Residenz zurück.

Am Abend des 8. November 1918 verlässt Ludwig III. die Residenz und fährt ungeschoren nach Schloss Wildenwarth im

Chiemgau. Von dort flieht er zum Wildmeister am Hintersee und endlich nach dem Schlösschen Anif bei Salzburg.

In München kleben schon die Plakate in knalligem Rot an den Hauswänden, welche die neue Republik verkünden.

An die Bevölkerung Münchens!
Das furchtbare Schicksal, das über das deutsche Volk hereingebrochen ist, hat zu einer elementaren Bewegung der Münchner Arbeiter und Soldaten geführt. Ein provisorischer Arbeiter-, Soldaten- und Bauernrat hat sich in der Nacht zum 8. November konstituiert.

Bayern ist fortan Freistaat.

Der Rat der Arbeiter, Soldaten und Bauern
1. Vorsitzender: Kurt Eisner

Am 13. November kommt Nachricht aus Anif: Der alte König hat alle Beamten und Offiziere von ihrem Treueid entbunden und erklärt, dass er außerstande sei, die Regierung auszuüben. Aber den Thronverzicht lehnt er ab.

Die Überrumpelung der bürgerlichen Mehrheit durch die Clique der radikal demokratischen USPD ist im München der Novembertage zwar gelungen, aber nun scheint sich der Widerstand um die gemäßigten Sozialdemokraten zu sammeln.

Der Machtkampf tritt in ein gefährliches Stadium; denn nun wagt sich langsam auch die bürgerliche Opposition wieder ans Tageslicht. Bayerische Volkspartei, Deutsche Volkspartei und Nationalliberale Partei schlagen über Nacht eine Proklamation an, in der es heißt:

Die Ereignisse der letzten Zeit, insbesondere der letzten Tage, lassen keinen Zweifel mehr zu: wir stehen vor der Gefahr der Anarchie. Die Presse wird bedroht, von Versammlungsfreiheit ist nicht mehr die Rede, die Wahlfreiheit steht auf dem Spiel.

Hat die Regierung nicht den Willen zu regieren, oder hat sie nicht die Macht?!

Tatsächlich sieht Kurt Eisner die Anfänge seiner Regierung als revolutionäre Übergangsphase zur parlamentarischen Demokratie, zu welcher das Volk erst erzogen werden muss. Es ist sein großes Verdienst, dass er den 8-Stunden-Tag für die Arbeiterschaft durchsetzt und erstmals das Wahlrecht für Frauen schafft.

Und dann, nach 65 Tagen provisorischer Regierung, kommt der 12. Januar 1919, der Wahltag zum ersten frei gewählten Parlament Deutschlands. Von 188 Mandaten erhalten die Eisnerleute von der USPD nur 3, die Sozialdemokraten 62 und die Bürgerlichen 115.

Das muss das politische Ende des großen Idealisten Kurt Eisner bedeuten. Jetzt sind die Fronten klar, die Machtverhältnisse nicht mehr zu verschweigen. Erhard Auer lässt eine große Säuberungsaktion einleiten, Hunderte von Anarchisten werden verhaftet. Als Repräsentant einer neuen Republik ruft Kriegsminister Rosshaupter zur Bildung eines *Volksheimatschutzes* auf. Als Tag des Zusammentrittes des neuen Landtags wird der 21. Februar 1919 verkündet.

1919

Am Bürgersteig stehen einige Leute in Mänteln, hie und da ruft ein Rotarmist dem zum Landtag eilenden Eisner ein Hoch zu.

Der Ministerpräsident, im zweireihigen Wintermantel, den Schwabinger Schlapphut auf den langen Haaren, die unvermeidliche Sonnenbrille auf der Nase und mit dem wuchernden Vollbart, hat die Hände in die Manteltaschen gesteckt. Seine Aktenmappe trägt einer seiner beiden Begleiter, die rechts und links von ihm gehen und eifrig mit ihm debattieren.

Unter den Gaffern, die das Portal des Landtagsgebäudes belagern, sieht man zahlreiche Uniformierte, aber alle ohne Abzeichen. Wie die Gruppe Eisners herankommt, löst sich ein junger schlanker Mensch aus der Menge. Es sieht fast so aus, als sei seine elegante Uniform die eines ehemaligen Offiziers. Er trägt den Mantel offen und hat die Rechte tief in die Tasche vergraben.

Plötzlich nimmt er eine Armeepistole heraus, hebt sie gegen den knapp vor ihm gehenden Kurt Eisner und drückt zweimal hintereinander ab.

Die Schüsse detonieren mit entsetzlichem Krach. Der Ministerpräsident stürzt sofort mit zerschmettertem Schädel vornüber.

Einen Augenblick lang hängt die Stille wie ein Fluch über der Promenadestraße, aber das dauert nicht länger, als das Echo der Schüsse braucht, um an der Rustikafassade des Landtags entlangzurollen. Dann bricht ein wütender Schrei los, und alles stürzt sich auf den Attentäter.

Kurt Eisner ist tot.

Der Schreckensruf dringt auch in den Landtag, der seine Sitzung bereits eröffnet hat. Sofort erhebt sich die Versammlung zum Gedenken des Ermordeten, und Erhard Auer beginnt eine Rede auf den Toten zu halten.

Da öffnet sich plötzlich die Türe in der Nähe des Ministertisches, durch welche sonst die Regierungsvertreter einzutreten pflegen. Ein bewaffneter Arbeiter taucht auf und legt aus kurzer Entfernung seine Armeepistole auf Innenminister Auer an. Ein Schuss, und Auer sinkt schwer verletzt nieder. Den vorstürzenden Major Jareis trifft ein weiterer Schuss, der Täter läuft davon und kann entkommen.

In den ausbrechenden Tumult hinein donnern weitere Schüsse, von einem Eisneranhänger auf der Galerie des Landtags in den Saal abgefeuert. Der Abgeordnete der Bayerischen Volkspartei Osel wird tödlich getroffen, andere werden verwundet. In Lärm und Panik löst sich der Landtag auf, und die Abgeordneten rennen auf die Straße.

In Windeseile hat sich die Kunde von den Ereignissen über die Stadt verbreitet. Man weiß auch schon, wer der Offizier gewesen ist, der Eisners Leben ausgelöscht hat: Leutnant Anton Graf Arco aus Valley. Der Attentäter ist halb totgeprügelt, von Schüssen verletzt, bewusstlos und in hoffnungslosem Zustand in die Chirurgische Universitätsklinik an der Nussbaumstraße eingeliefert worden.

Die Münchner Innenstadt ist aufgestöbert und von Lärm erfüllt. Wie in den Novembertagen zieht das Bürgertum wieder die Rollläden herab, und es verkriecht sich in den Häusern. Der Mob beherrscht die Straße.

Da der Ministerpräsident ermordet, der Innenminister schwer verletzt und der Rest der Regierung völlig machtlos ist, herrscht vorerst die Anarchie. In der Nacht vom 6. zum 7. April 1919 findet im Wittelsbacher Palais unter Federführung des Simplizissimus-Publizisten Erich Mühsam die Sitzung des Revolutionsrates statt.

Am Morgen drängen sich die staunenden Münchner vor frisch plakatierten Verlautbarungen.

Die Entscheidung ist gefallen. Bayern ist Räterepublik!

Die revolutionäre Arbeiterschaft und Bauernschaft Bayerns, darunter auch alle unsere Brüder, die Soldaten, sind durch keine Parteigegensätze mehr getrennt, sind sich einig, dass Ausbeutung und Unterdrückunng nun zu Ende sind.

Die Räterepublik kann sich nur wenige Wochen an der Regierung halten. Freikorps und Reichstruppen entreißen den Rotarmisten in blutigen Kämpfen die Stadt.

Die Bilanz nach rund einem halben Jahr Revolutionszeit in München ist erschreckend. Rund 1000 Menschen sind in den Kämpfen gefallen. Ganze Straßenzüge sind verwüstet, Hunderttausende von Fensterscheiben zertrümmert und zahlreiche Werkstätten zerstört. Das Abenteuer der Räteregierung hat die Stadt mehr als zweihundert Millionen Mark gekostet, dazu kommen hundertfünfzig Millionen an Produktionsausfall und rund fünfzig Millionen an Schaden der Geschäftsleute. Da die Räte Geld ohne Hemmung nachgedruckt haben, ist die Entwertung rasend vorangeschritten, so dass außerbayerische Firmen nur noch gegen Vorauszahlung liefern und »bayerische« Noten nur für neunzig Prozent ihres Nennwertes annehmen. Alle Geschäftsbeziehungen Münchens zur Umwelt sind abgerissen und auf lange Zeit gestört. Die Lebensmittelversorgung liegt praktisch brach. In den letzten Tagen der Räteregierung kamen zum Beispiel nur noch sechzehnhundert Liter Milch in die Stadt, die mehr als sechshunderttausend Einwohner zählt.

Die einst so glanzvolle Stadt der Künste ist eine arme graue Großstadt geworden, die schwer an den Folgen zu tragen hat.

Als im August die Weimarer Nationalversammlung die neue Verfassung des Deutschen Reiches als parlamentarischer Republik in Kraft setzt, wird diese Geburtsstunde der Weimarer Republik vom Hohngelächter der Rechtsparteien begleitet. Die Freikorpsleute nennen das neue Deutsche Reich verächtlich eine rote Judenrepublik.

Unablässig trommelt der Propagandist der neuen Partei, Adolf Hitler, auf die Münchner Massen ein. Jetzt ist ihm bereits der Saal des Hofbräuhauses zu klein geworden, und er mietet für seine Massenversammlungen den neuerrichteten Rundbau des Zirkus Krone auf dem Marsfeld. Als zu Beginn des Jahres 1921 das Londoner Abkommen Deutschland zu einer sofortigen Reparationszahlung von hundert Milliarden in Gold verpflichtet, hat er wieder eine aufreizende Parole. Die Plakate schreien von den Litfasssäulen:

Riesenprotestkundgebung
42 Jahre sollen wir fronen – auch wir sind Menschen und keine Hunde. Es wird sprechen Adolf Hitler über:
Zukunft oder Untergang!

Der sieghafte Vormarsch des Mannes mit dem Bärtchen, der die Zauberformel zu besitzen scheint, jede andere Meinung niederzureden, der die Massen elektrisiert und die größten Säle füllt, ist auch innerhalb der Nationalsozialistischen Arbeiterpartei nicht mehr aufzuhalten. Jetzt ist das Mitglied Nummer 7 stark genug, eine kleine interne Revolution zu arrangieren und die eigentlichen Gründer und Ideologen der Partei auszubooten. Am 29. Juli 1921 wählt die NSDAP Adolf Hitler zu ihrem 1. Vorsitzenden. Einige Wochen darauf spricht er auf dem Münchner Königsplatz vor siebzigtausend Menschen gegen das Gesetz zum Schutz der Republik.

Einige Tage vorher ist der Zentrumspolitiker Erzberger durch Freikorpsleute ermordet worden, und die Berliner Regierung hat den Ausnahmezustand verhängt, gegen den Bayern protestiert.

Adolf Hitler leitet auch dieses Wasser auf seine Mühlen und eifert gegen den Selbstschutz der Republik ... da er ja entschlossen ist, diese Republik zu stürzen.

1923

Der Abend des 8. November 1923 ist kühl, der Himmel ist von Wolken verhangen. Tausende sind zum Bürgerbräukeller hinausgeströmt, der große Saal ist bis zum letzten Platz gefüllt, sogar an den Eingängen und in den Nebenräumen stehen die Menschen Kopf an Kopf. Der bayerische Generalstaatskommissar von Kahr hat kurz nach acht Uhr mit seiner Rede begonnen. Man spendet ihm spärlichen Beifall, und man wartet gespannt, welche Katze er aus dem Sack lassen wird. Da dröhnt plötzlich das Rattern von Motoren, draußen fahren Lastautos vor, am Saaleingang entsteht Unruhe. Der Redner blickt stirnrunzelnd auf, Geschiebe entsteht im rückwärtigen Teil der Halle, und plötzlich sieht man Gruppen von Männern in Windjacken und feldgrauen Mänteln hereindrängen. Ihr Führer ist ein Mann im Ledermantel, der Pour-le-mérite glänzt an seinem Hals. Es ist Hermann Göring, der Führer der Sturmabteilungen.

Die SA hat Maschinenpistolen und Gewehre, eine breite Gasse öffnet sich vor den Nationalsozialisten. In der Ferne schlägt eine Uhr dreiviertel neun.

Von Kahr hat zu sprechen aufgehört, die Regierungsmitglieder, General von Lossow und Oberst Seißer springen von ihren Plätzen auf. Da bahnt sich ein Mann im Trenchcoat, barhäuptig, mit wehender Stirnlocke und Bärtchen, den Weg zum Pult, springt auf einen Stuhl und feuert theatralisch eine Pistole gegen die Decke ab.

Adolf Hitler.

Jäh senkt sich erschreckte Stille über den Saal. Der Mann im Trenchcoat ruft mit heiserer, sich beinah überschlagender Stimme: »Die nationale Revolution ist ausgebrochen. Der Saal ist von Bewaffneten besetzt. Niemand darf den Saal verlassen!«

Schweigen antwortet ihm zunächst. Dann steigt eine anschwellende Unruhe zum Podium empor. Doch der aufgeregte Redner fährt fort: Die Reichsregierung sei abgesetzt, auch die bayerische Regierung sei abgesetzt und eine neue Zentralregierung habe sich gebildet, in welcher er selbst das Amt des Reichskanzlers übernehmen werde. Unterdessen haben Nationalsozialisten den General Ludendorff aus seiner Tutzinger Villa herbeigeholt. Er trifft jetzt, begleitet vom Jubel der Versammlung, im Bürgerbräukeller ein. Hitler erklärt, der General werde das Amt des Reichsverwesers und die Führung der Nationalarmee erhalten.

Immer noch hält Hitler die Pistole in der Hand. Jetzt wendet er sich zu den erbleichenden Honoratioren und bittet mit funkelndem Blick die Herren von Kahr, von Lossow, Seißer und Ludendorff in einen Nebenraum.

Dort ersucht er die Überrumpelten, sich seinen Entschlüssen zu fügen. Herr von Kahr soll Statthalter in Bayern, Polizeipräsident Pöhner bayerischer Ministerpräsident und Oberamtmann Frick Polizeipräsident werden.

Hitler hat ein ungemein überzeugendes Argument, mit dem er alle Einwände der Herren zu widerlegen weiß: die geladene, vor den Bäuchen der Herren herumschwankende Pistole.

Da geben sie nach, und sie kehren mit dem Tribunen in den Saal zurück. Ludendorff spricht, die Versammlung begrüßt den Feldherrn mit Beifall, und als nun Hitler noch einmal das Wort ergreift, wird auch er als nationaler Retter mit Jubelsturm begrüßt.

Die übrigen Mitglieder der bayerischen Regierung werden verhaftet. Die Münchner lesen am Morgen des 9. November:

Proklamation
An das deutsche Volk!
Die Regierung der Novemberverbrecher in Berlin ist heute für abgesetzt erklärt worden.
Eine provisorische deutsche Nationalregierung ist gebildet worden.
Diese besteht aus
General Ludendorff, Adolf Hitler, General von Lossow, Oberst von Seißer.

Nein – Adolf Hitler hat die Regierungsgewalt noch nicht übernommen. Sein Putsch steht auf sehr schwachen Beinen; er ist so dilettantisch angelegt, dass es nicht gut gehen kann. Nachdem die Begeisterungsstürme im Bürgerbräukeller verrauscht sind und ruhigeres Denken wiederkehrt, wird dies auch den meisten der Beteiligten klar.

Die Chance der Hitlerleute liegt am Morgen des 9. November darin, die Münchner auf ihre Seite zu ziehen. Hitler selbst macht im Bürgerbräukeller den Vorschlag, einen gewaltigen Demonstrationszug zu organisieren und quer durch die Stadt vor die Regierungsgebäude und die Kommandantur zu ziehen. Nach seiner Meinung werden es Landespolizei und Reichswehr, die doch zu großen Teilen selbst national gesonnen sind, niemals wagen, auf den beinah legendären Feldherrn Ludendorff zu schießen.

Der Zug setzt sich von der Rosenheimer Straße in Richtung Isarbrücke in Bewegung. Vornweg marschieren die Führer in breiter Linie: Adolf Hitler, Göring, Esser, Amann, einige ehemalige Offiziere wie Hans Rickmers, Max Erwin von Scheubner-Richter, Lorenz Ritter von Stransky und Klaus von Pape. Mitten unter den Männern in Trenchcoats und Windjacken geht im hellgrauen Militärmantel Generaloberst Erich Ludendorff, die Rechte nach napoleonischer Weise vor die Brust gesteckt.

Die Spitze des Zuges biegt in die Weinstraße ein. Man will die breite Ludwigstraße gewinnen und dann auf die Regierungsgebäude und das Generalkommando losgehen. Lärmend wälzt sich die Masse in die enge Perusagasse und zum Max-Joseph-Platz hinüber, die enge Residenzstraße presst die Kolonnen zusammen, der Marsch gerät ins Stocken.

Warum geht's nicht weiter? Warum staut sich der Zug?

Halt! Da vorne, wo zwischen Feldherrnhalle und Residenzportal die Straße eng wird wie eine Klamm, stehen in dünner Linie grüne Uniformen; eine Kompanie Landespolizei sperrt den Weg.

»Stehenbleiben! Zurück! Waffen ablegen!«, gellt es aufgeregt.

Oberleutnant von Godin kommandiert die Kompanie der Landespolizei. Er hat den Befehl, unter allen Umständen den Demonstrationszug aufzuhalten. Seine Männer stehen mit den Karabinern im Anschlag.

Die jungen Leute an der Spitze des Zuges kommen lachend und kraftbewusst auf die grüne Linie zu.

Noch einmal ein energisches Halt! Doch sie schieben sich heran, eine tobende, geballte Menschenmasse.

Oberleutnant von Godin gibt einen Befehl. Eine Anzahl Schüsse peitschen auf, dann kracht eine Salve, ein Maschinengewehr beginnt zu hämmern.

Ein ungeheurer Aufschrei steht über der Straße. Die ersten Reihen des Demonstrationszuges bilden ein wirres Knäuel von Leibern, das sich auf dem Asphalt wälzt. Blut breitet sich in dunklen Lachen aus und immer wieder schmettern Schüsse. Die Fahne ist verschwunden. Adolf Hitler hat sich beim ersten Aufblitzen so heftig niedergeworfen, dass er sich die Schulter ausgerenkt hat. Nun windet er sich mühsam aus dem Wirrwarr von Toten und Sterbenden. Er erreicht zitternd die schützende Perusastraße, rennt ein Stück zur Weinstraße hinüber, wo ihn Anhänger in ein Automobil zerren. In eilender Fahrt, quer durch die auseinanderstiebende, schreiende, flüchtende Menge, bringen sie ihn stadteinwärts.

Hermann Göring liegt schwerverwundet, Kameraden schleppen ihn aus dem Getümmel und laufen mit dem Bewusstlosen bis zum Promenadeplatz. Dann sehen sie bereits die grünen Uniformen der Landespolizei hinter sich, und sie retten sich und Hermann Göring in einen Laden. Der Besitzer des Geschäfts ist ein alter Münchner Bürger namens Ballin, ein Jude. Doch der alte Herr Ballin kennt in diesem Augenblick keine Politik und keine Ressentiments, sondern nur seine natürliche Pflicht, und er selbst legt dem verwundeten Naziführer die Notverbände an, schafft ihn abends mit Hilfe seines Bruders und seiner Frau heimlich in ihre Wohnung, und er pflegt Göring gesund.

Doch das dauert noch eine Weile. Im Augenblick sind die Straßen mit Geschrei und Tumult erfüllt. Alles läuft, brüllt, drängt verzweifelt von der Feldherrnhalle zum rettenden Max-Joseph-Platz und zum Promenadeplatz – die Grüne Polizei jagt die Aufrührer auseinander.

Und während sie stürzen, fallen und sterben, sich auf den Boden werfen und davonkriechen, bleibt nur einer aufrecht stehen, vom Scheitel bis zur Sohle der preußische General, der sich niemals beugt und der es verschmäht, sein Leben zu retten: Erich Ludendorff. Kerzengerade, die Hand in den Mantel gesteckt, geht er Schritt um Schritt auf die Landespolizei zu, die vor ihm die Gewehre senkt und die Reihen öffnet.

Auf dem Platz vor der Feldherrnhalle liegen vierzehn tote Nationalsozialisten und vier erschossene Polizisten.

Es ist der 9. November 1923, ein Freitag – *Kahr-Freitag.*

Der Spuk ist zu Ende, der Putsch zerschlagen.

Die NSDAP wird durch General von Seeckt aufgelöst. Das Parteivermögen und der *Völkische Beobachter* werden beschlagnahmt. 55 787 eingeschriebene Parteimitglieder stehen in den Listen.

»Jetzt hams eahm wieda außalassn, den Gor-Andan!«, sagt der Bäcker Hierangl am Stammtisch im *Blauen Bock.* »Jetzt werds wieda o'geh mit dera Gaudi.«

»Von wem redst denn du nacha?«, forscht der Spengler Hurth. »Wen hams denn eig'spirrt g'habt?«

»No, an Hitla moan i halt, der wo vor anderthalb Jahr – so was werds g'wen sei – an Putsch g'macht hat. Kost di nimma erinnern?«

»Wos?«, wundert sich der Metzger Pfünderl, »den sölln hams schon wieda außalassen? Ja, hat denn der net mehra kriagt für sein Ramaduri?«

»Na, der hat nur a Jahrl a fümfe kriagt und des mehra mit Bewährung, und jetzt hot er si bewährt, weil s' eahm außalassn. So wia i den kenn, werd der glei wieda o'fanga mit der Plärrerei. I habs in da *Neuesten* g'lesn, dass am Freitag um achte im Bürgerbräukeller draußd scho wieda de erscht Massenversammlung stattfindet. Hi'geh wer i freili net.«

»Da hast recht, Hierangl«, stimmt der Eisenhändler Fottner zu, und er nimmt einen gewaltigen Schluck. »Vo dem Hallodri kimmt nix G'scheits. Mei Alte, de woaß no, wia der a Schlafstell im Tal g'habt hat und de alte Zwicknaglin ko si sogar no erinnern, wiar er mit Postkarten in de Bräukeller hausiert hat und d' Noagerl ausg'suffa hat. Beim Zigarrnladl vom Berchthold, den wo s' a eig'naht ham nach dem Putsch, da is a allawei g'standn, der Schlawina, der Zuagroaste. Denn der Hitla, dös is a Österreicha, damits as wissts!«

1925

Langsam ist man wieder stolz auf die Stadt, die nun alle Schäden aus Kriegs- und Revolutionszeiten überwunden zu haben scheint. Seit dem 7. Mai 1925 hat das weltgrößte technische Museum, das von Oskar von Miller gegründete Deutsche Museum, seine Pforten geöffnet. Im Sommer füllt ein Strom von Fremden die Straßen, Museen und Parks. Man hört, dass es in München mehr als vierzehntausend Fremdenbetten gibt, und die weißblaue Straßenbahn hat 1926 bei ihrem fünfzigjährigen Jubiläum fünfundzwanzig Linien und rund hundertfünf Kilometer Gleisstrecke gehabt. Es geht überall voran, und sogar die Rundfunkapparate haben ihr Anfangsstadium überwunden. Es gibt jetzt Lautsprecher wie beim Grammofon, und die Zahl der Hörer des Münchner Rundfunks ist inzwischen auf mehr als fünfundvierzigtausend gestiegen.

Das Jahr 1929 bricht mit eisiger Kälte herein. Am 11. Februar 1929 werden an der Bogenhausener Brücke 29 Grad unter Null gemessen, viele alte und arme Leute frieren. Die Grippe flackert im späten Frühjahr wieder auf, und die Stadtverwaltung richtet ein Städtisches Gesundheitsamt zur ständigen Überwachung der Volksgesundheit ein.

Zur Freude der Münchner wird der Tierpark Hellabrunn durch Direktor Heck wieder eröffnet. Jeden Sonntag setzt nun die Wallfahrt der Münchner Bürger zum Isartalbahnhof ein, Hellabrunn mit seinen wunderschönen und natürlichen modernen Anlagen und Tiergehegen wird der beliebteste Ausflugsort der Städter.

So ist also auch dies wieder gut. Die Zeit, die alle Wunden heilt, hat München seinen Zoologischen Garten zurückgegeben, doch sie strömt unaufhörlich einer dunklen Zukunft entgegen.

Da schwebt eines Tages eine riesige silberne Zigarre über den Frauentürmen: Das Luftschiff *Graf Zeppelin* mit seinem Kapitän Eckener an Bord zieht große Schleifen über die Dächer der alten Stadt – Zeichen des technischen Fortschritts, während ganz still und fast unbemerkt noch immer ein Stück Mittelalter in den Winkeln alter Häuser und Türme, in den Kapellen und Kirchen, im Hof der Alten Veste oder an den Resten der stehengebliebenen Torwerke hängt. Und während Flugmaschinen ihre Bahn zum Oberwiesenfeld ziehen und der Zeppelin über der Stadt kreist, werden in diesem Jahr 1929 noch 2238 Flöße von den Tölzern isarabwärts gesteuert und in München gelandet.

Die Stadt Heinrichs des Löwen hat um diese Zeit 730 000 Einwohner.

Im aufkommenden Sturmwind der Zeit geht in München das Leben weiter. Der Moosacher Gaskessel wird gebaut – ein neues Wahrzeichen in der Silhouette der Stadt. Die Randsiedlungen Englschalking, Daglfing, Johanniskirchen und Perlach werden eingemeindet, das dritte Viertel der Million ist nun voll. Da die Oberammergauer Passionsspiele stattfinden, reisen mehr als eine halbe Million Fremde durch München, und auch der amerikanische Automobilkönig Henry Ford besucht die Stadt.

In diesem Jahr 1930 schreibt der Volkssänger Weiß Ferdl sein Bekenntnis zur Münchnerstadt:

Wo sollt' ich denn schon sonst wohnen? Als Münchner Volkssänger muss ich in München leben. Gibt es denn auf der ganzen Welt eine Stadt, die alles, alles, was das Leben schön und angenehm macht, so in sich vereinigt wie München?

Wir haben alles!

Mir tun nur die Leut leid, die woanders wohnen müssen.

Oder fehlt München doch etwas zu seinem Glück?

An den Straßenecken hängt ein blutrotes Plakat, von dem Buchstaben klotzig schreien: *Hier fehlt der eiserne Besen! Wählt Adolf Hitler!*

1931

Am 1. Juni 1931 wird die neue Glaspalastausstellung eröffnet, die heuer besonders geglückt ist und vom ersten Tag an rege besucht wird. Neben einigen Nachlass- und Kollektivausstellungen moderner und konservativer Kunstrichtungen, Graphik, Kunstgewerbe und Architektur zieht ganz besonders die Sonderausstellung in den drei Sälen des südlichen Mittelbaus an.

Man hat 110 Werke deutscher Romantiker von Caspar David Friedrich bis zu Moritz von Schwind aus allen möglichen auswärtigen Sammlungen, Museen und Galerien zusammengeholt.

Die Nacht zum 6. Juni ist warm und weich. Die Akazien und Holunderbüsche in den Anlagen verbreiten ihren Duft. Jasmin und Goldregen blühen unter den alten Bäumen am Glaspalast, und vom Lenbachplatz herüber vernimmt man das beruhigende Plätschern der Brunnen. Finster ragt der Glaspalast über die Kronen der Bäume, die Stadt schläft, die letzte Straßenbahn hat sich rasselnd in die Vororte verzogen, nur hie und da fährt noch ein Taxi durch die menschenleere Elisenstraße zum Maximiliansplatz.

Es ist lang nach Mitternacht, als plötzlich die Glocken anschlagen. Die Sirenen der Feuerwehrwagen heulen auf, und rasend, unter Geklingel und Tuten preschen Kolonnen von Löschzügen vom Sankt-Jakobs-Platz, von der Sonnenstraße, von Schwabing herauf. Telefone läuten, Fenster werden aufgestoßen, Menschen erscheinen hinter den plötzlich hellerleuchteten Rahmen und starren erschreckt zum Himmel, der sich zusehends rot färbt. Eine grelle Gloriole steht in der Gegend vom Justizpalast, Hauptbahnhof und Glaspalast. Was ist geschehen? Und plötzlich weiß es der nächtliche Passant, die Leute an den Fenstern rufen es sich zu, Bekannte benachrichtigen sich durchs Telefon: Der Glaspalast steht in Flammen!

Kleine Gruppen von Neugierigen laufen auf die Brandstätte zu, auf den Stufen des Justizpalastes, an den Gesimsen und Vorsprüngen hängen bereits Zuschauer. Polizisten drängen die Leute zurück, Schläuche ringeln sich über den Asphalt, und Feuerwehrmänner stehen schon an den Strahlrohren. Das Himmelsgewölbe ist rot, ein Regen von Ruß und Asche rieselt herab. Dort drüben zwischen den ächzenden, im Flammensturm sich wiegenden, von Rauschen und Wehen erfüllten Bäumen steht schwarzes Gestänge; die nackte Stahlkonstruktion, das wirre, sich biegende, zusammenstürzende Gegitter der Eisenträger ist in Rauch und Flammen gehüllt. Wie Brandung donnert es, feurige Fetzen flattern hoch in die Luft, die Strahlen der Feuerwehrspritzen verzischen wirkungslos inmitten gelber Schwaden und grell leuchtenden Eisengerippes.

Alle wissen, dass hier nichts mehr zu retten ist, dass ein Stück liebgewordener Vergangenheit, eine der großen Kulturstätten Münchens für immer verloren ist.

Nicht eines der unersetzlichen Bilder deutscher Romantiker ist gerettet. Als das Feuer in sich zusammengestürzt ist, als der größte Teil der Hallen nur noch als wüstes Gewirr von verbogenen Trägern und geschmolzenem Glasfluss die weite Fläche bedeckt, sieht man Münchner Künstler trauernd über die Unglücksstätte gehen und zwischen rauchenden und schwelenden Trümmern vergeblich die Spuren dessen suchen, was einmalig und für ewig unersetzlich war: Kunst, die sich in Rauch aufgelöst hat, die Bilder einer vergangenen schöneren Welt.

1932

»Also woaßt, Onkel«, sagt der Leitner Bartl zum Hierangl, »dösmal wennst net mitgehst zum Zirkus Krone, dann bin i dir wirkli bös. I hab ma extra für di und d' Frau Tante Ehrenkarten im Brauna Haus b'sorgt. Ös sitzts ganz vorn in der zwoatn Reih und sehgts an Führa direkt ins Aug.«

»In Gotts Nam«, seufzt der Bäcker. »Na geh i halt mit. Was ziahgt ma denn zu an solchan Ramaduri überhaupts o?«

»I kunnt dir a Braunhemd leihn«, schlägt der Bartl vor. Aber damit kommt er übel an. Der Onkel läuft rot an.

»Bist denn du narrisch? Moanst, i ziag so a Affenfrackerl o und lass mi auslacha? Mein Gehrock leg i o, wann i schon an Ehrenplatz kriag.«

Nur mit Mühe gelingt es dem Bartl, seinen Onkel von dem allzu bürgerlichen Kleidungsstück abzubringen. Vergeblich freilich bleibt die Mühe, Tante Wally für die Hitlerversammlung zu begeistern. Sie widersteht allen Verlockungen, und so bekommt der Spengler Hurth die zweite Ehrenkarte. Im gewöhnlichen Arbeitsgewand und geleitet vom Bartl, der als SA-Scharführer eine schöne Uniform und ein Käppi mit blauem Vorstoß besitzt, begeben sich die beiden Männer zum Zirkus Krone.

Das riesige Rund des Zirkusbaus ist bis zum letzten Platz gefüllt, und man muss fürchten, dass die terrassenförmig ansteigenden Tribünen zusammenkrachen. SA und SS mit dem Sturmriemen unter dem Kinn weisen die immer noch hereindrängenden Menschen in die Reihen ein, und dazu dröhnt ununterbrochen die Marschmusik. Von der Kuppel strahlen die Scheinwerfer, rote Fahnen mit der weißen Scheibe und dem schwarzen Hakenkreuz hängen aus dem Gestänge.

Bartl grüßt zackig mit dem erhobenen Arm und wiederholt immer wieder: Heil Hitler!

Als ein unrasierter Lucki, der inmitten einer Gruppe Arbeitsloser steht, darauf mit: »Unmöglich!« antwortet und viele zu lachen anfangen, entsteht eine Schlägerei, der Mann wird verprügelt und hinausgeworfen. Die Plätze vom Hierangl und Hurth sind tatsächlich ganz vorne, nahe an der Manege, wo ein rotverkleidetes Rednerpult, von Lorbeerstöcken flankiert, in einen der Eingänge gestellt ist. Von da aus muss man den »Führer« ausgezeichnet sehen können.

»Is erlaubt?«, frägt der Hierangl höflich das nette, kleine Fräulein, das schon auf der Bank sitzt. Zwischen einem Herrn mit dem Parteiabzeichen und dem Fräulein lassen sich die beiden nieder. Es sind alles Münchner, und deshalb hat man schnell Kontakt.

»Sie glaubn ja gar net«, sagt das Mädel, »wie groß unser Führer is. So einen Menschen gibt's nur einmal.«

»Ja wiaso nacha?«, forscht der Hurth.

»Lassn S' eahna verzähln! Da war i neulich ganz zufällig in der Äußeren Prinzregentenstraß, wo der Führer sei Privatwohnung hat. Da fährt grad der Mercedes von unserm Führer daher, und d' Leut laufn z'samm und umringan eahm, alles schreit Heil und nochmal Heil. Und da is a alts Weiberl, mit am Netz voller Kartoffel, de rennen s' um, und sie fallt hi. Was moana S', dass unsa Führer tuat?«

»Hat a s' aufg'hobn?«, meint der Hierangl, der nun auch gespannt zuhorcht. Das Fräulein rückt ein wenig zur Seite, und der Herr mit dem Parteiabzeichen macht vorwurfsvolle und erstaunte Augen.

»Gehnga S' zua!«, sagt die Erzählerin. »Schließli is dös doch unsa Führer! Naa – auf g'hobn hat er s' net. Aba er winkt mit seina Reitpeitschn, dass d' Leut Platz macha und wirft dera alten Frau nur einen Blick zua, dass der durch und durch ganga is. Ganz beglückt hat s' ausg'schaut, de hat an koane Kartoffe mehr denkt. Und dann hat unsa herrlicher Führer *gelächelt!* Gelächelt, sag i eahna! Mir san beinah de Tränen der Rührung kemma, so schön war dös.«

Auf einmal geht es los. Die Riesenlautsprecher setzen aus, dann schnarrt eine Kommandostimme: »Achtung! Achtung!«

Die Kapelle auf der Empore, ganz in Braun gekleidet, setzt mit einem neuen Marsch ein, der – nun aus allen Lautsprechern brüllend – alles totschmettert. Durch die Einzugspforte des Zirkus marschieren kraftvolle SA-Leute in Reih und Glied. Kommandos tönen, ein Standartenführer schreitet allein daher, dann naht in dichter Kolonne ein Wald von Fahnen und Standarten mit vergoldeten Adlern und Eichenlaubkränzen und dem Hakenkreuz. Und ganz allein, inmitten eines freien Raumes, trägt ein riesiger SS-Mann die so genannte »Blutfahne« vom 9. November 1923. Ein Brausen erhebt sich, ein schrilles, immer höher steigendes Schreien.

Die Fahnen bilden eine dichte Reihe um die Arena, die Standarten gruppieren sich vor dem Rednerpodium.

Kaum ist der Fahneneinmarsch beendet, da schnarrt ein neues Kommando: »Achtung! Der Führer!«

Es ist wie ein seelisches Wechselbad. Alles ist genau auf Wirkung berechnet, und alles knallt. Selbst der etwas schwerblütige Hierangl fühlt sich wie aus seinem Alltagsgewand herausgebeutelt, und er spürt so etwas wie eine Gänsehaut.

Die Musik bricht jäh ab – die Pause dehnt sich gerade so lang, dass jedermann erschreckt den Atem anhält, und dann bricht es mit erhöhter Lautstärke los: da dü! da dü! da dü da da!

Das ist der berühmte *Badenweiler Marsch,* unter dessen Klängen der Gefreite des ersten Weltkrieges einen Angriff gemacht hat und den er deshalb besonders liebt – der Führereinzugsmarsch. Zuerst fangen die Menschen ganz hinten am Eingang an zu schreien, dann greift es um sich wie ein von Gipfel zu Gipfel springender Waldbrand. Der Hierangl glaubt, der Jüngste Tag sei gekommen und sieht sich ganz benommen um. Ist das noch das kleine, nette Fräulein neben ihm?

Diese aufgelöste Megäre, die mit wehenden Locken, starr aus den Höhlen tretenden Augen und weit aufgerissenem Mund rhythmische Heil!-Heil!-Heil!-Rufe hervorstößt? Und der feine Herr mit dem Parteiabzeichen, der ist auf die Bank gesprungen, trampelt wie ein Verrückter und bellt mit sich überschlagender Stimme sein: Heil! Heil!

Dass der Hurth, sein Freund und Tarockbruder Hurth, ebenfalls auf die Bank gestiegen ist und Heil plärrt, das wirft den Hierangl fast um.

Der Führer schreitet allein durch die breite Gasse, die ihm SA und SS freihalten, die Banner senken sich, die Standarten salutieren. Er kommt ganz nahe am Hierangl vorbei. Das also ist der große Adolf Hitler?

Er trägt braune Hose und braunes Hemd mit dem EK I und dem Parteiabzeichen, keine Kopfbedeckung. Ein kaltes, blaues Augenpaar richtet sich für einen Bruchteil auf Hierangl. In die etwas zurückfliehende Stirn über dem rotbackigen, undurchsichtigen Gesicht hängt ein störrischer Haarwisch. Aber der »Führer« feuert ihn immer wieder mit herrischer Kopfbewegung hinaus; dazu grüßt er mit abgewinkeltem Arm. Nur »Heil Hitler« sagt er nicht. Wahrscheinlich ist er auch bescheiden.

Und dann betritt er das Podium; seine sonore, kehlige Stimme bricht los wie eine vulkanische Kraft, die alles aufreißt und alles mit feuriger Asche überschüttet. Die Massen rasen, der Zirkus bebt in den Grundfesten.

Hierangl und Hurth verstehen kaum einen zusammenhängenden Satz, sie denken nicht mit, sie begreifen keine Zusammenhänge, keine Argumente, keine Aussagen – sie verfallen nur dieser Stimme, dem Feuersturm dieser Leidenschaft.

Und als die Versammlung nach Stunden unter Tosen, Musik, Fahnenauszug, Heilgeschrei und infernalischem Lärm zu Ende ist, wissen sie beide nicht, was der »Führer« gesagt hat. Sie wissen nur, dass er recht hat und dass es ein Erlebnis war.

»Aba nomoi geh i nimma hi«, sagt der Bäcker zu seinem Neffen, »da woaßt ja am Schluss nimma, obs d' a Manndl oda a Weibi bist!«

»D' Hauptsach is, Onkel«, erwidert lachend der Bartl, »wennst am oanadreißigsten de Liste Oans wählst!«

»Do ko I durchaus gar nix versprecha!«, sagt der Hierangl.

Am 31. Juli 1932 erringt die NSDAP 230 Reichstagssitze gegenüber den 133 der SPD, den 89 der KPD, den 76 des Zentrums und den 22 der Bayerischen Volkspartei. Jetzt ist Hitlers Partei mit Abstand die stärkste, und nach den parlamentarischen Gepflogenheiten müsste man Hitler auffordern, die Reichsregierung zu bilden. Das geschieht aber nicht – es wäre der Selbstmord der Republik. Der Herbst und der Winter gehen mit neuen Wahlkämpfen, Tumulten und Intrigen dahin.

Hitler steht vor den Toren.

1933

Es ist 12 Uhr 45 am 9. März 1933. Noch ist keine Entscheidung getroffen, die bayerische Regierung wehrt sich gegen die Machtübernahme durch die Nationalsozialisten und sucht verzweifelt nach einem Ausweg. Auf dem Marienplatz staut sich die Menge Kopf an Kopf, die Bogenlampen hängen wie geisterhafte Monde in der Dämmerung, das Rathaus glüht aus hundert Fenstern. Sprechchöre der SA-Leute, der begeisterten Nationalsozialisten fordern die »Machtübernahme«. Da endlich, gegen halb sieben abends, geschieht etwas. Auf dem Umgang des gotischen Rathausturmes, gleich über der großen Uhr, erscheinen Braununiformierte, ein breiter Mann im schwarzen Rock der SS ist darunter. Tausend Augenpaare richten sich auf den massigen rotgesichtigen Kerl, der sich da oben zu schaffen macht. Einige erkennen den Nazi Christian Weber, den einstigen Rossknecht, Gangster und Hausl vom *Blauen Bock*. Und auf einmal rollt eine breite, blutrote Bahn von der Balustrade, als gieße jemand Blut über den Münchner Rathausturm – eine Spur dieses schreienden Rot läuft herab, eine weiße Scheibe mit dem Hakenkreuz leuchtet auf. Jetzt also ist das Banner des Dritten Reichs über dem Stadthaus gehisst!

Ein brausender Schrei brandet empor, die Arme fliegen in die Höhe, Tränen der Rührung und der nationalen Begeisterung glänzen in vielen Augen. Auf der Empore über dem Rathausportal erscheint im Braunhemd Stadtrat Amann und gebietet Ruhe über dem stürmischen Meer der Massen.

Er kann nur ein paar Sätze hinunterbrüllen: Soeben habe General Ritter von Epp als Reichsstatthalter Adolf Hitlers die Macht in Bayern übernommen, die bayerische Regierung sei zurückgetreten.

Plötzlich stimmt jemand das Deutschlandlied an, man singt es wie nach einer gewonnenen Schlacht und fühlt sich erlöst.

Als nach dem Ende der Nationalhymne die SA das Horst-Wessel-Lied intoniert, versuchen auch Leute, die kein Wort vom Text wissen und die die Melodie bisher nur irgendwo in der Ferne einmal hörten, so zu tun, als sängen sie mit.

Ja, die Fahne hängt bereits blutrot am Balkon des Rathauses. Dem Bürgermeister Dr. Scharnagl hat Christian Weber die goldene Amtskette heruntergerissen, und die »schwarzen« und »roten« Gemeinderäte werden um diese Abendstunde schon zu den Hinterausgängen des Rathauses hinausgeprügelt.

Am 12. März 1933 stattet der neue Reichskanzler Adolf Hitler München einen Besuch ab. Er begibt sich sofort zur Feldherrnhalle. Unter der Loggia ist SA aufgereiht, die Fackeln lodern rot durch die Nacht; so weit der Blick geht, steht die Menge Kopf an Kopf. SA-Stürme und SS-Abteilungen bilden Spalier – es ist eine Heerschau der Macht. Und dann schreitet Hitler zu den Stufen der Feldherrnhalle, zwei SS-Leute tragen ihm einen riesigen Lorbeerkranz voraus, auf dessen Schleife zu lesen ist: *Und ihr habt doch gesiegt!*

Der 9. November 1923 findet seinen Abschluss.

Zur Erinnerung an jenen Tag im November wird an der Stelle der Schießerei eine Bronzetafel angebracht – mit den Worten des »Führers«: *Und ihr habt doch gesiegt!* Dann wird eine ständige SS-Wache gegenüber dem Residenzportal stehen, und jeder Passant wird angehalten sein, vor Münchens Gesslerhut das Haupt zu entblößen und den Arm zu erheben. Durch die bisher so stille Perusagasse gehen jetzt viele Menschen.

»Jessas Maria, Hierangl«, sagt dann die Wally zu ihrem Mann, »da vorn kimmt ja dös Hitladenkmal, wo ma grüaßn muaß. Geh zua, geh ma durchs Druckebergergassl.«

Und der Hierangl biegt aus der Residenzstraße ab und geht zur Theatinerstraße hinüber.

»Oda moanst du vielleicht«, erklärt er dem Spengler Hurth,

»i mach mi zum G'spött und heb an Arm in d' Höh, wia mei Azorl sein Fuaß?«

Doch Meister Hierangls Meinung spielt keine Rolle mehr. Die Stadt, in der er lebt, hat von Hitler den Ehrentitel *Hauptstadt der Bewegung* erhalten. Dagegen kann man nichts machen.

Die alten Münchner können sich nur schwer an die »Bewegung« gewöhnen, und das Grüßen mit dem »Deutschen Gruß« geht sehr zäh. Man hat in Bayern und in dieser gutbürgerlichen Stadt seit Menschengedenken »Grüß Gott« zueinander gesagt, so dass man sich nicht ohne weiteres für den neuen Gott begeistern kann, der sogar den Gruß von Mensch zu Mensch zu einer Ehrung seiner eigenen Person machen möchte. Feine Unterscheidungen werden bemerkbar: Wer *Mit Deutschem Gruß* unterzeichnet, ist zwar vorsichtig, aber kein Nationalsozialist. Nur der wirklich Begeisterte schreibt unter seine Briefe *Heil Hitler.* Aber unter Schreiben, die an Behörden oder Fanatiker abgehen, setzt jedermann lieber die befohlene Formel.

Im Platzl eröffnet der Weiß Ferdl seinen Auftritt immer noch mit einem *Grüaß eich Gott alle miteinander!*, obwohl ihn wohlmeinende Freunde auf das Ungehörige seines Verfahrens aufmerksam machen. Und so hält denn alles im Saal den Atem an, als eines Abends der Weiß Ferdl an die Rampe tritt, stramm den Arm ausstreckt und prüfend über die Biertische hinschaut. »So hoch«, sagt er mit treuherzigem Gesicht, »so hoch liegt der Dreck bei uns! Weil's allawei regnt!«

Tosender Jubel lohnt ihm den Spaß.

1937

In den Ämtern und Behörden Münchens und des ganzen Landes spielen sich ungezählte Tragödien ab. Der »herrliche Führer« hat verkündet, dass das Berufsbeamtentum wiederhergestellt werden soll und dass *Gesinnung wichtiger ist als Wissen.* Gesinnung lässt sich aber leichter heucheln als Wissen. Das Parteibuch gewinnt an Gewicht, jetzt werden die Nummern verglichen, und wer das Glück hat, eine PG-Nummer unter 100000 zu haben, darf sogar einen goldenen Kranz um sein Abzeichen tragen: Er ist ein »Goldener«. Die Leute vom 9. November 1923, und seien sie nur in einem SA-Lager auf dem Oberwiesenfeld gewesen, werden zu *Blutordensträgern,* und wer vor 1933 eingetreten ist, wird wenigstens *Alt-Parteigenosse.* Eine neue Hierarchie bildet sich.

Diese Zeit der Fahnen, Feste, Feiern prägt einen neuen, für die Zukunft beziehungsreichen Jargon: Getreideschlacht, Angriff auf die Not, Durchbruch zur Einheit, Arbeit: Man glaubt, in einem Heerlager zu leben! Von *Dachau* oder anderen KZ hört man wohl. *Du kimmst nach Dachau!* wird zu einer Art geflügeltem Wort. Aber man stellt sich unter Dachau etwas ganz Falsches vor und meint, das sei so eine Art Arbeitslager für Arbeitsscheue, Berufsverbrecher und politische Gegner. Und so wird die Drohung mit Dachau zu einem schlimmen Scherz. Leute werden aus heiterem Himmel verhaftet und verschwinden in Dachau, andere kehren von dort zurück, sind scheu und wortkarg. Doch wenn einer von ihnen einmal zufällig beim Arbeiten das Hemd auszieht, erschrecken die anderen und sie sehen mit großen Augen die Wülste der Striemen und auf die Narben auf den zerfleischten Rücken.

»Dös bedeut nix«, sagt der Kainz, der von einem verhältnismäßig kurzen »Umschulungskurs« aus dem KZ heimgekehrt ist. »Dös san die Spuren von am Unfall, den wo i g'habt hab.« Nicht einmal seiner Familie verrät er, was ihm in Dachau geschehen ist. Aber er kränkelt seither und hustet Blut.

Münchner Buben und Mädel werden nun zu germanischen Wolfsjungen erzogen, sie exerzieren, singen, marschieren, blicken gläubig auf die Banner, die man ihnen in die Hand drückt, und sie gehen zur *Jugendweihe* anstatt zu Firmung und Konfirmation.

Der antikirchliche Kurs des Einparteienregimes ist schärfer geworden. Mit Drohungen, Erpressung und Druck propagiert man nun auch in München eine Gemeinschaftsschule neuheidnischer Prägung. Aber die Kirche wehrt sich.

Prälat Neuhäusler ist vom Ordinariat zum Referenten für den immer heißer entbrennenden Kampf ernannt worden. Es geht um die Schließung der Ordensschulen, das Verbot der Kirchenpresse und die Einschränkung des katholischen Vereinslebens. Die »Geheime Staatspolizei« Gestapo überwacht jeden Schritt des tapferen Prälaten. Wenn der Kardinal im Dom predigt, stehen hinter den Pfeilern die Agenten des SD, und sie stenografieren jedes seiner Worte mit.

Pater Rupert Mayer predigt in der Michaelskirche mutig und offen gegen die Vergewaltigung der Münchner Elternschaft, er sagt in Elternversammlungen Dinge, die der *VB* nicht abdrucken kann, die aber in den Akten der Gestapo festgehalten werden. So sagt er 1937:

In München sind die katholischen Erziehungsberechtigten gegen Recht und Gesetz um die Bekenntnisschule gebracht worden. Es wurde in diesen Schulkämpfen gelogen, dass sich die stärksten Balken bogen.

Am 16. Mai 1937 erhält er Redeverbot durch die Gestapo – aber der Pater predigt weiter, bis am 28. Mai ein Predigtverbot nachkommt. Als sich der treue Streiter für die Kirche auch darüber hinwegsetzt, wird er am 5. Juni verhaftet.

Das Ordinariat rettet Pater Rupert Mayer vor dem Schlimmsten, indem es ihn als Prediger zurückzieht und der Gauleitung die Versicherung gibt, dass er nun schweigen werde. Nun bleibt ihm noch der Beichtstuhl und die Tätigkeit in der Caritas. Aber bald wird die Gestapo endgültig zuschlagen.

In dieser Dämmerung verdüstert sich auch das allezeit heitere Antlitz der Stadt München. Die politischen Witze bekommen einen Unterton von Bosheit und Schärfe. Der Eisenhändler Fottner erzählt am Stammtisch, er habe nun ganz genau gehört, wie ein wahrer Deutscher sein müsse.

»Mir hams g'sagt, a guata Deutscha muaß intelligent, anständig und a Nazi sei. Wann er aber anständig und a Nazi is, dann is er net intelligent, wann er a Nazi und intelligent is, dann ko er net anständig sei, und bal er intelligent und anständig is, nacha is er koa Nazi!«

»Mir lebn fei in a großn Zeit!«, spöttelt der Hurth, und der Hierangl, der Ludwig Thoma gelesen hat, antwortet seufzend: »De kloa waar ma liaba!«

Noch kann das Altmünchnerische in die Winkel und zu den Stammtischen, in die kleinen Schwabinger Lokale, die Bierkeller, das Oktoberfest und zum Weiß Ferdl flüchten, noch lebt der skurrile Humor eines Karl Valentin in der Stadt. Man spielt die *Raubritter vor München* oder den *Buchbinder Wanninger*, die Leute gehen durch Valentins absurdes *Lachgewölbe* im Keller des Hotels Sonnenhof und lernen wieder schmunzeln oder vergessen.

Lange schon hat Hitler den Wunsch, diesen seltsamen Kauz kennenzulernen, dessen Dialoge mit Liesl Karlstadt ihm seltsamerweise gefallen haben.

Eines schönen Sommertages 1937 sitzt Valentin bei einem alten Bekannten, dem Leibfotografen Hitlers, Heinrich Hoffmann, im Garten und rührt seinen Kaffee um, als plötzlich der »Führer und Reichskanzler« vorfährt.

Der große Mann geht jovial mit ausgestreckter Hand auf den Volkskomiker zu und begrüßt ihn überschwänglich.

»Welche Freude, Herr Valentin! Sie sind mir kein Unbekannter!«

»I kenn Eahna a!«, knurrt Valentin ungut.

»Ich habe auch schon einige Male Ihre Vorstellungen besucht, Herr Valentin!«

»Mhm, dös hab i g'spannt. Jedsmal war d' Stimmung beim Teifi, wenn Sie ins Lokal einakemma san.«

Professor Hoffmann scheint zu versteinern, aber Hitler ist immer noch gut gelaunt.

»Wie oft hab ich über Ihre Aussprüche schon gelacht!«

»Über Eahnane Redn hab i nia lacha könna. Und jetzt muaß i leida geh! Grüaß Gott, Herr Hitla!«

Und eilfertig nimmt er den runden Böllerhut auf, er lässt sich nicht mehr halten und verschwindet aus dem Hause Hoffmanns.

1938

Am 12. März 1938 wird Österreich deutsch, die Wehrmacht wird mit jedem Tag stärker, und Hitlers Angriffslust nimmt ebenso zu wie das Milliardendefizit der Aufrüstung. Der »Führer« hat sich beinah unmittelbar nach dem glücklich abgelaufenen Anschluss Österreichs auf die sudetendeutsche Frage gestürzt. Eine neue Kriegsgefahr wird von ihm heraufbeschworen.

Sportpalastreden, Goebbelssche Kriegsdrommeten, Hitlerische Weltuntergangsdrohungen, Gestellungsbefehle und tausend Gerüchte beunruhigen die Stadt, und da kommt als Hoffnungsstrahl die Nachricht, dass sich der französische Premier Daladier, der Brite Chamberlain, Mussolini und Hitler zu einer Konferenz in München treffen wollen. Jetzt geht es um Krieg oder Frieden, und München ist der Tagungsort. Die Welt blickt gebannt auf die Stadt.

Daladier wohnt in den *Vier Jahreszeiten,* Mussolini in seinem alten Quartier im Prinz-Carl-Palais und Chamberlain im Hotel *Regina.* Sie treten im »Führerbau« am Königsplatz zu langen, hitzigen Sitzungen zusammen. Die Stadt und das Land, ja die Welt hält den Atem an, was die vier Männer am Konferenztisch wohl ausbrüten werden.

Am Mittag des 29. September wird wie durch Lauffeuer bekannt, dass eine Einigung erzielt worden ist. Ja mehr noch: Der gutgläubige britische Premier Chamberlain hat es verstanden, sogar noch eine deutsch-britische Nichtangriffserklärung, eine regelrechte Friedensdeklaration einzuschmuggeln, und Hitler hat sie unterzeichnet.

Das bedeutet Frieden für unsere Generation!, triumphiert Chamberlain.

Aber Hitler selbst ist nach dem Münchner Abkommen durchaus nicht befriedigt, er empfindet den geschenkten Erfolg, der ihm das Sudetenland ausliefert, wie eine Niederlage und lässt in vertrautem Kreise sehr bittere Worte über die *schlappe, knieweiche*

Haltung der Münchner Spießbürger fallen, die durch ihre allzu offensichtliche Erleichterung und Friedenssympathie den ausländischen Staatsmännern gezeigt haben, dass nationalsozialistische Führung und deutsches Volk durchaus zweierlei Angelegenheiten sind.

»Mir wolln gar koa Großmacht net sei«, schimpft der Spengler Hurth. »Mir pfeifa auf Großdeutschland, wannst koan Grüabign mehr hast. Und i g'frei mi a gar net über Groß-Minka, weil für mein G'schmack d' Stadt groß gnua is.«

Damit spielt der Spengler auf die neuen Eingemeindungen an, die im allgemeinen Zug zur Größe erfolgt sind. 1931 ist Freimann, 1937 Riem dem Münchner Stadtgebiet einverleibt worden, 1938 aber dehnt die Gemeinde ihre Bannmeile über Feldmoching, Karlsfeld, Ludwigsfeld, Allach, Untermenzing bis zur Stadt Pasing aus, die nun ebenfalls verschlungen wird; Großhadern und Solln runden die Stadtgrenze gegen den Forstenrieder Park ab. Alles wird größer, und auch München strebt auf die Million zu.

Nun sind auch die Sudetendeutschen ins »Großdeutsche Reich« heimgekehrt. Aber Hitler gibt keine Ruhe. Seine weiteren Reden zerstören rasch den kurzen Traum von einer kommenden Epoche der friedlichen und rechtlichen Entwicklung.

Die von Hitler angestiftete Verhetzung aller Gefühle und Gedanken zieht ihre Kreise. Da erfährt zum Beispiel der siebzehnjährige Herschel Grynspan in Paris, dass seine alten Eltern, die seit dreißig Jahren Bürger Hannovers gewesen sind, wegen ihrer jüdischen Abstammung verhaftet und zusammen mit zwölftausend anderen Unglücksgefährten über die polnische Grenze abgeschoben worden sind. In der Erregung über diese unmenschliche Gewaltaktion läuft er in die deutsche Botschaft und knallt den nächstbesten Deutschen über den Haufen. Sein Opfer ist der junge, harmlose Legationssekretär vom Rath. Es ist der 7. November 1938, und der Telegraf funkt diese Nachricht nach Deutschland.

Am Abend des 9. November trifft sich die »Alte Garde« im Alten Rathaussaal Münchens. Hitler und Goebbels sind anwesend. Kurz nach dem Festessen, gegen 21 Uhr, wird Hitler ein Telegramm gebracht, das die Mitteilung enthält, dass Herr vom Rath seinen Verletzungen erlegen sei.

Adolf Hitler unterhält sich daraufhin erregt mit Goebbels und fährt, ohne wie sonst eine Rede gehalten zu haben, in seine Privatwohnung in der Äußeren Prinzregentenstraße. Dr. Goebbels erhebt sich um 22 Uhr, hält eine wüste Ansprache voller Drohungen gegen die Juden, er teilt den Tod des Legationssekretärs mit und spricht dunkel von bevorstehenden Racheaktionen.

Jetzt ist die Stunde gekommen, in der Hitler seinen infernalischen Hass gegen das Judentum austoben kann, und Dr. Goebbels hat ihm diesen Wunsch von den Augen abgelesen. Er ist es, der die Aktion organisiert, die von der Partei hernach als »spontane Volkserhebung« deklariert werden wird.

Da leben seit vielen Generationen angesehene Mitbürger, Ärzte, Professoren, Rechtsanwälte und Kaufleute jüdischer Abstammung in den deutschen Städten, kein Mensch hat sie je vorher anders behandelt als andere Bürger. Doch dann kamen die Männer vom Hakenkreuz, sie verkündeten die *Nürnberger Gesetze,* sie stellten an die Ortseingänge Schilder mit der Aufschrift *Juden unerwünscht,* an die Lokale Tafeln mit dem Befehl *Juden Zutritt verboten!* Sie schrieben auf die Anlagenbänke im Berliner Tiergarten *Juden Platznehmen verboten,* sie verhafteten, plünderten und prügelten Leute, die ihnen nie etwas Böses getan haben und die niemals Deutschlands Feinde gewesen sind. Bald werden sie ihnen auch noch den gelben Stern anheften und mit der längst geplanten Vernichtung des Teiles der deutschen Bevölkerung beginnen, der in die deutsche Kultur- und Geistesgeschichte Namen wie den Heines, Mendelssohns, Einsteins, Oppenheimers oder Lise Meitners geschrieben hatte.

Dann beschließen die beiden, dass der Bartl im vollen Glanz seiner Sturmführeruniform fortgehen soll, um die SA aufzuhetzen und den »göttlichen« Willen des Führers mitzuteilen.

Vor dem Kaufhaus *Bernheimer* am Lenbachplatz, einem weitbekannten Haus der kostbaren Gewebe, Teppiche und antiken Möbel, staut sich die Menge in einer der tragischsten Nächte, die München je erlebt hat. Es ist die Nacht des 9. auf den 10. November 1938.

Ein weiter Kreis von Neugierigen umringt eine abenteuerliche, ja unglaubliche Szene. Eine kleine Gruppe wüster Gesellen hat herrliche Orientteppiche, Bahnen märchenhaften Brokats und Damasts, alte Kommoden und Gemälde aus den zertrümmerten Schaufenstern geschleppt und zum Scheiterhaufen getürmt. Ein Galgenvogel schüttet eben eine Kanne Öl über den Berg der Kostbarkeiten und ein zweiter zündet ihn an, so dass prasselnd die Flammen emporfahren. Und dort drüben hinterm Künstlerhaus, wo die Synagoge steht, quillt schwarzer Rauch über die Dächer, die Feuerwehr steht da und besprengt lediglich die umliegenden Gebäude – aber das jüdische Gotteshaus scheint niemand retten zu wollen.

An diesem der Kristallnacht folgenden Tag werden angesehene jüdische Rechtsanwälte und Ärzte aus ihren zerstörten Wohnungen geholt und fortgeschafft; überall sieht man zertrümmerte Schaufenster, ausgeräumte Auslagen, entsetzlich zugerichtete Geschäfte und Lager. Beim Kaufhaus *Uhlfelder* im Rosenthal, wo viele der Buben aus dem Tal und vom Anger stundenlang auf der ersten Rolltreppe Münchens gefahren sind und wo die Leute gut und preiswert eingekauft haben, hat der Pöbel alles kurz und klein geschlagen, und als nicht mehr viel zum Demolieren und zum Stehlen da war, hat man die Rotweinfässer der Lebensmittelabteilung über die Leinenwäsche ausgegossen.

Nur ein einziges jüdisches Geschäft wird von Gewalt und Raub verschont: die Möbelfirma Ballin am Promenadeplatz. Göring hat telegrafisch befohlen, dass vor dieses Geschäft ein

Wachtposten gestellt wird – aus Dankbarkeit für die Rettung durch die Familie Ballin am 9. November 1923. Und bald darauf wird Göring der Familie ein Attest ausstellen, das sie vom Tragen des gelben Sternes befreit und endlich wird er ihr den Rat und die Pässe zur Auswanderung geben.

Es geht nun unaufhaltsam und immer rasender dem Abgrund entgegen. In der Kristallnacht des Jahres 1938 ist mehr als Porzellan und Glas zerschlagen worden. Jetzt weiß die freie Welt nur zu deutlich, mit wem sie es zu tun hat und was alle »Friedensdeklarationen« von Leuten wert sind, denen Recht und Zivilisation so viel bedeuten wie Gangstern.

Man beginnt nun auch in Frankreich und England zu rüsten, die Fronten verhärten sich. In München werden Luftschutzkeller gebaut und Probealarme abgehalten. Zum erstenmal vernehmen die Leute das Heulen der Sirenen; schimpfend und ärgerlich verdrücken sie sich in die Keller und Unterstände, die bestellten Luftschutzwarte: alte Männer, Frauen und Halbwüchsige rennen mit Feuerpatsche und Sandkübel auf die Speicher. In den Schulen finden Gaslehrgänge und Feuerlöschlehrgänge statt, die HJ übt Nahkampf und Sturmangriff, der Himmel schwirrt von Flugzeugen, und auf den Exerzierfeldern und Kasernenhöfen brüllen die Feldwebel.

Am 16. März 1939 überfällt Hitler nun auch noch die Tschechoslowakei, um – wie Churchill sagt – zu nehmen, was er schon hat.

Am 1. September 1939 fallen deutsche Truppen in Polen ein, am 3. September schicken Frankreich und England ihre Kriegserklärungen. Es ist so weit. Hitler hat seinen Krieg.

1941 Und dann kommt jener Tag des Schicksals, welcher das Kriegsglück des Deutschen Reiches wenden sollte: der 22. Juni 1941. In aller Herrgottsfrühe hämmert der Hierangl an die Tür seines Freundes Hurth. Der erscheint verschlafen im Nachtgewand, und er hat sein Gebiss noch nicht eingehängt, so dass der Hierangl zum erstenmal erkennt, wie alt und klapprig sein Spezi geworden ist.

»Hurth«, sagt er, »drah dein Radio auf! Was Furchtbars is passiert, da Hitla spricht grad und hat an Kriag an d' Sowjetunion erklärt. De marschiern um de Stund bereits über d' Grenz!«

»Ja, i hab g'moant, de Russn san mit uns verbündet?«, stottert der Spengler. »Ja, derf der dös denn? Ja, is der jetzt ganz überg'schnappt?!«

»Drah auf, sag i, dass d' as selber hörst. Jetzt is aus, jetzt san ma verratzt. Fangt doch der Kerl an Kriag mit de Russn o!«

Dann sitzen die zwei vor dem Lautsprecher und lauschen der heiseren bellenden Stimme, die den Weltkrieg verkündet. Der Hurth hat einen alten Schulatlas hervorgeholt und blickt missbilligend auf die riesige Fläche der Sowjetunion, neben der das Großdeutsche Reich wie ein Löfferl Preiselbeeren wirkt, das man in den Münchner Gasthäusern zu einer gewaltigen Portion Rehschlegel erhält – oder vielmehr erhielt, weil sich die Fleischmarken nun doch sehr auswirken.

»Du, Hierangl«, sagt der Hurth, »hast da d' Kartn scho amal og'schaut? Wia groß dös Russland is! Moanst, dass da Hitla dös woaß?«

»Vielleicht hat er g'fehlt in dera Stund«, knurrt der Bäcker. »Auf jedn Fall is jetzt für mi Habe d' Ehre.«

Eines Abends erscheint Weiß Ferdl auf der Bühne im Platzl vor seinen Zuschauern. Wie immer trägt er die alte Dachauer Bauerntracht, unter beiden Armen hält er zwei Spanferkel fest, die dem Publikum ihr Hinterteil präsentieren. Und auf diesen Schinken stehen die Buchstaben WC und CW.

Da die Hasskampagne gegen Winston Churchill auf hohen Umdrehungszahlen läuft, ist jedermann sofort klar, wer mit WC gemeint ist. Aber auch über CW gibt es keinen Zweifel. Natürlich ist der stadtbekannte berüchtigt-gefürchtete Nazi-Bonze Christian Weber damit gemeint. Weiß Ferdl lächelt verschmitzt.

»Die oane Sau kennts ja«, meint er. »Aber wer de andere is, dös sag i net, weil i net nach Dachau will!« Nicht nur Abertausende Juden, Sinti und Roma verschwinden in den Konzentrationslagern, sondern auch immer mehr regimefeindliche »Arier«. Freilich erfahren nur die nächsten Freunde und Verwandten etwas davon. Im Februar 1942 geschieht es, dass die Gestapo durch zwei eingeschmuggelte Spitzel genaue Kenntnis über den Ring der sozialistischen Widerstandsgruppen in München erhält. Schlagartig erfolgen die Verhaftungen in München, Salzburg und Augsburg.

Hermann Frieb, der Elektromechaniker Bebo Wager und zahlreiche Mitstreiter der sozialistischen Zellen geraten in die Hände der Gestapo. Ihr Weg wird, über Gefängnis und KZ, ausnahmslos auf dem Schafott enden.

Aus dem Gefängnis schreibt Bebo Wager an seine drei Kinder: *Mein Tod soll Euere Zukunft nicht trüben. Eines möchte ich Euch noch mit auf den Weg geben, und auch hierin wird Euch Mama den rechten Weg zeigen: sucht Gott ... Behaltet mich gut in Erinnerung und seid tausendmal geküsst von Euerem Vater, der nun stirbt für eine Idee ...*

Im Spätherbst 1942, als sich die deutschen Angriffsspitzen unter Hekatomben von Opfern im Raum Stalingrad und im Vorfeld des Kaukasus ebenso festgefahren haben wie vor Leningrad und Moskau, kehren einige junge Soldaten für einen kurzen Studienurlaub nach München zurück. Hans Scholl, der vierundzwanzigjährige Medizinstudent, bezieht zusammen mit seiner einundzwanzigjährigen Schwester Sophie, die Biologie und Philosophie studiert, in Schwabing eine Bude.

Mit ihm kommen Alexander Schmorell, ein 1917 geborener Münchner, der ebenfalls Medizin studiert, der vierundzwanzigjährige Willi Graf, ein dritter Mediziner, der aus Saarbrücken stammt, und der vierte ist der Medizinstudent Christl Probst, der bereits verheiratet ist und zwei kleine Kinder hat, während er das dritte erwartet. Sie treffen sich bei Spaziergängen im Englischen Garten oder auf den Studentenbuden und grübeln in endlosen, nächtefüllenden Gesprächen über den Sinn dieser verwirrten Zeit.

1943

Der 18. Februar, ein klarer, schon vorfrühlingshafter Donnerstag, dämmert über der Stadt. Die vergangene Nacht haben Hans und Sophie Scholl zusammen mit ihrem Freund Christl Probst in dem kleinen Atelier verbracht, um neue Packen von Flugblättern zu drucken, die sich nun in den beiden Koffern häufen. Sophie hat noch ein wenig geschlafen und ist mit einem Schrei aufgewacht. Sie hatte geträumt, die Gestapo sei in ihre Geheimwerkstatt eingedrungen und habe sie und den geliebten Bruder verhaftet.

Hans, der große, schon so sichere junge Mann, sitzt in einem Stuhl und liest noch einmal das Flugblatt, das sie in der letzten Nacht vervielfältigt haben. Es ist an die Studentenschaft gerichtet.

Kommilitonen! Kommilitoninnen!
Erschüttert steht unser Volk vor dem Untergang der Männer von Stalingrad. Dreihundertdreißigtausend deutsche Männer hat die geniale Strategie des Weltkriegsgefreiten sinn- und verantwortungslos in Tod und Verderben gehetzt!

Führer wir danken dir!

Es gärt im deutschen Volk: Wollen wir weiter einem Dilettanten das Schicksal unserer Armeen anvertrauen? Wollen wir den niederen Machtinstinkten einer Parteiclique den Rest der deutschen Jugend opfern? Nimmermehr! Der Tag der Abrechnung ist gekommen, der Abrechnung der deutschen Jugend mit der verabscheuungswürdigsten Tyrannis, die unser Volk je erduldet hat.

Im Namen der deutschen Jugend fordern wir vom Staat Adolf Hitlers die persönliche Freiheit, das kostbarste Gut des Deutschen, zurück, um das er uns in erbärmlichster Weise betrogen hat.

»Es ist Zeit, Hans«, sagt Sophie. »Wenn wir noch vor Öffnung der Hörsäle die Blätter auslegen wollen, müssen wir uns beeilen!«

Rasch packen sie die Kollegmappen und die Koffer mit den Zetteln und brechen auf. Die Flugblätter in ihrem Koffer tragen die Unterschrift: *Die weiße Rose.*

Eilig legen sie die Blätter vor den Hörsälen, auf den Balustraden und in den Galerien nieder. Dort werden sie schon entdeckt und gelesen werden. Jetzt schlägt die Uhr, jetzt wird das Hauptportal geöffnet, und der Hausmeister wird kommen, die Hörsäle aufzuschließen. Hans und Sophie laufen schnell in das oberste Stockwerk der Eingangshalle und leeren kurz entschlossen den Rest der Flugzettel über die Brüstung, so dass sich ein Wirbel von Papier in Halle und Galerien ergießt.

Doch diese letzte Aktion ist von einem wachsamen Menschen erspäht worden. Der Hausmeister, der eben die Pforten aufschließen wollte, wird Zeuge des Geschehnisses.

Er ist Beamter, er ist Parteigenosse, er ist Staatsbürger, er tut seine Pflicht. Diese gebietet ihm rasch und umsichtig zu handeln. Seit die Flugblätter angefangen haben die Universität zu beunruhigen, liegt eine Gestapowache im Haus. Alle Türen werden verschlossen, die Gestapo kämmt die Universität durch.

Die Gestapoleute finden die Geschwister Scholl, verhaften sie und bringen sie im schwarzen Mercedes ins Wittelsbacher Palais.

Tage- und nächtelange Verhöre folgen. Die beiden Tapferen verraten keinen ihrer Freunde, mutig nehmen sie alles auf sich. Aber es ist für die versierten Gestapoleute jetzt ein Leichtes, dem Freundeskreis der Scholls nachzugehen, und so wird auch Christoph Probst verhaftet. Bald geraten auch Professor Kurt Huber, Willi Graf und Alexander Schmorell in die Netze der Geheimen Staatspolizei.

Am Montag, dem 22. Februar, tritt der Volksgerichtshof vormittags im Justizpalast zusammen. Von Berlin ist eigens für diesen Prozess der berüchtigte Blutrichter Freisler abgeordnet worden. In roten Roben thronen die Schergen des Systems vor einem Auditorium geladener Naziführer.

Freisler tobt und schäumt, wie es seine Art ist. Er hält fanatische Brandreden, die für das Ohr seines »Führers« bestimmt sind. Er hat kein Organ, die mutigen, aufrechten Worte der jungen Menschen zu hören, ihre stolze und tapfere Haltung zu sehen. Sophie Scholl sagt ihren Richtern ins Gesicht: »Was wir sagten und schrieben, das denken viele. Nur wagen sie nicht, es auszusprechen!«

Das Urteil ist von vorneherein gefällt. Es lautet auf Tod.

Die Frau von Christl Probst liegt eben in der Klinik und bekommt ihr drittes Kind. Sie weiß noch gar nicht, dass ihr Mann verhaftet und schon verurteilt ist.

Noch am gleichen Tage werden Hans und Sophie Scholl und Christl Probst in das Vollstreckungsgefängnis München-Stadelheim überführt. Sie bleiben tapfer und aufrecht bis zur letzten Stunde. Sophie geht, ohne mit der Wimper zu zucken, in das graue Zimmer, in dem Block und Richtbeil stehen, Christl Probst folgt nach und als letzter legt Hans Scholl sein Haupt auf den Stock.

Sein letzter Ruf hallt durch das Gefängnis: »Es lebe die Freiheit!«

Einige Wochen später läuft der nächste Prozess, dann werden auch Professor Huber, Willi Graf und Alexander Schmorell zum Tode verurteilt und enthauptet. Ein neues, kommendes Deutschland hat seine Märtyrer, und München ist die Arena, in der sie kämpften und starben.

1944

Die Fronten weichen überall zurück. Da nun seit der Wende zum Jahr 1944 die britische und die amerikanische Luftwaffe Absprungbasen in Nordafrika und Italien besitzen, befinden sich auch Süddeutschland und München im Bereich der Luftoperationen. Alarme heulen über der Stadt auf.

Am 13. März 1944 trifft der erste große Angriff das Herz Münchens. Schwere Schäden an alten Gebäuden entstehen, ausgebrannte Ruinen gähnen aus leeren Fensterhöhlen. Jetzt also ist der Krieg im Land, und auch München ist Schlachtfeld.

Der Himmel über München ist erfüllt von Dröhnen und Surren, als pflügten tausend Motore hoch oben die Luftströme. Die Flak schießt aus allen Rohren, und am Horizont zieht der Feuerschweif einer abstürzenden Maschine zu Boden. Doch dann kommt ein anderer, kaum hörbarer und umso unheimlicherer Ton in die Höllensymphonie. Es ist, als presse sich die Luft des Himmels über den Dächern Münchens zusammen: die Bomben fallen!

Da stehen die Türme wie feurige Zeigefinger vor einer golden wogenden, rot durchflammten Wolkenwand, die sich träg über die Dächer wälzt. Aus der Schicht von Rauch und Nebel, die sich immer dichter auf das Stadtzentrum legen, fahren nur hie und da wie aus aufbrechenden Vulkanen zerstiebendes Gebälk und sprühende Fontänen von Flammen hervor. Die Luft ist ein Orkan von Donner, Sausen, Motorengebrumm und Heulen – die Welt geht unter, und München sinkt in ein Grab von Feuer und Qualm.

In dieser Schreckensnacht vom Dienstag, dem 24. auf Mittwoch, den 25. April 1944 sinken neben zahllosen Wohnhäusern die Alte Pinakothek, ein Teil der Residenz, die Akademie, das Odeon, das Maximilianeum und die Peterskirche in Schutt. Der Wehrmachtsbericht des nächsten Tages meldet:

Britische Bomber führten in der vergangenen Nacht unter Verletzung schweizerischen Hoheitsgebietes einen schweren Terrorangriff auf München durch. Es entstanden Schäden in den Wohnvierteln und Verluste unter der Bevölkerung. Unersetzliche Kulturbauten fielen dem feindlichen Terror zum Opfer.

Im Sommer 1944 ist die Invasion der gegen Hitler verbündeten Streitkräfte in der Normandie gelungen und das Attentat der Generale gegen Hitler missglückt. Die Fronten nähern sich von allen Seiten der Reichsgrenze, der Krieg ist zum Chaos der Zerstörung, des Massenmordes und der entfesselten Rache geworden. Hitler und seine Clique klammern sich an jeden Strohhalm, und sie rufen die Halbwüchsigen und Greise zum Kampf ums letzte Dorf auf.

Wehe jedem, der nur am Endsieg zweifelt! Wehe, wer der Partei verdächtig erscheint! Jetzt werden auch die Münchner Widerstandskämpfer des *Bayerischen Heimat- und Königsbundes,* der SPD, der katholischen Vereine und anderer Gruppen in Dachau liquidiert. Mehrere Mitglieder des bayerischen Königshauses sitzen im KZ. Aber immer neue Kämpfer gegen die Unmenschlichkeit und den Wahnwitz stehen in der Stadt auf, die Gestapo weiß, dass sie nicht mehr lang Herr der Lage bleiben wird und geht aufs schärfste vor.

Am 7. Januar 1945 geht ein neuer Bombenangriff auf die Altstadt nieder und vollendet die Zerstörung. Der Januar bringt achtundzwanzig Alarme. Im Februar sind es schon fünfzig Luftangriffe. Kohlenklau schleicht durch die Stadt, das Gas wird abgesperrt, der elektrische Strom setzt aus. Es gibt Tage, an denen fünfmal die Sirenen ertönen und die Tiefflieger ungeniert über die Dächer heulen. In den Betrieben darf nur noch bei unmittelbarem Bombenfall in die Schutzräume gegangen werden. Der März bringt siebenundvierzig Angriffe, jetzt stürzen die Münchner oft sechs- und siebenmal am Tag in die Keller.

In den Tagen zwischen dem 9. und dem 25. April 1945 dauert der Alarmzustand von morgens acht bis abends sechs und am 8., am 9., am 11., am 12., am 17. und am 21. erfolgen neue Großangriffe. Die Bomben wühlen die Schuttberge und Ruinen um.

Ein Geschlecht grauer, hoffnungsloser Lemuren haust in einer toten Stadt: in schäbige Lumpen gekleidet, die Frauen mit Kopftüchern wie die Ostarbeiterinnen, die Kinder bleich, übernervös und wild, die letzten noch nicht eingezogenen Männer dumpf, zornig und wutgeladen.

Rasch nähern sich die Fronten. Es gibt nur noch eine letzte Hoffnung, die vielleicht gar keine ist: Wann endlich sind die Amerikaner da! Wann ist dieses Fegefeuer zu Ende?!

1945 Der 30. April ist kalt und grau, Schneewolken hängen in der Luft.

In der Innenstadt vernimmt man gerüchtweise, dass die Amerikaner in der Nacht Pasing, Laim und die westlichen Vororte besetzt hätten, aber im Stadtinnern hört und sieht man nichts von ihnen. Kein Flugzeug, kein Geschützdonner mehr, nur drohende, bedrückende Stille …

Gegen Mittag rollt über die Landsberger Straße ein einsamer Jeep herein, der mit weißer Ölfarbe die aufgemalte Bezeichnung *PWB-CPT-HQ 7th Army* trägt, ein Anhänger hoppelt hinter dem Jeep her, und acht Uniformierte in den khakigrünen Jacken der US-Armee, die runden Stahlhelme auf den Köpfen, sitzen drinnen.

Der Führer der kleinen Gruppe ist der Presse- und Propagandaoffizier der 7. Armee, Mr. Ernest Langendorff. Da sich Mr. Langendorff der falschen Annahme hingibt, München sei bereits am Vortage von den Amerikanern besetzt worden, lässt er seinen Fahrer, einen schwäbischstämmigen Amerikaner, ruhig drauflosfahren.

Die Straßen sind trotz der nahen Mittagsstunde menschenleer, am Steubenplatz biegt Mr. Langendorff zur Arnulfstraße ein, und er rollt nun langsam stadteinwärts. Eigentlich hat er den Auftrag, den Zustand des Münchner Senders und der Münchner Druckereien zu kontrollieren, aber natürlich ist die vorherige Einnahme der Stadt Voraussetzung dafür. Vergeblich sieht Mr. Langendorff sich nach einem Passanten um, der ihm Auskunft geben könnte.

Nirgends sind die gelbgrünen Panzer und die Trucks an den Straßenkreuzungen zu sehen, kein amerikanischer Soldat, kein Sternenbanner – nichts!

Da endlich, in der Maillingerstraße kommt ein Mann im Lodenmantel um die Ecke. Er grinst übers ganze Gesicht.

»Warum lachen Sie?«, fragt Mr. Langendorff, der ausgezeichnet deutsch spricht. Der Jeep hält am Bürgersteig gegenüber dem angeschlagenen Gebäude der Obersten Baubehörde für die Reichsautobahnen.

»Ja mei«, antwortet der Münchner, »i g'frei mi halt, weils endli da seids!«

»Haben Sie denn noch keine amerikanischen Soldaten gesehen? Kein US-Fahrzeug?«

»Naa«, erwidert der Mann im Lodenmantel, »ös seids de allerersten. Jetzt is aus mit dem damischen Kriag!«

Sie fahren weiter. An der Ecke der Oberpostdirektion ist ein kleiner Menschenauflauf. Ein Mann mit weißer Fahne läuft auf den Jeep zu und erklärt: »Hiermit übergeben wir Eahna de Oberpostdirektion. Alle Waffn san eig'sammelt, und Sie könna s' abholn.«

Hier erfährt Mr. Langendorff auch, dass die Stadt von Truppen geräumt sei, auch die Masse der SS sei abgezogen. Nur vor dem Gesamtministerium in der Ludwigstraße müsse man sich in Acht nehmen, da habe sich noch eine Schar Unentwegter verschanzt.

Der Jeep rollt weiter.

Welche Zerstörungen! Gleich hinter dem hart angeschlagenen Tor des Verkehrsministeriums ragt ein von der durchlöcherten Kuppel überkrönter Schuttberg, die Häuser zur Linken sind nur noch Halden aus Trümmern und geschwärztem Gebälk. Die vornehmen Hotels gegenüber dem zerstörten Starnberger Bahnhof sind wie fortgeblasen, der Schutt greift mit Zungen von allen Seiten in die Straßen, die manchmal nur ausgefegte Fahrbahnen inmitten von Trümmerbergen darstellen.

Der Jeep hält vor dem Rathausportal, und Mr. Langendorff versucht, die ersten Fotos zu machen. Da vollzieht sich ein beinah gespenstischer Vorgang. Wie aus den Ruinen hervorgewachsen, wie aus Kellern und Winkeln auferstanden, tauchen plötzlich Menschen auf, der Marienplatz füllt sich mit Leuten, die zunächst vorsichtig, dann schon kühner den Jeep umringen. »Jetzt is aus!«, ruft einer. »Jetzt hamma's überstandn!«

Ein Mädchen fällt dem nächstbesten Ami um den Hals, wie hergezaubert sind auf einmal blühende Forsythienzweige und Narzissen. Die Leute schmücken den Jeep und drücken den

Amerikanern die Hände. Trotz »Verbrüderungsverbot« der Armee umarmen sich Münchner und Amerikaner, als seien sie niemals Feinde gewesen.

Der Krieg ist aus; der Friede – und sei er noch so schlecht – kann beginnen.

Und nach einer halben Stunde hört man von der Kaufingerstraße her ein Rasseln und Brummen. Graugrüne Panzerspähwagen biegen um das Thomaseck, Trucks, vollbeladen mit US-Soldaten, folgen. Ja, jetzt sind die Amerikaner wirklich da. Das Grauen der Hitlerzeit ist endgültig vorüber.

Die Amerikaner haben zunächst Dr. Stadelmayr als kommissarischen Oberbürgermeister eingesetzt. Seine Hauptsorge für die nächsten Tage ist es, die fünfhunderttausend, die das Kriegsende in München angetroffen hat, zu ernähren. Den verantwortlichen Männern wird als ersten das ganze vernichtende Ausmaß dieser Niederlage klar. Der Kampf ums nackte Leben beginnt.

Noch kennt man den Umfang der Schäden nicht, man schätzt aber das Maß der Zerstörung auf etwa 65 Prozent. Später wird man feststellen, dass ohne die Kunst- und Kulturbauten 13 000 Häuser mit 62 000 Wohnungen total, 8000 Häuser mit 32 000 Wohnungen teilweise zerstört sind. Mehr als 240 000 Münchner haben Heim und Wohnung verloren und leben entweder zusammengepfercht in Dachkammern und Kellern oder bei Bekannten, oder sie sind evakuiert und warten außerhalb der Stadt auf die Rückkehr. Mehr als fünf Millionen Kubikmeter Schutt liegen in den Straßen Münchens.

Angesichts solcher Sorgen horcht die Stadt kaum auf, als die Kunde eintrifft, Hitler habe Selbstmord verübt.

Die Gefangenen aus dem KZ Dachau sind befreit. Das Terrorregime hat sie noch in letzter Minute abzutransportieren versucht. In langen Elendskolonnen sollten sie im Fußmarsch in Richtung Osten dem Zugriff der Amerikaner entzogen werden, aber schon im nahen Olching löst sich der Zug größtenteils auf. Einen anderen Teil befreien die Sieger aus den Baracken, neben denen Berge von menschlichen Gerippen und Güterzüge voller Leichen entdeckt werden. Erst jetzt wird den Münchnern und der Weltöffentlichkeit das ungeheuerliche Ausmaß des Holocausts am jüdischen Volk bewusst, dem 6 Millionen Menschen zum Opfer gefallen sind.

Die Besatzungsmächte haben riesige weiße Plakate angeschlagen, auf denen zu lesen steht, welche deutsche Organisationen als verbrecherisch gelten.

All die Probleme von der Schutträumung, der Sicherstellung von Strom, Gas, Licht und Ernährung bis zur Denazifizierung (oder wie der Weiß Ferdl sagt: »Entbazifizierung«), zur Überprüfung und Neubesetzung aller Ämter, von der sprunghaft angestiegenen Kriminalität bis zum immer wilder aufschießenden Schwarzmarkt deuten sich nun an.

Und dann naht Fronleichnam 1945. Der Tag ist blau, und weiße Wolken schwimmen über den Himmel, der so rein und unschuldig leuchtet, als wölbe er sich nicht über Ruinenfeldern und Massengräbern.

Ganz München ist auf den Beinen. München kehrt zu seiner Tradition zurück.

Nach Tod und Vernichtung suchen nun viele wieder den Heimweg zu Gott. Ist nicht die *Patrona Bavariae,* die während des Bombenkrieges von der Mariensäule heruntergeholt und in den Schutz der mächtigen Frauentürme gestellt worden ist, wie durch ein Wunder erhalten geblieben? München nimmt es wie ein Symbol für die Erhaltung seines ureigensten Kernes.

Und dann dröhnen von den Türmen der von Luftangriffen schwer mitgenommenen Frauenkirche zum erstenmal wieder die Glocken. Durch Ruinenstraßen und Schuttberge windet sich der Weg der Prozession. Bescheidenes Birkengrün und dürftige Wiesenblumen schmücken die leeren Fensterhöhlen. Der Kardinal geht im großen Ornat unterm Traghimmel, die hohe Geistlichkeit folgt ihm. In ihren Reihen schreiten auch der aus dem KZ befreite Prälat Neuhäusler und der beinah zum Skelett abgemagerte wiedergekehrte Pater Rupert Mayer. Ihn hat Präsident Rauch am 11. Mai mit dem Auto aus Ettal abgeholt, wo er mit Erlaubnis der Gestapo in Klosterhaft gehalten worden war. Die Männer der Demokratie ziehen mit, der neue Stadtrat, dessen Mitglieder fast alle aus Gefängnissen und Lagern heimgekehrt sind, Oberbürgermeister Dr. Scharnagl mit der goldenen Amtskette an der Spitze. Hinter dem Sanctissimum aber reihen sich in endlos langer Schlange die Münchner Bürger, Arbeiter und Frauen, die wiedererstandenen Bruderschaften, die katholischen Gesellenvereine, die Jugendverbände, die Orden und die katholischen Amerikaner.

Für diesen einen Tag der Versöhnung und der Erschütterung inmitten der Trümmerstadt gibt es keine Stände, Parteien und keinen Hass mehr, sondern nur noch Münchner, nur noch Menschen, die sich zusammenfinden zu neuem Beginnen.

1948

Nach der Währungsreform im Jahr 1948, nach dem Ende der Bezugsschein- und Lebensmittelmarkenzeit erfasst das Wirtschaftswunder – ruhend auf der Hilfe Amerikas, auf dem ungebrochenen Arbeitswillen der Menschen, auf dem Opfersinn aller Stände und auf der Kraft einer wiedererstandenen Industrie – auch München, und es zaubert aus den Niederungen der Hoffnungslosigkeit, der Zerstörung und Armut eine glitzernde, weitläufige, immer weltoffener werdende Großstadt hervor.

Eine Stadt, die sich mit immer neuen Zuwanderern füllt: mit Flüchtlingen aus dem Sudetenland, aus Schlesien, Batschka und Ostdeutschland. In ungeheurem Tempo vollzieht sich, von Fachleuten des In- und Auslandes bestaunt, dieser Wiederaufbau. Moderne Geschäftshäuser, Privatbauten, Wohnblocks, Schulen, Anstalten, ausgedehnte Stadtrandsiedlungen, Plätze und ungezählte Vergnügungsstätten: Kinos, Bars, Kabaretts, Gaststätten und neue Hotels wachsen empor, die Baulücken schwinden dahin, die letzten Ruinen werden eingekreist von den glas-, stahl-, marmor- und mosaikfunkelnden neuen Blocks.

Ende 1957 wird München im neugeborenen Sohn eines Münchner Kaminkehrers seinen millionsten Bürger feiern.

Immer noch kommen Spätheimkehrer aus Kriegsgefangenschaft in die Stadt zurück.

Eines Tages, tief in den fünfziger Jahren, läutet es an der Wohnungstür des Studienprofessors Franz Hellwein.

Da steht ein hagerer, kahlköpfiger Mensch mit brennenden tiefliegenden Augen draußen, er trägt eine gesteppte Jacke und dreht eine Kappe mit Ohrenklappen in den knochigen Händen. »Bitte«, sagt der Professor. »Was wünschen S'?«

Der Mensch lächelt krampfhaft, und hektische, rote Flecke erscheinen auf seinen eingefallenen Wangen.

»Kennst mi nimmer, Franzl?«, sagt er mit rauer Stimme. »I bin 's: da Hinterholzer Kurbi! Aus Sibirien ham s' mi entlassn.«

Sie fallen sich in die Arme. Der Kurbi muss gleich an den Kaffeetisch kommen, und ein großes Erzählen hebt an. Später beschließen die Männer, die Heimkehr in der Stadt zu feiern.

»Komm, Kurbi!«, ruft der Franzl. »I zoag dir die neue Stadt. Du wirst München net wiederkenna.«

Dann fährt der Professor seinen Volkswagen aus der Garage.

Sie fahren stadteinwärts, staunend sieht der Heimkehrer die modernen Hochbauten. Er vermisst zwar den Rheinhof und das alte Kaufhaus Horn, aber dafür sind der amerikanisch anmutende Kaufhof und das prächtige Hotel Königshof entstanden. Überall Glas, Stahl, Marmor ...

Gehetzt laufen die Fußgänger über die Zebrastreifen, die Automobile stauen sich rings um die Kanzel des Verkehrsschutzmannes am Stachus, und aus all den breiten Prachtstraßen rattern, sausen und schwirren chrom- und nickelglänzende Fahrzeuge auf den Platz, der wie ein Hexenkarussell anmutet. Trambahnen klingeln, der Polizist auf seiner Kanzel pfeift auf der Trillerpfeife, ein amerikanischer Straßenkreuzer tutet lang anhaltend.

Der VW des Professors biegt in die Sonnenstraße ein. Diese ist ein Boulevard weltstädtischen Ausmaßes geworden, gesäumt von modernen Geschäfts-, Versicherungs- und Kinopalästen. Zweimal müssen sie bis zum Sendlinger-Tor-Platz fahren, vorüber an der neuen evangelischen Markuskirche, bis sie endlich eine Parklücke entdecken und nun ihren Rundgang zu Fuß fortsetzen können.

»Du glaubst ja net«, erklärt der Professor, »welche Sorgn unsa Stadtrat mit dem Verkehrschaos in der Innenstadt hat! Aber die sind schon dran und entwerfn neue Umgehungsstraßn; sollst nur amal den Oskar-von-Miller-Ring sehn! Und Parkhäuser wolln s' a baun.«

»A Untergrundbahn g'hörat her!«, meint der Kurbi. »In Moskau ham's a oane.«

»Ja, die Untergrundbahn! Die ham s' anno 45 zuag'schütt, so weit 's scho in der Lindwurmstraßn ausg'schacht war. Damals ham s' andere Sorgn g'habt, und so vui Geld hat München trotz allem Wirtschaftswunder net, dass dös aus eig'ner Kraft baun kunnt'.«

1955

Der Weltstadt mit Herz droht der verkehrstechnische Herzinfarkt, wenn nicht gleich etwas geschieht. 1955 plant die Stadt zunächst, mittels einer »Unterpflasterstraßenbahn« zwischen Stachus und Tal die Kaufinger und Neuhauser Straße zu entlasten. Dieses, nur auf das Zentrum beschränkte Vorhaben wird dann am 10. Juli 1963 endgültig zugunsten eines Gesamtverkehrsplanes durch den Stadtrat und dessen energischen 37-jährigen Oberbürgermeister Dr. Hans-Joachim Vogel an der Spitze begraben. Jetzt endlich ist der Weg frei für ein entwicklungsfähiges München, das nicht nur verkehrstechnische Flickschusterei betreibt, sondern sich für die großen Herausforderungen der Moderne rüstet. Das U-Bahn-System soll kommen, das sich unter der ganzen Großstadt verzweigt, die mobilen Menschenmassen befördert und gleichzeitig Platz und Luft an der Oberfläche schafft, um zum Beispiel für großzügige Fußgängerzonen Platz zu bekommen.

Am ersten Februar 1965, einem bitterfrostigen Tag, wird an der Ecke Ungerer-Schenkendorfstraße der erste mühevolle Spatenstich für die Nord-Süd-Untergrundbahn getan. Die ganze Stadt verwandelt sich zusehends in eine riesige Baustelle, und so mancher Münchner Grantler, der an einem der Bauzäune steht und in die haustiefen Löcher hinunterstarrt und sich vom allgegenwärtigen Baulärm belästigt fühlt, mosert über die gigantische Dimension des größten Bauwerkes in der Geschichte seiner Stadt, nach dem Motto:

»Ja, hod denn unser gmiatliches Minga so a U-Bahn not, wo doch nedamoi Venedig U-Boote hat?« und: »Was hob i nacha davo, wenn i wia da Blitz von da Münchner Freiheit zum Oberwiesnfeld ummi kim?« Der Urtyp des Münchner Grantlers sollte sich dieses Mal gewaltig täuschen! Denn als am 26. April 1966 München als Austragungsort für die XX. Olympischen Spiele der Neuzeit in sechs Jahren auserkoren wird, kennt die Begeisterung in München keine Grenzen mehr. Am Oberwiesenfeld sollen nun in Windeseile die gigantischen olympischen Anlagen für die modernsten Spiele aller Zeiten entstehen. Den Auftrag dafür bekommt schließlich der Stuttgarter Architekt Professor Günter Behnisch. Als Gesamtentwurf wird er das »Oberwüstenfeld« in eine Olympische Anlage der kurzen Wege verwandeln, in dem Sportstätten, Grünanlagen, künstlicher See und alter Schuttberg integriert sind.

In einem Sandkasten in einem Schwabinger Hinterhof probiert Behnisch zum ersten Mal sein Modell vom berühmten Zeltdach der Olympischen Anlagen und bespannt es mit Nylonstrümpfen. Am Fuß des bereits 1968 fertiggestellten, 290 Meter hohen Fernsehturms, der alsbald nur mehr Olympiaturm genannt wird, entsteht nun die größte Baustelle Europas. Das weltgrößte Zeltdach aus durchsichtigen Acrylplatten soll 75 000 qm überspannen. Heere von Ingenieuren berechnen die Dicke der 436 km langen Drahtseile und die Stärke der Fundamente, die bis zu 70 Meter hohe Stahlmasten zu schultern haben. Alles ist baugeschichtliches Neuland und kaum einer wagt eine Prognose, ob und wie viele schneeschwere Winter das filigran anmutende Weltwunder der Neuzeit aushalten wird.

Bereits im Frühjahr 1972 ist das unglaubliche Werk vollbracht und viele Münchner wischen sich im Geiste den Schweiß von der Stirn. Die aufgerissene Stadt ist wieder geschlossen, die Münchner U-Bahn rollt und arbeitet aufs beste mit dem ebenfalls neu errichteten S-Bahn-Netz der Deutschen Bundesbahn zusammen.

München galoppiert in die Moderne! Die *roaring sixties* sind eine Zeit des Aufbruchs zu neuen Ufern. Die englische Popgruppe »The Beatles« beehrt München am 24. Juni 1966 mit einem Konzert im Zirkus Krone. Weibliche Teenager geraten beim Anblick der »Pilzköpfe« in Hysterie und fallen dutzendweise in Ohnmacht. Alles Amerikanische gilt als fortschrittlich und modern. Jetzt gibt es sogar schon Farbfernsehen, und nicht wenige Münchner erleben am 21. Juli 1969 die Mondlandung durch die US-Amerikaner Armstrong und Aldrin live an ihren heimischen Geräten. Der allgemeine Trend zur »Verpoppung« nach amerikanischem Vorbild hat nun auch das ureigenste Münchner Haustier erfasst, den Dackel. Das Zamperl mutiert nun als poppiges Wahrzeichen in bunter Streifenoptik zum »Olympia-Waldi«.

1972

Seit einer Woche laufen die XX. Olympischen Spiele bunt und heiter in München, als das Unfassbare geschieht: In der Nacht vom 4. auf den 5. September 1972 fahren palästinensische Terroristen in das Olympische Dorf in Nordschwabing, wo über 7000 Athleten aus elf Ländern untergebracht sind. Amerikanische Sportler, die zur späten nächtlichen Stunde angetrunken in ihr Quartier heimschleichen und nicht erkannt werden wollen, helfen nichtsahnend den arabischen Freischärlern über die

Abzäunung. Wie andere auch, so haben die israelischen Funktionäre und Sportler nicht einmal ihre Quartiere abgeschlossen, und die Terroristen dringen schwerbewaffnet ein und nehmen elf Israelis in Geiselhaft. Der Funktionär Moshe Weinberger wird dabei kaltblütig erschossen und ist das erste Opfer der Terrorgruppe »Schwarzer September«, die sich nun hier, in der Connollystraße 31, einnistet und die ganze Welt für die kommenden Stunden und Tage den Atem anhalten lassen wird. Kurz darauf übergeben die Geiselnehmer der Polizei ein Communiqué, in welchem sie Israel auffordern, 232 palästinensische Gefangene umgehend aus ihrer politischen Haft zu entlassen. Golda Meir, israelische Ministerpräsidentin, lehnt prompt ab. Der Staat Israel lässt sich nicht von Terroristen erpressen! Der Präsident des nationalen und gleichzeitig internationalen Olympischen Komitees Willy Daume, der Bürgermeister des olympischen Dorfes Walther Tröger, der Münchner Polizeipräsident Manfred Schreiber und sogar der schnell herbeigeeilte deutsche Innenminister Hans Dietrich Genscher verhandeln persönlich mit den Terroristen und bieten sich sogar als Ersatzgeiseln im Austausch mit den Israelis an. Doch alle Vermittlungsanstrengungen scheinen vergebens. Die Terroristen haben klare Aufträge von ihren Hintermännern, von denen sie keinen Millimeter abzuweichen gedenken! Wenige Sekunden vor Ablauf des Ultimatums, wenige Sekunden also vor der angekündigten Ermordung aller Geiseln um zwölf Uhr mittags, erklären sich die Terroristen immerhin bereit, das Ultimatum auf 17 Uhr nachmittags zu verlängern. Schon hat es ein zweites Todesopfer gegeben; es ist der Ringer Josef Romanov, der einen verzweifelten Aufstand gegen seine Peiniger versucht hat. Die Welt ist entsetzt. Und dennoch gehen die olympischen Wettkämpfe nebenan weiter – während die israelischen Sportler in Todesangst im Olympiadorf festsitzen. Endlich, zwölf Stunden nach der Geiselnahme, lenkt das IOC ein und unterbricht die Olympischen Spiele, auch um für die beiden Mordopfer eine Gedenkfeier abhalten zu können. Hunderte von Journalisten belagern nun das Olympiadorf und berichten live in alle Welt. Die so friedlich und heiter begonnenen Spiele werden von schwarzen Wolken überschattet. Mark Spitz, Spitzenathlet aus den USA, ist jüdischer Herkunft. Nach sieben Tagen Wettkampf hat er unglaubliche sieben Goldmedaillen errungen und verlässt nun überhastet den Ort seines größten Triumphes. Die Terroristen haben bereits ein Hauptziel erreicht: die ganze Welt in Angst und Schrecken zu versetzen, um auf sich aufmerksam zu machen.

Dann, kurz vor Ablauf des zweiten Ultimatums, versucht eine deutsche Spezialeinheit, das besetzte Gebäude zu stürmen, wird jedoch in letzter Sekunde zurückgepfiffen. Ausgerechnet das DDR-Fernsehen filmt live das Heranpirschen der deutschen Sturmtruppe, die in unverdächtige Trainingsanzüge gekleidet in Stellung geht. Die Terroristen verfolgen dies auf ihrem Fernseher live und spotten über die Naivität der bayerischen Sicherheitskräfte. Um 18 Uhr stellen die Palästinenser eine neue Forderung. Sie wollen ein Langstreckenflugzeug gestellt bekommen und mit den Geiseln nach Kairo ausfliegen. Das deutsche Krisenkommando geht auf diese Bedingung ein und stellt auf dem München nahen Militärflugplatz Fürstenfeldbruck (»Fursty«) eine vollgetankte Boeing 727 zur Verfügung.

Was die Terroristen nicht wissen können: die gesamte Crew der Boeing werden getarnte Polizisten sein, die dann die Geiselnehmer zum rechten Zeitpunkt überwältigen sollen. Mit zwei Hubschraubern landen die Terroristen mit den noch verbliebenen neun Geiseln auf dem 35 km entfernten Flugplatz. Nur fünf deutsche Scharfschützen, die nicht einmal mit Funkgeräten ausgestattet sind, warten auf die gemutmaßt vier oder fünf Terroristen. Viel zu spät erkennen jetzt die deutschen Sicherheitsbehörden, dass es sich um acht Terroristen handelt. Sofort wird der Plan mit der getürkten Fliegercrew fallen gelassen. Darauf war niemand vorbereitet. Zwischenzeitlich haben die Terroristen einen zwei Mann starken Spähtrupp zur nahen Boeing losgeschickt. Die beiden Palästinenser erkennen sofort, dass die Boeing leer ist und sie in einen Hinterhalt gelockt worden sind. Und schon eröffnen die heimlich positionierten Scharfschützen das Feuer und verwunden einen der Palästinenser schwer. Nach wie vor sitzen die israelischen Geiseln gefesselt in ihren Hubschraubern. Jetzt springen auch die übrigen Geiselnehmer aus den Hubschraubern und erwidern das Feuer auf die deutschen Scharfschützen, nicht ohne vorher die das Rollfeld taghell illuminierenden Scheinwerfer mit gezielten Schüssen zerstört zu haben. Es ist eine gespenstische Szene. Die Scharfschützen sitzen ohne Nachtsichtgeräte im Dunkeln und schießen spekulativ um sich; dabei töten sie versehentlich einen der ihrigen! Tausende von Schaulustigen haben die Straßen zum Flugplatz versperrt, so dass die angeforderte Verstärkung durch Panzerfahrzeuge aus München erst 45 Minuten nach dem Beginn der Schießerei eintreffen kann. Angesichts der Aussichtslosigkeit ihrer Situation sprengen die Terroristen jetzt einen der Hubschrauber und durchsieben den anderen mit Schüssen. Alle israelischen Geiseln sterben auf der Stelle. Auch fünf der Palästinenser müssen mit ihrem Leben bezahlen. Der erste Terroranschlag in der Geschichte, der sich gezielt der Wirkung der Massenmedien bedient hat, geht blutig und tragisch zu Ende. Nach einer Gedenkfeier im vollbesetzten Olympiastadion für die Opfer des Terroranschlages gehen die Spiele noch am selben Nachmittag des sechsten Septembers weiter. Oder soll man den Terroristen noch den letzten Gefallen erweisen und die so fröhlich begonnenen XX. Olympischen Spiele in München abblasen? So spricht der Präsident des IOC Avery Brundage die denkwürdigen Worte: »The Games must go on!«

1974

Wir schreiben den 7. Juli 1974. Die beiden Insassen der Kabine schießen mit sechs Meter pro Sekunde in knapp 200 Meter Höhe. Leicht schwindelig entsteigen die beiden Münchner Rechtsanwälte Peter Hierangl und Dr. Anna Krieger dem superschnellen Aufzug des Münchner Olympiaturms. Obwohl Peter Hierangl und seine Begleiterin waschechte Münchner sind, unterhalten sich die beiden auf Hochdeutsch, mit leicht bayerischem Zungenschlag. Gerade in besseren Kreisen – oder solchen, die sich zu diesen zählen wollen – gilt das Sprechen im Dialekt bereits als provinziell und unfein. Peter Hierangl sitzt nun seiner Kollegin aus der Anwaltskanzlei an einem Tisch direkt am Fenster des Aussichtsrestaurants gegenüber. Er nippt an seinem Mineralwasser und möchte seine Tischnachbarin mit ein paar Zahlen beeindrucken: »Wissen Sie denn, dass die beiden Aufzüge bis zu 15 000 Personen am Tag befördern können?« Dr. Anna Krieger, ebenfalls eine Mitdreißigerin, nickt wie abwesend. Sie ist von dem Drehrestaurant beeindruckt, das sich innerhalb von 53 Minuten um seine eigene Achse dreht und damit einen 360-Grad-Rundblick über München bietet. Anna ruft: »Peter, schauen Sie doch nur das herrliche Alpenpanorama an. Wir haben bestimmt Föhn!« Doch Peter Hierangl seinerseits ist ebenfalls abgelenkt. Ein lauter Schrei aus 78 000 Kehlen schallt vom nahen Olympiastadion herauf. Es ist genau 16.43 Uhr. Gerade kommt der Kellner zu den beiden Gästen und sagt: »Da ist gefallen Tor, hoffentlich haben geschossen die Deutschen!« Der italienische Gastarbeiter ist im Zweifelsfall für sein Gastgeberland und gegen die Niederländer, die vor dem Weltmeisterschaftsfinale allzu große Töne gespuckt haben und die Westdeutschen zu Außenseitern deklarierten. Und tatsächlich hat der »Bomber der Nation« Gerd Müller soeben den Siegtreffer gelandet und Deutschland zum zweiten Mal nach dem »Wunder von Bern« 1954 zum Fußballweltmeister geschossen. Seine Münchner Teamgefährten in der deutschen Nationalmannschaft Franz Beckenbauer, Paul Breitner, Uli Hoeneß, Katsche Schwarzenbeck und Torwart Sepp Maier sind allesamt Clubspieler des legendären FC Bayern, dem erfolgreichsten Fußballverein Deutschlands. Bereits 1932 ist dieser »Schwabinger Club« durch das unermüdliche Engagement zweier Juden, Präsident Kurt Landauer und Trainer Richard Kohn, erstmalig Deutscher Fußballmeister geworden. Doch auch der zweite Fußballverein Münchens, »1860 München«, ist nicht ohne. Die »Sechziger«, die sich mit dem Grünwalder Fußballstadion in Giesing identifizieren, haben 1966 die Deutsche Fußballmeisterschaft eingeheimst. In München ist es eine Glaubensfrage der besonderen Art. Bist du ein »Sechziger« oder ein FC-Bayern-Fan? Daran scheiden sich sogar innerhalb Münchner Familien die Geister.

2005 31 Jahre nach dem Treffen der beiden Juristen im Olympiaturm haben sich die zwei noch einmal an einem regnerischen Juniabend nach Dienstschluss hier zusammenbestellt. Komischerweise hat sich auch ihre Sprache wieder verändert. Die beiden Münchner sind nahe ihrer Pensionierung gelassener geworden und sprechen stärker Dialekt. Anna meint: »Schod, heid hamma ned vui von dem Ausblick – aber immerhin: die Allianz-Arena in Fröttmaning leicht im FC-Bayern-Rot!«

Peter Hierangl nickt fasziniert. Das neue Fußballstadion wurde erst vor ein paar Tagen, am dreißigsten Mai 2005, eingeweiht und soll für die nächstjährige FIFA-Weltmeisterschaft Austragungsort sein und München mit Stolz erfüllen. Von der Ferne mutet die ovale Arena wie ein gigantisches Raumschiff. Die Schweizer Stararchitekten Herzog & de Meuron haben diesen avantgardistischen Bau mit einer milchigen Schutzhaut aus 2760 Folienkissen umspannt, die ständig mit getrockneter Luft aufgeblasen werden, um so stabil zu bleiben und alle Stadiongänger vor Wind und Wetter zu schützen. Für geringe Kosten von fünfzig Euro pro Stunde erstrahlt das ganze Stadion in drei verschiedenen Farben, in neutralem Licht bei Länderspielen, im Rot des FC Bayern und auch im Blau des 1860 München.

Da klappt Peter Hierangl seinen Laptop auf und fährt die Festplatte hoch. »Na, dann schau ma amoi!« Während Regenschauer gegen das Panzerglas des Drehrestaurants im Olympiaturm peitschen, sitzen die beiden gemütlich vor dem Bildschirm und klicken sich durch das World Wide Web. Für ein paar Sekunden verweilen sie auf der Seite der Olympiapark-GmbH. »Wahnsinn!«, meint Anna Krieger. »Seit wir zum letzten moi do warn san 30 Millionen Leit hier herom gwen!« Mit der Hilfe einer Live-

Web-Kamera beobachten sie jetzt das Olympiagelände, wo ein einsamer Spaziergänger mit Schirm seinen Hund Gassi führt. Dann klicken sie live in die Olympiahalle, wo Arbeiter damit beschäftigt sind, die dortige Bühne für ein Musikkonzert einzurichten. »Kenna mia auf die offizielle Seite der Stadt München geh. Vielleicht sehng ma da mehra von unserer Stod!« Und schon hüpfen Peter Hierangls Finger über die Tastatur des Computers, der über Funk an das Internet angeschlossen ist. Auf *muenchen.de* entdecken sie weitere Web-Kameras. Sie beschließen einen virtuellen Rundgang durch das historische Münchner Rathaus, beobachten das Treiben auf dem Viktualienmarkt und sehen den Elefanten im Elefantengehege des Tierparks Hellabrunn bei der täglichen Wäsche zu.

Jetzt hat sich der Regen zu einem Sommergewitter ausgewachsen und Hagelkörner klopfen gegen die Scheiben. »Woaßt no, die Hagelwalzn?«, fragt Anna Krieger ihren Begleiter und spielt damit auf die Naturkatastrophe von 1984 an. Am Abend des zwölften Juli stürzten damals die Temperaturen innerhalb von wenigen Minuten um über zehn Grad. Hagelkörner bis zu einer Größe von Tennisbällen bombardierten München und das Alpenvorland so sehr, dass Häuser abgedeckt und Autos und Flugzeuge nahezu schrottreif geschossen wurden. Hunderte von Münchnern wurden zum Teil schwer verletzt. Bei 2000 Notrufen in nur einer Nacht leistete die Münchner Berufsfeuerwehr den größten Einsatz seit dem Kriegsende! Peter Hierangl erwidert: »Na, werst scho sehng. Des wird uns in Zukunft no öfter blihan. Des Weda spuit ja immer mehr verruckt. Jeda hot a Auto oder dera zwoa und blost sein Dreck in d' Luft.«

Tatsächlich ist München die reichste Region Deutschlands mit der größten Wirtschaftskraft. Acht der dreißig größten deutschen Börsenunternehmen sind hier beheimatet. Mit seinem Speckgürtel reicher Vororte umfasst die Metropolenstadt München an die 2,5 Millionen Einwohner, die fast alle motorisiert sind. 500 000 Pendler fahren werktags mit dem Auto zur Arbeit in die Stadt und wirbeln Abgase und Staub in die Luft. Die Modernität und der Wohlstand der Großstadt haben ihren Preis. So stirbt es sich in der Großstadt deutlich schneller als auf dem Lande. Im benachbarten Landkreis Fürstenfeldbruck werden die Frauen im Schnitt 83 Jahre, so alt wie nirgendwo sonst in Deutschland. Rund um den Starnberger See leben die ältesten Männer Deutschlands!

Anna nimmt Peter Hierangl die Maus aus der Hand. Sie hat für den morgigen Tag einen Flug in das schottische Glasgow gebucht und möchte die genauen Abflugdaten ihres Fliegers ermitteln. Sie klickt sich in das online Portal *www.munich-airport.de* ein. Das Drehkreuz des Südens, der Münchner Flugplatz Franz Josef Strauß im Erdinger Moos, hat 1992 den alten Flughafen in Riem abgelöst und erschließt München nun die ganze Welt. Es ist ein Flugplatz der Rekorde. So wie sein Namensgeber und Initiator, der frühere Bayerische Ministerpräsident, immer für Rekorde gut war, nicht nur bei seinen Wahlergebnissen, die ihm regelmäßig über sechzig Prozent der Stimmen in Bayern einbrachten. Bis zu seinem Tod am dritten Oktober 1988 war er derjenige deutsche Politiker mit den meisten privaten und politischen Affären. Mehr als alle anderen wurde er von den einen als genialer Politiker bewundert und von den anderen als erzkonservativ und reaktionär angefeindet. Wie kein anderer bayerischer Politiker der Nachkriegszeit prägte FJS als Vorsitzender der Christlich-Sozialen Union, CSU, den Weg Bayerns von einem katholischen Agrarstaat zu einem liberalen Staat der Hightech-Industrie und modernen Dienstleistung. Wer hätte gedacht, dass der 1915 geborene Sohn eines Metzgerehepaares aus der Schellingstraße der erste gewichtige deutsche Politiker werden sollte, der 1975 von Mao Tse Tung, dem kommunistischen Herrscher Chinas, empfangen wurde? Gleich einem barocken Fürsten residierte FJS in München, der »roten« Hauptstadt seines »schwarzen« Bayernreiches. Dass seine Heimatstadt München nach dem Krieg bis auf eine Ausnahme immer von »Sozi«- Oberbürgermeistern hervorragend regiert worden ist und dass er als gemeinsamer Kanzlerkandidat von CDU und CSU 1980 gescheitert ist, waren zwei schwer verschmerzte Niederlagen des erfolgverwöhnten Münchners.

Die beiden befreundeten Juristen haben schließlich den Laptop zugeklappt und begeben sich getrennt auf den Nachhauseweg in ihre Singlehaushalte. Dr. Anna Krieger besitzt einen 200 PS starken Geländewagen, den sie ausschließlich alleine fährt, ob zur Arbeit oder zum Golfen. Peter Hierangl besteigt seinen nagelneuen BMW der 7er-Reihe, ein Exportschlager in alle Welt. Sogar in den USA sind sie alle ganz wild auf die Münchner Automobilbaukunst. Er ist auch stolz auf sein neues Navigationssystem. Bei Bedarf erklärt ihm eine bayerische Frauenstimme, wo er genau langzufahren hat, wenn er sich zum Beispiel in der Münchner Trabantenstadt Neuperlach verirrt hat. Immerhin eine Frau, auf die immer Verlass ist, denkt sich Peter Hierangl zynisch. Gleichzeitig lauscht Dr. Anna Krieger in ihrem Auto der Wegbeschreibung einer erotischen Männerstimme aus ihrem Navigator. Jeder der beiden Juristen ist meist für sich – souverän, ungebunden und etwas einsam. Ja, München ist die deutsche Hauptstadt der Singles geworden. Innerhalb von nur vierzig Jahren haben sich die Ein-Personen-Haushalte in München auf zuletzt 450 000 verdoppelt. Kinder sind in München nur noch in jedem sechsten Haushalt zu finden. München ist eben die Hauptstadt der Freizeit, mit allen Möglichkeiten, die man sich nur vorstellen kann! Nur Kinder scheinen kaum mehr in das Raster dieser Stadt zu passen, in der es für viele schon immer wichtiger war, für das Leben zu arbeiten, als für die Arbeit zu leben. Nach Umfragen wünscht sich der Deutsche im Jahr 2007 vor einem Einfamilienhaus oder einem Porsche in der Garage nur eines am meisten: Er möchte in der attraktivsten Stadt Deutschlands, in der Stadt der Konsumtempel und der schönen Künste, leben.

Seit 2002 können die Münchner in einem der größten Museen der Welt für moderne Kunst flanieren, in der lichtdurchfluteten dritten Pinakothek. Die »PDM« des Architekten Stephan Braunfels rundet das Museumsareal ab, in dem bereits die weltberühmte Klenze-Pinakothek der alten Meister und der 1981 von

Alexander von Branca errichtete Neubau der Neuen Pinakothek mit den Gemälden des 19. Jahrhunderts stehen. Das Museum für die private Kunstsammlung Brandhorst, vom Bayerischen Staat erworben, wird 2008 im direkten Anschluss nördlich der »PDM« eröffnet. Zusammen mit der nahen Glyptothek, der Antikensammlung, und dem Städtischen Lenbachhaus mit seinen Schätzen des Expressionismus besitzt München nun eines der größten und wichtigsten Kunstzentren der Erde …

München und Wien, das sind die beiden süddeutschen »K & K«-Metropolen, wo Kunst und Kabarett wie nirgendwo anders gedeihen! Es ist bezeichnend, wenn der seit 1993 amtierende Christian Ude, Träger des Karl Valentin Ordens, bei seinen raren Bühnenauftritten jedes Mal davon erzählt, dass er der einzige Kabarettist Deutschlands sei, der im Nebenberuf auch noch Oberbürgermeister einer Großstadt ist!

An einem frostigen Winterabend sitzt Peter Hierangl in der überheizten Lach- und Schießgesellschaft in der Schwabinger Ursulastraße. Gerade hat er es aufgegeben, auf seine ehemalige Arbeitskollegin zu warten. Per SMS hat er eine Absage auf sein Handy bekommen, dass sie es sich kurzfristig anders überlegt hat und auf die Lesung Deutschlands berühmtesten aller Kabarettisten und Mitbegründers der »Lach- und Schießgesellschaft« Dieter Hildebrandt verzichten möchte. Hierangl beschließt, das Handy auszuschalten. Just in diesem Augenblick ertönt die Klingelmelodie von Beethovens *Freude schöner Götterfunken*, und er erkennt den Eingang einer Videobotschaft. Sein siebenjähriger Enkel Hans Rüdiger sitzt auf der Designercouch seiner Eltern und liest ihm zum heutigen Geburtstag ein Pumuckl-Gedicht vor. Hierangel ist gerührt und zornig zugleich, da er ahnt, dass ihn seine Familie auch dieses Mal nicht persönlich besuchen kommen wird. Die moderne Technik, Fluch und Segen zugleich! Und dann schweifen seine Gedanken zurück zu der sogenannten guten alten Zeit, in der der Münchner »Ziehvater« des rotschopfigen Koboldes Pumuckl, der Schauspieler Gustl Bayrhammer, den etwas wortkargen, jedoch gemütvollen Meister Eder gemimt hat. Der Bayrhammer war noch einer vom alten Schlag, einer, der einem freiheraus die Meinung gesagt hat und ein g'standnes Mannsbild war. Als er 1989, nach den Dreharbeiten zur Pumuckl-Serie, für die Erhaltung der alten Schreinerei am Originalschauplatz in einem idyllischen Hinterhof im Lehel kämpfte, musste er schließlich gegen die Gier der neuen Zeit kapitulieren, die Schreinerei wurde abgerissen und musste einem Neubau weichen. Auch Hierangls Schwiegersohn, Hans Rüdiger Schmidt, ein Sachse, war im Jahr 2000 wie viele in der Zeit der sogenannten New-Economy-Blase als hochbezahlter IT-Spezialist nach München in eine komplett sanierte Altbauwohnung im Lehel gezogen. Kaum zu glauben, aber der Wahlmünchner hat mittlerweile sämtliche Münchner TV-Kultserien der letzten Jahrzehnte auf DVD zu Hause im Bücherregal stehen: von Franz Xaver Bogners »Zur Freiheit« und »München 7« bis zu Helmut Dietls »Münchner G'schichten« und »Monaco Franze«. In den BR-Fernsehserien spielen nicht nur die bedeutendsten Volksschauspieler Bayerns wie Ernie Singerl, Ruth Drexl, Helmut Fischer, Walter Sedlmayr und Toni Berger mit, sie geben auch auf wunderbar ironische Weise das Bild von München, zwischen Gemütlichkeit und Überheblichkeit, wieder, das die Stadt und ihre Menschen so weit über ihre Grenzen hinaus berühmt gemacht hat. Natürlich muss auch Dietls Reihe »Kir Royal« genannt werden, in der Dieter Hildebrand kongenial den Pressefotografen der Münchner Bussi-Bussi-Gesellschaft gemimt hat.

In diesem Moment betritt der achtzigjährige Titan und Hüter des deutschen Gewissens unter tosendem Applaus die Bühne. Und er spricht in seiner unnachahmlichen Weise, nie alles zu sagen, von der Krankheit der neuen Zeit, dass der Gestaltungsspielraum der Menschen zwischen Gesagtem und Handeln täglich weiter wachse. Peter Hierangl denkt sich: Der Hildebrandt, das ist einer von vielen Nichtbayern, die in München ihre neue Heimat gefunden haben und die Stadt aus dem reaktionären Mief der Nachkriegszeit befreit haben. Samma froh, dass ma's neiglassn ham.

Die Annalen weisen den 19. April 2005 aus. Es ist ein regnerischer Nachmittag um 17.50 Uhr. Alle Welt schaut nach Rom, und tatsächlich steigt schon weißer Rauch über dem Vatikan auf. Die 115 aus aller Welt versammelten Kardinäle haben in einer der kürzesten Konklaven der Geschichte Joseph Alois Ratzinger zum Nachfolger von Papst Johannes Paul II. auf den Stuhl Petri gewählt. Genau sechzig Jahre nach dem Zweiten Weltkrieg wird ein Deutscher zum Papst gekrönt! Für eingeweihte Kreise innerhalb des Vatikans freilich ist die Wahl des ehemals Münchner Erzbischofs Kardinal Ratzinger keine Sensation, war dieser doch bereits 1981 zum Präfekten der katholischen Glaubenskongregation nach Rom berufen worden und damit zum einflussreichsten Hüter des Katholizismus geworden.

Und nun landet Benedikt XVI. am Samstag, den 9. September 2006, einem strahlenden Spätsommertag, auf dem Münchner Flugplatz und würdigt mit diesem mehrtägigen Besuch in seiner geliebten Heimat seine bayerischen Wurzeln. 79 Jahre ist es her, dass er am 16. April 1927 im oberbayerischen Marktl am Inn als Sohn des Gendarmeriemeisters Joseph und der Köchin Maria Peitner geboren worden ist. Ehrfürchtig begrüßen ihn die beiden höchsten deutschen Repräsentanten auf dem Rollfeld. Es sind beides protestantische Christen: Bundespräsident Horst Köhler und Bundeskanzlerin Angela Merkel. Dann besteigt Benedikt XVI. das Papamobil, das ihn zum Mittelpunkt Bayerns, zur mit Blütenteppichen geschmückten Mariensäule auf dem Münchner Marienplatz, bringt, wo sich Zehntausende von Münchnern versammelt haben, um der Ansprache des Papstes, ihres »Benedetto«, zu lauschen. »Die Münchner im Himmel«, beschreibt die Süddeutsche Zeitung in der darauffolgenden Ausgabe die Begeisterung der Menschen in der katholischsten aller deutschen Großstädte. Nicht nur die Katholiken, auch immer mehr evangelische Christen spüren das Besondere an diesem Papst, der ihnen so lange als dogmatischer »Hardliner« aufgefallen war und nun so offensichtlich nach Versöhnung und Verständigung der verschiedenen Konfessionen strebt.

Für die Menschen in München, Bayern, Deutschland und aller Welt berichtet die unglaubliche Heerschar von 2768 Journalisten. Der Papst fordert die Münchner und Bayern unverblümt auf, auf gedankenlosen Konsum zu verzichten und die wahren christlichen Werte ohne den weitverbreiteten Relativismus lebendig zu halten. Bei der heiligen Messe, die er tags darauf mit 250 000 Menschen auf dem neuen Messegelände bei Riem feiert, predigt er:

»Die Toleranz, die wir dringend brauchen, schließt die Ehrfurcht vor Gott ein – die Ehrfurcht vor dem, was anderen heilig ist.«

Genau diese Ehrfurcht vor dem, was anderen heilig ist, macht München zur Weltstadt mit Herz. Das weiß auch Christian Ude, der beliebte sozialdemokratische Oberbürgermeister der Stadt, der seit Jahren dafür kämpft, der jüdischen Gemeinde in München wieder ein würdiges Zuhause zu geben. Und am 9. November 2006 ist es endlich so weit. Der größte Neubau einer jüdischen Synagoge in Europa ist vollbracht. Mitten im historischen Zentrum der Stadt auf dem St.-Jakobs-Platz wird das jüdische Gotteshaus am Jahrestag der Reichspogromnacht eröffnet. Seine Architektur ist ein großartiger Wurf, der an seiner mächtigen Basis an einen antiken Tempel erinnert, in seinem transparenten und kubusförmigen Glasaufsatz jedoch der Baugeschichte des 21. Jahrhunderts Respekt zollt und an das Zelt Gottes unter den Menschen erinnert. Die jüdischen Gemeinden Münchens, die vor allem durch Zustrom osteuropäischer, strengorthodoxer Juden in den letzten Jahren wieder auf die Vorkriegsstärke von etwa 9000 Mitgliedern kommen, sind überglücklich. Deren Vorsitzende Charlotte Knobloch ist ein Münchner Kindl. Als Achtjährige musste sie Hals über Kopf vor den Nazis aus ihrer Heimatstadt fliehen.

Heute, bei der Eröffnungsrede, gesteht sie, dass sie all die Jahre nach dem Krieg, in nun über sechzig Friedensjahren, immer einen mit dem Nötigsten gepackten Koffer zu Hause bereitstehen hatte, in der Angst, wieder als Jüdin verfolgt zu werden und flüchten zu müssen. Doch jetzt, an diesem Freudentag, braucht sie diesen Koffer nie mehr, denn die Juden sind wieder in der geografischen und geistigen Mitte der Stadt angekommen. Es ist ein versöhnlicher Tag für die Stadt, die in ihren 850 Jahren so viele Abenteuer und Irrwege überstanden hat.

Ein paar Kinder lärmen und lachen im angrenzenden Innenhof des Münchner Stadtmuseums. Von den nahen Kirchen der Altstadt dröhnt der Stundenschlag, und hoch oben ziehen weiße Wolken auf blauem Grund. Es ist, als seien 850 Jahre wie ein Tag.

München München München München
chen München München München Mü
München München München München
chen München München München Mü
München München München München
chen München München München Mü
München München München München
chen München München München Mü
München München München München
chen München München München Mü
München München München München
chen München München München Mü
München München München München
chen München München München Mü
München München München München
chen München München München Mü
München München München München
chen München München München Mü
München München München München
chen München München München Mü
München München München München
chen München München München Mü